Internal Family Systems Therapy,
Second Edition

部分心理学

（原书第2版）

［美］理查德·C. 施瓦茨（Richard C. Schwartz） 玛莎·斯威齐（Martha Sweezy）著
张梦洁 译

机械工业出版社
China Machine Press

图书在版编目（CIP）数据

部分心理学：原书第 2 版 /（美）理查德·C. 施瓦茨（Richard C. Schwartz）；（美）玛莎·斯威齐（Martha Sweezy）著；张梦洁译 . -- 北京：机械工业出版社，2022.1（2024.9 重印）

书名原文：Internal Family Systems Therapy, Second Edition

ISBN 978-7-111-69772-5

I. ①部… II. ①理… ②玛… ③张… III. ①心理学 IV. ①B84

中国版本图书馆 CIP 数据核字（2021）第 276189 号

北京市版权局著作权合同登记　图字：01-2021-1994 号。

Richard C. Schwartz, Martha Sweezy. Internal Family Systems Therapy, 2nd Edition.

Copyright © 2020 The Guilford Press.

Simplified Chinese Translation Copyright © 2022 by China Machine Press. This edition is authorized for sale in the Chinese mainland (excluding Hong Kong SAR, Macao SAR and Taiwan).

No part of this book may be reproduced or transmitted in any form or by any means, electronic or mechanical, including photocopying, recording or any information storage and retrieval system, without permission, in writing, from the publisher.

All rights reserved.

本书中文简体字版由 The Guilford Press 授权机械工业出版社在中国大陆地区（不包括香港、澳门特别行政区及台湾地区）独家出版发行。未经出版者书面许可，不得以任何方式抄袭、复制或节录本书中的任何部分。

部分心理学（原书第 2 版）

出版发行：机械工业出版社（北京市西城区百万庄大街 22 号　邮政编码：100037）

责任编辑：胡晓阳　　　　　　　　　　责任校对：殷　虹

印　　刷：三河市宏达印刷有限公司　　版　　次：2024 年 9 月第 1 版第 4 次印刷

开　　本：170mm×230mm　1/16　　　印　　张：22

书　　号：ISBN 978-7-111-69772-5　　定　　价：119.00 元

客服电话：(010) 88361066　68326294

版权所有 • 侵权必究
封底无防伪标均为盗版

我将本书献给我已故的父亲泰德·施瓦茨（Ted Schwartz），是他教会我尊重事实，哪怕数据导向了我认知范畴之外的东西，也要如此；也献给已故的道格·斯普伦克（Doug Sprenkle），他是一位了不起的导师，曾给予我无限支持。

——理查德·C.施瓦茨

我在这本书中注入了很多心血，我愿将它献给全世界以个人或职业形式实践内在家庭系统（IFS）治疗的治疗师、咨询师、教练、冥想者、中介、教育家、律师、商人、组织者、医生、科学家、农民、环保主义者、研究人员、植树者、艺术家。

——玛莎·斯威齐

推荐序 1　Internal Family Systems Therapy

得知理查德·C.施瓦茨（Richard C. Schwartz）博士的权威著作《部分心理学》（原书第 2 版）（*Internal Family Systems Therapy, Second Edition*）即将在国内出版发行，我无比欣喜。

了不起的施瓦茨博士

施瓦茨博士在 20 世纪 80 年代初对心理治疗有了新的发现，创立了内在家庭系统疗法（Internal Family Systems，IFS，俗称部分心理学）。他用了近 40 年的时间进行探索和实证研究，不断完善和发展 IFS。如今，IFS 已被证实可以大大加快创伤疗愈的进程，在疗愈抑郁、焦虑、愤怒、成瘾等方面具有显著的疗效。2015 年，IFS 被列入美国国家循证项目与实践注册系统（National Registry of Evidence-based Programs and Practices，NREPP），成为美国国家医疗系统认可的治疗方法，也是美国医疗保险系统认可支付医疗费用的治疗方法。在发展和推广 IFS 的 40 年间，施瓦茨博士经历了许多坎坷、痛苦甚至遭受过非难，但是他依旧充满勇气，对真理不懈追求、坚韧不拔。在我眼中，施瓦茨博士不但知识渊博、谦逊低调，还非常可爱。

《部分心理学》（原书第 2 版）记录了他的人生故事，他发现 IFS 的过程，他对 IFS 的思考和系统阐述，以及 IFS 的使用方法及未来的广泛应用前景。用最有效的方法帮助人们化解痛苦是我毕生的追求，我相信，每一位和我一样以助人为终身使命的人，遇到这本书都会如获至宝，深受启发。

IFS 对我的帮助

2016 年 9 月，经由哈佛大学临床心理学家、静观自我关怀之父克里斯托弗·杰默博士的引荐，我首次结识施瓦茨博士。然后，我开始跟随施瓦茨博士学习，参加他的网络督导，并亲自带领教练团队前往美国参加 IFS 系统培训。2017 年，我开始邀请施瓦茨博士和他团队的首席培训师来中国开展大型课程。2019 年，我们团队和施瓦茨博士团队达成了战略合作计划，启动了"部分心理学教练"（IFS-based Inner Peace Coach，IPC）培训和认证体系。在美国，IFS 疗法主要应用于心理治疗专业领域，而我们的心愿是希望 IFS 疗法可以面向中国大众，让普通人能够经过专业的训练掌握有效的方法，帮助自己和身边的人应对生活中的挫折，快速恢复内心的宁静与和谐。

一晃 5 年过去了，我和我的团队已经有节奏、有步骤地推出了一系列 IFS 培训课程，包括网络课和面授课。我们都感受到了 IFS 疗法的有效性及其独特的魅力，运用 IFS 疗法梳理难题更加高效，许许多多的小伙伴因此受益。现在海蓝幸福家已经培养了部分心理学正式教练 28 位、预备教练 127 位，相信这些种子会慢慢生根发芽，更多的人能够通过 IFS 支持和帮助自己。

尽管我已从事心理教育和疗愈工作二十多年，帮助了许许多多的人，但跟随施瓦茨博士学习和接受督导的过程中，我对自己内心的防御和脆弱有了前所未有的了解。这让我发现：我的过度努力和过度承担其实是源于"觉得自己不够好"的童年创伤，这深深地震撼了我。我越来越发现，我们的内在世界无比广阔深远，里面藏着让我们开启快乐、自由、希望与爱的钥匙。可以说，学会探索和了解自己的内在部分，就掌握了收获更多幸福的能力。

IFS 对世界的贡献

在帮助人们更多地拥有宁静、和谐的状态方面，IFS 是我和我们团队使用过的最系统、最有效的理论及方法。我认为，IFS 是继弗洛伊德精神分析理论之后，具有划时代意义的心理疗愈体系。它为化解人类的痛苦提供了充满希望和力量的理念；它使创伤疗愈的进程大大加快，提升了人们的幸福感；它坚信我们每一个人都是生命的奇迹。

首先，IFS 提出了一种全新的心智范式——多元心灵，即认为我们的内在包含许多不同的部分。例如，如果你感到疲惫、焦虑、倦怠、烦躁甚至抑郁，那是疲惫、焦虑、倦怠、烦躁甚至抑郁的部分暂时主导了你，但它们不是你的全部。IFS 不以疾病的视角来看待人的心理和精神状态，如果我们了解自己的多元心灵，了解内在世界的每个部分，了解部分需要得到倾听、理解和爱，那么每个人都有能力化解痛苦，每个人都可以活得快乐和自由。

其次，IFS 认为人内在具有自己所需要的所有资源（足够的智慧、力量和爱），完全有智慧、有能力、有资源解决自己的问题。这给了所有人，包括经历过重大或复杂创伤的人以疗愈的希望。当我们开始探索自己，深入内在，我们会体验到：自由和快乐不在外部世界，恰恰就在我们的内在世界。我们每个人都可以通过学习：了解自己、找到真正的自己，也可以了解别人、帮助别人找到真正的自己。这个真正的自己具备平静、清晰、好奇、自信、勇敢、创造和关怀，以及敞开联结的特质。

最后，IFS 为我们提供了可操作性的方法——6F 步骤。通过这个方法，我们可以看到自己内在冲突的部分，知道如何亲近它们，如何探求到它们的需求，如何通过一步一步获得它们的信任，遇到那个智慧的真我。有了这样清晰的方法，无论在生活中经历什么，我们都会越来越快地回到宁静、和谐的状态。

本书适合谁读

也许你对我上面所说的有些好奇，或者想了解更多，那么这本《部分心理学》（原书第 2 版）可以帮助到你。对于每一位想深入了解 IFS 的读者来说，这本书都可以提供一个深刻、全面、系统和权威的视角。

- 如果你是一位 IFS 治疗师／咨询师，这本书就是为你量身打造的。它将成为你的完整指南，让你对 IFS 的诞生、发展和使用有更加深入、清晰、透彻的理解。如果你是其他流派的心理治疗师／咨询师，已经有自己熟悉并擅长的心理治疗方法，阅读本书也将大有裨益。IFS 方法具有高度的兼容性，能够与你所擅长的方法产生强互补作用，让你的方法更具有效能。
- 如果你是一位心理学研究人员，熟知罗杰斯的人本主义、鲍文的家庭系统治疗理论、萨提亚的思想，那么阅读本书你将看到 IFS 是如何站在这些巨人的肩膀上得以优化和发展的，它的有效性和前沿性体现在哪里，它解决了哪些传统方法无法解决的问题。也许，你还可以发现蕴藏在未来的机遇。
- 如果你是一位心理学爱好者，喜欢研读心理学家的生平故事。那么在本书中，你将看到一个渴望得到父亲认可的、自卑的小男孩是如何成长为一个创建开创性理论的心理学家的？他如何化自卑为动力？他如何在困境中反思与进取？他与来访者那些扣人心弦的故事带给我们怎样的启发。

在阅读这本书的时候，我能够感受到施瓦茨老师的视角是非常深刻和广阔的。透过他的人生，我们能够看到他对自己所处的时代、所在的国家、自己的家庭、来访者以及他自己的独特思考。与此同时，他会带你深入他的内在和他的来访者的内在。他的智慧会激发你无限的能量，点燃你生命的激情。

我推荐每一位想要寻求力量，获得内心宁静与和谐的伙伴都来阅读这本书，你将会发现一个更加广阔、富饶的内在世界，你也会和真正充满智慧、力量和爱的自己相遇。

愿我们都能够知道，没有不好的人，只有被部分不同程度控制了的人。

愿我们都能学会与自己和解，与他人友爱，活成自己越来越喜欢的样子。

感恩遇见，让我们有幸成为陪伴彼此共同享有宁静、和谐的挚友。

海蓝博士

海蓝幸福家创始人兼首席专家督导

静观自我关怀全球首位中国师资培训师

系列畅销书《不完美，才美》作者

Internal Family Systems Therapy **推荐序 2**

在此书的英文版出版之时，我刚刚学习内在家庭系统疗法（IFS）不久，也曾怀着激动的心情给施瓦茨博士发邮件，想要把英文版译成中文，介绍给国内同行。后来美国出版社的工作人员告诉我这本书的版权已经被国内出版机构买走了，我感到既如释重负（毕竟翻译是个苦差事），又欣喜若狂（因为更多同行终于可以通过中文版了解这个流派了）。此刻，我非常感激编辑胡晓阳的邀请，让我有幸为这本书写推荐序，成全我以某种方式"再续前缘"。借此机会，我想和大家分享我是怎样认识并爱上 IFS 的，IFS 的魅力何在，以及我为什么要把这本书由衷而热切地推荐给你们。

我与 IFS 的相识相知

与 IFS 相识，是我在美国西北大学读婚姻家庭治疗硕士的时候。有几位我很喜欢的老师都曾提到并推荐过这一流派，况且该流派创始人原本就和西北大学的几位大牛交情颇深，这都助长了我对 IFS 的好奇心。我第一次报名就感受到了 IFS 的火爆，因为虽然距离开课时间尚早，但当年培训的名额早就已经满了。我等到第二年提前报名才终于成功报上。前一段时间听说 IFS 初阶的培训已经火爆到需要摇号才能参加了，我不禁庆幸自己"生得早"。参加 IFS 初阶的培训是需要颇下一番决心的，因为当时的培训总共需要 18 天，分成 6 段，每两三个月集中培训一次，跨度近一年（现在由于疫情，很多培训转为线上进行，因而设置会有不同，但总课时不变）。这实在是我上过的战线最长的初阶培训了（如果不算精神分析的话）。起初很难想象 18 天该如何"熬"完，然而参加以后就发现 18 天转瞬即逝。因为 IFS 是经验取向的流派，所以培训大部分的时间都是各种体验。体验这个东西是急不来的，需要小火慢炖。结果上了一年的培训课后，我依然意犹未尽，于是又上了第二阶的培训课以及其他相关工作坊聊以解馋。IFS 第二阶的培训包含很多个不同的主题（比如成瘾、亲密关系、焦虑问题、创伤等），其他相关的工作坊更是琳琅满目，我很想一直浸润在这些培训中，不过目前唯一的挑战就是它们个个爆满、一位难求！

我为什么如此钟爱 IFS 呢？要说清楚这个问题，我难免要回顾一下我与心理咨询的前尘往事。我在北师大读研时懵懂地踏入了婚姻家庭治疗，并有幸加入导师方晓义教授课题组。虽然那时资源还相对匮乏，但是我仍有机会参加各种工作坊、观摩一些老师的现场工作或录像。正在我踌躇满志地要做一名家庭治疗师的时候，我又一脚走进了精神分析的殿堂。从此开启了漫漫学习路，一路"消化不良"。因为要在做个体、做伴侣、做家庭的不同角色和状态之间切换，我时常觉得晕头转向，颇有一副后台处理器加工不过来、显示器卡顿的囧像。为了"治病"，我在北师大博士毕业后又去美国读了硕士，只为找到一剂山楂丸，使我身心舒畅。正是在这样"自我救赎"的时刻，我遇到了 IFS，感觉自己仿佛看到了整合的曙光。

IFS 的系统观

IFS 把家庭系统的理念应用在个体咨询中，可谓把系统观贯彻得十分彻底、清晰。正如家庭是一个系统，我们每个人的内在世界也是一个系统。随着我们长大，在我们的内在系统中，会有无数个部分逐渐成长起来，它们应不同的运而生，身负不同的使命，在系统中扮演着不同的角色。同时各个部分又在每时每刻相互影响、相互制约，以便维持这个内在系统的稳态。

生而为人，我们每时每刻都会感受到外在系统（家庭、工作单位、社会环境等）的召唤，然而与此同时，你是否也听到来自内在系统的呼声？比如，当我的外在系统（家庭或者工作单位等）召唤我去承担某个角色（比如拯救者，或随便什么角色）的时候，我恍惚间会听到来自内在的不同声音。一个声音在高声应和："放着我来！"这似乎是来自某个一贯尽心尽力、尽善尽美的部分，它会第一时间跳出来完成任务；当然也会出现另一个幽怨的声音："怎么又来了。"这可能是来自某个承载着愤怒和烦躁的部分，它在指责那个完成任务的部分揽下了太多不该有的责任；说时迟那时快，第三个声音马上响起："生气也别表现出来呀，会得罪人的！忍忍吧！"这似乎是来自某个负责压抑情绪的部分。当然还可能有第四个、第五个……第N个声音，它们都各怀心思、各司其职，一起在纷纷扰扰中组成了我们纷繁复杂的内在系统。

长此以往，这些部分之间也会拉帮结派。几番交手，是敌是友，也就逐渐分明了。比如，如果我的某个兢兢业业、奋发图强的部分让我工作学习太久，那么必然会有拖延、焦虑、抑郁等各种负责把前者赶下台的部分轮番登场。它们起初或许好言相劝，一看不起作用，就逐渐拳脚相加。于是，我的"拖延"部分一旦登场，就会拉出一副要绑架我的架势，稍事休息可是远远不够的，它一定会让我埋头于不断自动播放的视频中，以至于完全听不到那个"努力"的部分在捶胸顿足、呼天抢地。可是，好景不长，正如所有的部分一样，"拖延"的部分也没有无边的法力可以永恒地霸占我的内在。当它终于抵挡不住敌军的攻势、仓皇出逃之后，我的"努力"的部分便再次占据主导。它看着逐渐迫近的截止日期和眼前的断壁残垣仰天悲叹，一边打扫战场、重振士气，一边赌咒发誓，下次一定要把"拖延"的部分压在五指山下，令其永世不得翻身。然而，这只不过是又一轮循环的开始。"努力"的部分为了弥补被对方抢去的时间而越发强势独裁，"拖延"的部分为了保护我的休息和健康而见招拆招，直到再次攻上城墙，将"努力"的部分重伤流放……如此循环往复，我的内在系统中的不同阵营就这样逐渐走向"对立极化"（polarization）。如果各位读者把上文中的"努力"的部分和"拖延"的部分想象成一对父母，其中一个好"鸡娃"，一个又很佛系，这不就相当于我们在无数家庭中看着眼熟的"对立极化"吗？没错，内在系统和家庭系统一样，总是在"闹哄哄地进行权力角逐"。对立极化只是系统中万千动力中的一种，其余种种，仿佛大千世界，美不胜收。

IFS 同样秉承"系统观"的精髓，因此从 IFS 的角度来做个体咨询，能让家庭治疗师的多种方法都得以派上用场。比如，不要"选边站"，不要跟某个人（部分）结盟，不要认为整个系统的问题都出在某个人（某个部分）身上，也不要觉得一个系统中只要改变一个人（部分）就万事大吉了……如果咨询做不下去了，与其说来访者整个人在阻抗，倒不如说来访者的内在系统中有些部分撂挑子不干了，就像家庭中的某些成员想要退出咨询了一样。那么，咨询师就需要反思，自己是不是只理解并共情了一些部分而没有看到其他部分仍在被忽视、被指责或者被压抑呢？就像家庭治疗师会做的一样，我们需要听到每个人（部分）的声音，要和每个人（部分）都建立好关系、真正理解他（它）们的需求，然后才能促进各个部分的沟通和合作，最终实现系统的和谐。

"真我"的力量

那么是不是说咨询师要做来访者的内在系统的"家庭治疗师"呢？那来访者离开咨询室之后要怎么办呢？来访者需不需要内化一个家庭治疗师在自己的系统里呢？其实，每个来访者的内在系统已经自备"家庭治疗师"了，它就是"真我"（Self）。真我这个概念也是让我爱上 IFS 的重要原因之一。因为它强调了我们每个人与生俱来的资源，是毋庸置疑的、天赋人权一般的存在。我们要想自我救赎，不需要向外寻求，不需要去内化谁的影响，也不需要从环境中习得，只须看向自己的内在，寻找真我的力量。如果看不到，不是因为没有，只是因为迷雾重重。所以咨询师的职责，是和来访者一起"拨云见日"，拨开一个又一个的"部分"，最后看到的就是那个如太阳一般恒定的存在——真我。真我会像家庭治疗师一样，对每个部分都抱有好奇和接纳，和每个部分都建立好关系、倾听它们的诉求、释放它们的负担、实现它们的期望，然后促进部分之间的沟通协作，领导着整个系统重建和谐。只要帮助来访者发掘自己的"真我"的力量，让真我被各个部分信任，让各个部分愿意被真我领导，那么咨询师的工作就完成了。

说到这里你可能不免会想问另一个问题：咨询师也是人，也有内在系统，如果在和来访者的内在系统工作的同时，还要考虑咨询师的内在系统，这不是太乱套了吗？的确，咨询师内在系统中的不同"部分"也容易加入到来访者系统的"混战"中去。比如，咨询师可能也有想让来访者快点改变的部分，这些部分就会和来访者系统里的那些想要改变的部分结盟。但如果来访者内在的这些想改变的部分其实是与另外一些部分对立的，那么咨询师的结盟显然会得罪另一些尚未在咨询中露脸的部分。于是，我们就会看到有的来访者一边诚恳地说"咨询对我很重要"，一边"今天开会去不了"。这样的结盟，就会让咨询师难以和来访者的所有部分建立好关系，咨询也就难以达到实质上的效果。因此，在咨询中，咨询师追求的也是用自己的"真我"去工作，而不是用某个博学多闻的"咨询师部分"或是其他部分去工作。当我们的重点不是"doing"而是"being"，不是努力地用某种技术、做某件"该做的事"，而只是让自己的真我领导着我们去和来访者建立联结的时候，改变就会发生。这样的咨询被我的IFS老师称作"effortless"，我想中文意思就是，无为而治。

我想要推荐IFS的原因还有很多，篇幅所限，就此搁笔。心理咨询发展到今天，我们走的每一步都是站在巨人的肩膀上的。IFS也是如此，它整合了心理学史上重要流派的精髓，比如家庭治疗、格式塔、存在人本、心理动力学等，不胜枚举。无论你之前擅长的是哪个流派，都容易在IFS中找到一些契合点，把IFS融入你自己的实践中去。在我参加过的各种IFS的培训和讲座中，不乏有着二三十年临床经验的资深咨询师。我曾好奇地问过一些前辈，为什么学了那么多专业知识还要学IFS？他们给我的回答基本相同，都觉得在IFS中既能整合和升华自己过去的毕生所学，又能紧跟前沿发展和行业趋势，可谓"此生需要学的最后一个流派了"。同时，因为IFS非常强调来访者"真我"的力量以及咨询师用"真我"去工作，这使得我在学习和实践IFS的过程中，总是被滋养而非被消耗。我相信各位同行都深深地知道，对于想要"活到老，咨询到老"的我们来讲，保养好自己这件"工具"尤为重要。

如果你是咨询师，如果你对IFS感兴趣，那么这本书，可谓是走进IFS世界的官方捷径和不二法门。IFS系列有很多书值得一读，但我认为这一本，是其余所有的开端。因此，我真诚地期盼有更多的同行可以通过这本书认识并了解IFS。我相信你们每个人与它的相识相知都会是一个美妙的故事。

愿我们都能在内在系统中自在自得。

兰菁

北京师范大学心理学部应用心理专业硕士兼职导师

北京师范大学心理学部家庭研究与治疗方向博士

美国西北大学家庭研究院临床博士后

中国心理学会婚姻家庭心理与咨询专业委员会委员

Internal Family Systems Therapy 第 2 版前言

自《部分心理学》（*Internal Family Systems Therapy*）[⊖]第 1 版出版以来，25 年间，IFS 治疗师和实践者的群体不断壮大，IFS 心理治疗模型也得到了发展，发生了一些演化。因此，第 2 版中超过 60% 的内容是新的。本书不仅更新了将 IFS 运用于个体、伴侣和家庭的指导方案，还阐述了近 40 年来在一线心理健康工作中应用 IFS 积累的智慧，期间，我们需要接诊各类人群，他们被诊断出了各种各样的疾病，比如创伤后应激障碍、焦虑、抑郁、进食障碍、成瘾等。

对于想运用 IFS 疗法的治疗师而言，这个新版本可以充当一本完整的指导用书。在本书的 20 章内容中，我们命名、展示、澄清并具体地阐释了真我这一意识的智慧之本和内在领导力之源，心灵的多元性，以及这二者的结合的微妙之处和深刻含义。这些章节通过案例中的对话来演示技术，也时常借助表格总结关键点。全书内容分为四个部分。

第一部分有四章新内容，概述了 IFS 治疗的缘起和概念基础。这些新内容涵盖：促使我（理查德·C. 施瓦茨，后面统一用理查德表示）重新理解心

⊖ 内在家庭系统（Internal Family Systems），简称 IFS，俗称部分心理学。为方便读者阅读，本书正文采用简称 IFS。

灵的经历；被 IFS 视为人类意识之本的"真我"；IFS 与身体的相关性；治疗师在 IFS 中的角色。第一部分还包括两章大幅修改过的内容，其中一章关注个体如何作为系统存在，另一章讨论了负担（或者说限制）的本质，以及它们如何妨碍关键的解放。

第二部分深入探讨了 IFS 个体治疗的步骤和策略。这部分内容经过重新组织，包含七章含有案例说明的内容。其中四章谈到了 IFS 治疗师与"保护者"建立关系的步骤，另外三章则涉及"保护者"的对立极化状态、卸下"被放逐者"的负担和安全开展内在工作这三个主题。

第三部分阐述了更大系统中的 IFS 治疗，其中三章经过了大幅修改，讲的是 IFS 家庭治疗；一章是关于 IFS 伴侣治疗的新内容；还有一章探讨了如何将 IFS 概念应用于社区和公民层面，这一章在原有基础上进行了更新。

第四部分包括介绍 IFS 研究的新的一章和关于"内在物理定律"（或者说内在心灵宇宙运行的规律）的新的总结性的一章。

最后，为了让大家熟悉 IFS 模型，我们增加了一个术语表。

Internal Family Systems Therapy 第 1 版前言

家庭治疗运动在一个更大的系统的背景下理解极端的个体行为，它解放了精神卫生领域，使其能够充分关注环境和关系。IFS 在这一点上走得更远，它将个体的心灵视为由各种相互关联的独立实体组成的系统。IFS 能激发我们的好奇心，引导我们去探索这些内在居民的动机和它们之间的相互作用，它们有自己的故事要讲。

我（理查德）将这些内在的实体称为"部分"（part），它们会为其他部分或个体着想，它们的行为并不是随意发生的，而是具有一定目的的。它们对内在系统的用心往往是好的。当我探询那些患进食障碍的年轻女性的内在时，我发现，当一个部分受到伤害时，其他部分通常会扮演保护受害者的角色，为整个系统做出牺牲。当这些起保护作用的部分的牺牲得到我们的认可时，它们会感到欣慰；当我们处理令它们忧虑的状况时，它们会明显地感觉自己变轻松了。只是，我们这些深受西方文化影响的人并不天然具备接受和感激极端保护者的态度。在小说《夜的秘密》（*Night Secrets*）中，托马斯·库克（Thomas Cook）笔下的主人公讲述了他内在的一个批判者的体验。

> 他能感觉到那个邪恶的泡沫,那个使一切都比原来更空虚的泡沫,正在他体内膨胀……它不知从哪儿冒出来,飘向他,仿佛它不需要被什么特殊的东西召唤,而是作为一个不断黑化的存在,自行占据着一个位置,咬牙切齿地指责他的生活方式。有时,他觉得每个人心里都有这样一个幽灵,但后来,当他看到一对夫妻在餐馆里笑得很开心,或一个父亲在公园里和他的女儿一起玩,甚至是一些孤独的老妇人在空空的水泥门廊上心满意足地看着报纸时,这些人会让他觉得,他们不知怎么地逃出了那个无情的批判者的魔爪,他们及时关上并拴好了门,那团阴影被甩在门外,上气不接下气,赶不上他们。(pp.161-162)

这个人物感到,他内在的批判者是一种神秘而邪恶的力量,残酷而无法掌控。然而,正如我们将在本书中阐述的那样,哪怕极度苛刻的保护者也在进行自我牺牲。如果这个人物遭遇的这个内在批判者能与我们交流,它可能会说,它只是想保护"它"(指它所保护的脆弱而年幼的部分)。如果我们问它是如何保护"它"的,它可能会说,它会让该人物感到羞耻,从而迷途知返、提升自己,这样他将来就不会受到外界的批评;它也可能会说,它会打击他的信心,这样他就不会去冒险,然后受伤。接下来,如果我们问这位批判者,它既要羞辱别人,又要使别人免遭羞辱,这是不是很讽刺,它可能会大吃一惊,瞠目结舌——因为它和它试图保护的部分一样年幼。

虽然批评者表现得那么严厉是为来访者着想,是旨在通过控制和抑制来确保安全,但这总会激起其他保护者的抵抗,其他保护者可能会通过暴食、饮酒、自伤和自杀等行为来对抗抑制。尽管主动性抑制和反应性去抑制之间不时发生的冲突会严重破坏个体的生活,但它们也成功地让受伤的部分,即来访者的脆弱之心,被他们忽略。暴食症患者就是一个很好的例子。这些患者的内在生活是这样的:一方面,他们内在的批判者以令人害怕的方式迫使他们纠结于体重和外表;另一方面,反应性的对抗部分会将他们推入放纵的深渊(Catanzaro, 2016)。如果我们不考虑这个背景,单独看这个批判者,我们可能会轻易地相信它代表着这个部分的核心本质,或只是挑剔父母的形象的内化。正如如果我们不考虑某个青少年的家庭环境，只单独看他的话，我们可能会粗暴地认为他就是得了进食障碍这样一种病。如果我们问这个部分"为什么要批评来访者"，它会说，它担心如果不这样做，会导致一场灾难：他会暴饮暴食，体重增加，甚至变得更不讨人喜欢；他的愤怒会让家人疏远他；他会沉溺于悲伤，独自一人瘫在床上。在这种情况下，残酷的内在批判者的存在有其合理之处。批判者试图控制一种其他部分可能没有意识到的潜在威胁。而我们可以提供的唯一可靠的帮助就是消除这一威胁。正如我们在本书中阐述的那样，IFS能引导我们深刻地理解住在来访者内在世界的批判者和其他许多部分，并为它们提供可靠的帮助——它们中的一些渴望蜕变，但陷在破坏性的极端角色中无法自拔。

致　　谢　Internal Family Systems Therapy

理查德·C. 施瓦茨：在《部分心理学》的第 1 版中，我曾写道："对于提供帮助和想法，促成内在家庭系统模型发展的人，我需要写一本书，来充分表达我对他们的感激之情。"25 年过去了，这本书也变得更厚了。在此，我无法一一感谢从我开始这段旅程起的 35 年来对 IFS 有过影响的所有人。现在，IFS 已成为心理治疗领域的一项重要运动，大量的图书和文章涌现出来（见 https://selfleadership.org）。我非常感谢这些作者、许多 IFS 培训师、我的同事和学生，他们都做出了特别的贡献。有机会同这么多有才华的人一道，努力履行将 IFS 带给世界的使命，这让我深感欣慰。

有几个人的名字是不得不提的。首先，我要感谢我的合著者玛莎·斯威齐，没有她就不会有《部分心理学》的第 2 版。我曾花了很多年的时间尝试完成第 2 版的写作，但最后总是落空，觉得这个任务实在难以完成，直到我请求了她的帮助。她不仅是一位出色的作家，曾与人合作编辑和撰写关于 IFS 的重要图书，而且为我们这个不小的项目提出了许多颇有贡献的想法。其次，我很庆幸我的妻子珍妮·卡坦扎罗（Jeanne Catanzaro）也是一位如此有天赋的 IFS 治疗师，我经常和她进行头脑风暴，目前 IFS 模型中的许多方面都源自她的想法。再次，我的弟弟乔恩（Jon）非常出色地管理着一家从事IFS培训的公司——真我领导中心，实现了它的指数级增长，他的工作使我得以将很多时间花在像写作这本书这样的创造性工作上。最后，真我领导基金会（Foundation for Self Leadership）的董事会自愿投入了大量时间来支持相关研究和其他能提升我们工作的信誉和丰富性的项目。此外，我和玛莎也得到了吉尔福德出版社（Guilford Press）编辑芭芭拉·沃特金斯（Barbara Watkins）的大力帮助。

正如我在《部分心理学》的第1版中所写的，IFS模型应该在最大程度上归功于我的来访者，只是我不能公开他们的名字。我扮演的主要角色是一名记者，记录着他们发现并告诉我的不寻常的事件。我永远都无法充分地感同身受，去体会其中许多人踏入甚至停留在恐惧或绝望深渊的勇气。他们还在继续教会我如何理解自己的内在世界，以及如何以不同的方式在其中生活。我建议所有的治疗师试着从来访者身上获得心理治疗和生活实践方面的启发，这会是一种充满启迪、引发蜕变的体验。

最后，在IFS发展的早期，我的前妻南希做出了一定的贡献。她是我们的三个女儿（杰西、萨拉和哈利）的好妈妈，我们的女儿能与自己的部分以及身边的伙伴建立健康的关系，这在很大程度上归功于她。由于我对探索IFS的投入，她们或多或少地做出了牺牲，同时也给IFS带来了挑战和贡献。

玛莎·斯威齐：对我而言，与迪克（即理查德）一起深入探究IFS及其历史是有趣而有益的，感谢他当初想到和我合著这本书。我也要感谢他在专业研究方面的勇气——他通过跟随来引导。和所有人一样，基于对自身经历的思考，我相信人的心灵可能像弥诺陶洛斯的迷宫（Minotaur's maze）那样复杂。为了找到和治愈我们内心受伤的雏鸟，以及保护着它们的"怪物"，我们需要由勇气与慈悲织成的韧线。IFS给了我们这样的线。

如果我已经连续好几个小时坐在电脑前，我的丈夫罗布·波斯特尔（Rob Postel）会穿过卧室和客厅，给我倒一杯茶，看看我的眼睛是不是变呆滞了（如果是，就说明是时候该出去走走了），他会购置我们所需要的各种东西，塞满冰箱，支付账单，做饭，洗菜，给汽车加油——在做所有这些事的同时，他还要把精力投入到在我们镇上召集志愿者种植数百棵树，以缓解气候变化的事务中。他的才华和气度得到了许多人的欣赏，我只是其中一个幸运的受惠者。

我也要感谢我们的女儿西奥·斯威齐（Theo Sweezy），感谢她的耐心、兴趣和充满爱的支持。虽然她一直住在另一个城市，不必忍受我为了写这本书而连续好几天黏在电脑前，但她却一直忍受着我对写作的狂热。她有着一颗宽仁之心。

最后，我想感谢我们的编辑芭芭拉·沃特金斯，她对我们所讲的这一主题的微妙之处的理解力，以及将第1版的内容整合进本书的能力，在我看来实在是太厉害了。

Internal Family Systems Therapy 目　　录

推荐序 1

推荐序 2

第 2 版前言

第 1 版前言

致谢

第一部分　IFS 治疗概论

第 1 章　IFS 治疗的缘起　/ 2

第 2 章　个体作为系统而存在　/ 28

第 3 章　真我　/ 51

第 4 章　负担　/ 66

第 5 章　IFS 与身体　/ 75

第 6 章　治疗师在 IFS 中的角色　/ 97

第二部分　个体的 IFS 治疗

第 7 章　做好治疗准备　/ 112

第 8 章　"内在沟通"与"直接介入"　/ 130

第 9 章　发现、聚焦和具体化保护者　/ 142

第 10 章　感受、建立关系、探索保护者的恐惧　/ 155

第 11 章　改变保护者对立、极化的状态　/ 173

第 12 章　卸下被放逐者的负担　/ 188

第 13 章　安全开展内在工作　/ 203

第三部分　伴侣、家庭及更大的系统中的 IFS 治疗

第 14 章　IFS 模型的家庭观　/ 218

第 15 章　在 IFS 家庭治疗中解除限制　/ 233

第 16 章　在 IFS 家庭治疗中卸下负担　/ 252

第 17 章　IFS 疗法用于伴侣治疗　/ 267

第 18 章　IFS 模型应用于社会文化系统　/ 280

第四部分　研究与结论

第 19 章　IFS 相关研究　/ 296

第 20 章　内在物理定律　/ 306

术语表　/ 326

第一部分
Internal Family Systems Therapy

IFS 治疗概论

Internal Family Systems Therapy

第 1 章

IFS 治疗的缘起

在这个介绍性章节的开头，我（理查德）将和你们分享一段故事，让大家知道 IFS 疗法是怎样发展起来的。我的父亲泰德·施瓦茨和母亲吉纳维芙·施瓦茨共同养育了六个儿子，我是其中的老大。泰德是一位非常厉害的内科医生和研究者，在内分泌学领域有过许多重要的发现，他后来成为芝加哥一家大型医疗机构的负责人。虽然我从他那里继承了很多天赋，但一些负担也随之而来。父亲希望儿子们学医，对于作为老大的我，他更是寄予厚望。但我并不擅长学习自然科学（可以说至今依然如此），而且总体上不喜欢上学，这让父亲很生气。我能感觉到他对我的失望。比如，当我拿着成绩单回家时，我能察觉到他时常掩藏不住的强烈不屑，他的这种情绪在我的潜意识中悄悄地滋长着。这些经历使我背上了我们将在本书中说到的"无价值感带来的重负"，这种负担驱使我努力向父亲证明自己的价值。当我尝试创立 IFS 这一心理治疗方法并面临各种阻力时，这种感受一直作为一种宝贵的驱动力，激励我前行。

在大学期间，每年暑假，父亲都会在他负责的芝加哥医疗中心给我找份实习工作，通常是在中心的青少年精神病区当助手。我的工作内容是带着病人去打保龄球、游泳或是看电影。这样一来，我和这些孩子的关系总会逐渐亲厚起来。眼看着他们离开家人之后，整个夏天都在好转，我感到欣慰。可第二年夏天，他们的健康状况又会恶化到需要回来住院的程度。由于我大部分时候都是周末工作，所以当孩子们的家长来看他们时，我一般都在会客室，经常目睹家长愤怒地在他们的孩子身上撒气，责备他们给家里人丢了脸的情形。家长走后，我会安慰孩子们，也会问他们：治疗师是否在帮忙处理他们的家庭关系。他们说，治疗师几乎从来不与他们的家人交流，也很少主动和他们的家人说话。尽管治疗师会解释孩子的感受和行为，但大多数时候治疗师只是倾听。如果孩子不说话，那么整个治疗过程就会在沉默中展开。尽管我当时并不了解心理治疗，但还是觉得这样的情况是有问题的。

有一年夏天，我对一个16岁的可爱的小姑娘特别有好感。她曾经吸食海洛因成瘾。她悄悄告诉我，她的父亲猥亵过她。一天，她的父母来医院看她，她的父亲无所事事地瘫坐在一旁，母亲则对她大吼大叫，指责她的自私如何伤害到了他们。第二天，她自杀了。当时我的感受非常复杂，对她遭遇的不公感到尤其愤怒。我决心成为一名心理治疗师，尽自己所能来提供更好的心理治疗。大学期间，我曾上过一门由心理治疗师教授的临床心理学方面的课程，我由此了解到精神分析方法是如何对这些住在医院的青少年起作用的，也知道了心理治疗师为何不让家人参与治疗，为何要和孩子们保持相对较远的人际距离（精神分析后来逐步演变得更为注重关系、来访者的外部环境）。课上还介绍了一些不同于精神分析的治疗方式。

其中，我对卡尔·罗杰斯（Carl Rogers）和弗里茨·珀尔斯（Fritz Perls）的方法特别感兴趣。罗杰斯之所以吸引我，是因为我从直觉上相信，他那有别于精神分析师超然立场的共情和关怀的态度十分合情合理。我也被罗杰斯的人本主义观点吸引，我赞同人虽然会受伤，但本质上依然是健康的。珀尔斯则给我留下了一个生猛无畏、胆大包天的叛逆者的印象，他试图打破传统精神分析的范式。他主张，情绪应该得到充分的体验和表达，而不应该被分析和解释。他的"空椅子"技术让我第一次见识了内在对话这种治疗方式。在这种治疗中，来访者会与坐在空椅子上，扮演的趾高气扬的胜利者和狼狈不堪的失败者的两个部分对话。

尽管罗杰斯和珀尔斯的方法很有吸引力，但我还是觉得其中缺少了某些重要的东西。我始终记得那些愤怒的父母是如何在孩子身上发泄怒气的——他们的方法没有考虑这种外部环境因素。那是在1970年，当时我还不知道，在那之前的几年里，已经有一小群治疗师意识到了这个问题。而且，有类似想法的人越来越多，他们正在开发一种叫作家庭治疗的新方法。四年之后，我才得知家庭治疗的存在。

IFS 治疗概述

IFS 治疗综合了两种范式：一是多元心灵，即认为我们的内在包含许多不同的部分；二是系统观、整体观。考虑到各种内在的心理过程构成了一个系统，IFS 鼓励治疗师将注重生态，即注重理解和维持系统内部成员之间的关系网络的观念和方法运用到人类系统的各个层面，包括内在心灵、家庭、社区、文化和社会等。IFS 治疗讲究合作和正向的体验。与"人们具有某种缺陷或患有某种疾病"这种一般的治疗性观点相反，我们认定，人们具有他们所需的所有内在资源，所以我们的取向不会给人贴上心理疾病的标签。在我们看来，人们不是缺乏资源，而是受到内在和外在极端关系的限制，从而无法发挥内在的力量。因此，IFS 致力于帮助人们解除束缚，从而释放人们的力量和资源。

美国循证项目和实践注册系统（National Registry for Evidence-Based Programs and Practices，NREPP）在美国物质滥用和精神健康服务管理局（Substance Abuse and Mental Health Administration，SAMHSA）的测评结果表明，IFS 治疗能有效改善个体的身心功能，提高生活质量。它被认为有望缓解恐惧症、惊恐发作、广泛性焦虑障碍等疾病的相关症状，提高身体健康水平，缓解抑郁症状。为了说明 IFS 模型的来龙去脉，介绍其理论背景，我（理查德）将在本章讲述我的故事。

家庭系统与家庭治疗

1973 年,"环境运动"开始了,这场运动对人际关联的强调与注重生态的系统观、整体观契合,因此对我而言很有吸引力。我读过路德维希·冯·贝塔朗菲(Ludwig von Bertalanffy)和格雷戈里·贝特森(Gregory Bateson)的书,当时却没有意识到,早在好几年前,家庭治疗师已经受到了这些观点的启发。这两位作者认为,在任何系统中,某一方面的变化都可能在无意中给内部元素相互关联的系统网络带来不可预见、却往往强有力的影响。此外,系统倾向于保持"稳态"(homeostasis)。也就是说,系统会拒斥那些试图改变它的尝试,尤其是当尝试者不了解怎样的行为在系统背景之下具有意义时。

我由此开始相信,期望个体在独立于外部环境的情况下做出改变是不合理的。我听说一个叫作"社区心理学"的早期运动整合了一些关于系统思维的内容。于是我开始寻找关注社区工作的研究生项目。最后,我在附近的北伊利诺伊大学找到了一个合适的项目。在那里,关于我自己和我的选择,我得到了三点启发:①我太害羞了,不会是一个好的社区组织者;②社区工作需要很长时间才能看到成效,这种节奏并不适合我;③北伊利诺伊大学新来的厄尔·古德曼(Earl Goodman)正在教授一种受系统思维启发的方法,叫作家庭治疗。我对这种方法很感兴趣,觉得这可能是一种能更快起效的治疗方式。

我立即加入了一个学习小组,小组的成员并不多,我们在厄尔的指导下,每天花好几个小时在单向镜后面观察彼此怎样对家庭开展治疗工作。当时,阐明家庭治疗方法的几篇重要文献还没有发表,我们还没有受益于这些文献的洞见和指引,相当于在黑暗中摸索。我们的干预基于相对模糊的概念,比如"稳态"和"替罪羊"等。我们认为,父母由于不能处理他们自己的问题,所以需要孩子当替罪羊,他们可能会无意识地干扰治疗师对孩子的治疗,因为他们一贯是借助孩子的症状来分散注意力的。因此,家庭治疗的目的是将父母的注意力从"确诊的替罪羊"身上转回到自己的婚姻问题上,从而让孩子从症状中解脱出来,确保他们不再需要通过表现出某种症状来保护父母。

在这种方法取得了一些成效之后，我变成了家庭治疗的狂热信徒。我们自觉正在发起一场理解和解决人类问题的革命，而且我们是这场革命中的重要人物，因而在心理治疗领域的其他从业者面前自感优越。我变成了一个令人讨厌的家伙（"改革者"），一个在家庭治疗中直戳来访者家人的错处、在各种会议上挑战心理动力学流派的治疗师。在接下来的一年中，萨尔瓦多·米纽庆（Salvador Minuchin）所著的《家庭与家庭治疗》（*Families and Family Therapy*）以及保罗·瓦茨拉维克（Paul Watzlawick）和他在加州的同事所著的《变化》（*Change*）相继出版，这两本书的出版进一步强化了我膨胀的信念。

在读了这些书之后，我又一读再读了一些胆气十足的作品，那些作品的作者是家庭治疗革命的先锋，他们勇于挑战现存体系的治疗观点。米纽庆和他的同事（Minuchin, Rosman, & Baker, 1978）公布了他们在治疗厌食症——一直以来被公认为非常棘手的疾病方面取得的巨大成果。杰伊·哈利（Jay Haley, 1976, 1980）在总结自己的治疗工作时也大胆断言：那些患有精神疾病的年轻人之所以无法离家，是因为他们在保护整个家庭。他们认为，心理治疗中缺失的成分，正是对患者外部环境的考量。顺着他们的思路，我甚至觉得没有必要在内心状态和感受上浪费时间，因为只要我们调整来访者的外部环境，就能看到更好的治疗效果。家庭需要的只是明确的界限，其中包括关于谁与谁互动以及如何互动的规则。这样一来，家庭成员之间就不至于太过亲密或疏离。

父母需要合作，需要"在状态"。每个家庭的领导力都需要有明确的层级，这样一来，做孩子的就不必担心他们的父母，也不必忧虑到底和谁站在一方来对抗另一方。此外，只要治疗师重新解读了孩子那些看似有害或古怪的行为，读懂他们试图保护家庭的行动，家人对彼此的看法——这些看法往往会促成重复模式或加重边界问题，就会有所改变。比如，如果父亲大声责备儿子太过羞怯，会让儿子更加难为情。而由于儿子又一次退缩，父亲会更加气恼，除了变本加厉地批评儿子以及让情况变得更糟，他可能别无他法。我们认为，如果我们能够让这位父亲相信，儿子这样是为了保护母亲——他这么羞怯和不愿出家门，是为了不让母亲独自面对空巢，那么这个家庭的动力就会发生转变。

为了评估家庭的状态，我们会追踪和观察家庭成员之间的互动，并提出问题。我们致力于揭示恶性循环是怎样形成的，期间会发生怎样的系列事件和模式——其中通常包括一个孩子不恰当地与父母中的一方形成同盟，或致力于保护其他家庭成员。在一些家庭中，某些成员之间的关系不是太过紧密，而是太过疏离。我们会对父母过度操心与父母完全放弃自己职责的情况保持同样的警惕。当发现这样的情况时，我们会指出来让家庭成员看到，敦促他们按照我们的指导去改变自己，也会告诉他们如何从新的角度充分理解担当家里的"替罪羊"的那位患者的行为。

尽管我们尝试理解的不是个体心理，而是整个家庭的病理状况，但我们像侦探一样探测疾病的程度，其实并不亚于那些我们不屑与之为伍、喜欢给来访者贴上诊断性标签的治疗师。我们是擅长诊断"整个家庭需要什么"的专家。当这些家庭没有按照我们的要求坚持下来、做出改变时，我们会给他们贴上"阻抗"的标签，并把这种阻抗解释为他们对陷在问题里的需要。这种"依据诊断行事"的态度对一些家庭相当有用，但会引起另一些家庭的反抗，对它们而言有害无益。在处理这种所谓的家庭"阻抗"时，自视为专家的心态促使我们采用"自相矛盾的禁令"来扭转他们的行为，比如告诉他们继续按原来的方式行事，期望他们反其道而行之。简而言之，在我们看来，家庭是令人生畏的对手，他们非常依赖自己的症状，以至于治疗师不得不将他们推向改变或者将改变强加于他们。

从北伊利诺伊大学的硕士项目毕业后，我带着这种自上而下的思维方式，在我原来当助手的芝加哥医疗中心精神科开始了我的第一份工作。在这个以精神分析治疗为主的科室，我作为一个象征意义上的家庭治疗师，主要负责为身体疼痛的患者及其家人提供治疗。在这里工作的一年中，为了揭示疼痛在家庭动力中所起的作用，我问了很多让前来就诊的患者及其家属感到恼火的关于症状功能的问题。虽然这种做法在少数情况下是有成效的，但许多家庭因为我的暗示——他们的痛苦能够操纵别人，而感到被侮辱，自然也不愿意接受我提出的改变方案。这些治疗经历中的不顺让我意识到自己有多么无知，于是我又回到了学校。

默里·鲍文和维吉尼亚·萨提亚

我选择了普渡大学研究生院，这所大学的工程学院非常有名，也有一流的家庭治疗博士项目。结婚之后，我来到了位于印第安纳州西拉法叶市的普渡大学，师从道格·斯普伦克，一位著名的家庭治疗导师和研究人员。在那里，我了解到了家庭治疗师默里·鲍文（Murray Bowen）和维吉尼亚·萨提亚（Virginia Satir），他们对于个体在家庭中的经历的关注，动摇了我的偏见。在那之前，我一直对我在医院接触到的精神分析治疗有所抵触，也一直拒绝思考个体的内在感受，觉得那是"线性的"而非"系统的"。而与此同时，维吉尼亚·萨提亚（1970，1972）在思考自尊的重要性，默里·鲍文（1978）在思考自我分化的重要性。有时候，他们也对个别的家庭成员展开治疗，而并不总是召集所有家庭成员进行治疗。

我一直以来都在无比努力地将自己与我的父亲和其他家人区分开来，所以对鲍文的方法很感兴趣。由于亲身经历，我深知要在不拒绝家庭价值观和父母赋予的特质的同时发展自己的独特观念实属不易。那时，我对家庭治疗的热情（以及已经取得的小小成就）已经让那些我从父亲那里听到的声音——"你真是失败""你必须改变世界"安静了下来。定期的冥想帮助我保持着不错的状态。不管父亲怎样看待我的选择，我对自己的感觉都挺好。我认为自己成功地从原生家庭中分化出了自我，可以说是典型的正面案例。这时候的我完全没有意识到，自己其实还有很长的路要走！

萨提亚对我的吸引力在于，她注重改变人们交流感受的方式。我感觉自己大体上还算幸福。我有时难过了会哭出来，有时会感到和妻子南希更亲近了，这让我自我感觉良好。但有时，如果南希说了一些在我看来很没脑子的话，我会勃然大怒。另外，虽然不知道为什么，但我能意识到，在没有其他事情分散心神时，会有强烈的羞耻感和憎恶自己的感觉冒出来。萨提亚相信清晰、合宜的交流能提升人们的自尊，改善人际关系。如果她提出的沟通方式能改变我的行为，改变可能对我的婚姻关系造成严重破坏的情绪感受，那她就是我心目中的新英雄。

我的博士论文探讨了这样一种假设：改善夫妻之间的沟通可以提高个体的自尊水平。我和一位同学一起主持了一个促进夫妻沟通的项目，这个项目由谢罗德·米勒（Sherod Miller）发起，她的思路与萨提亚的理念非常吻合。我们还对参与项目的夫妇在参与前、参与后和项目结束一段时间之后的沟通情况和自尊水平进行了抽样调查，发现项目结束后立即调查伴侣之间的沟通和他们的自尊，二者之间确实存在一定的正相关；但项目结束一段时间后，这种相关性会消失。从这个结果来看，自尊似乎比我和萨提亚想象的要更难转变。失望之余，我接受了许多同行的看法：萨提亚可能太把情绪感受当回事（touchy-feely）了。我于是远离了她的观点，重新拥抱米纽庆和哈利更棱角分明、更具"专家气派"的观念。直到很久以后，在发展 IFS 疗法时，我才意识到自己站在萨提亚的肩膀之上，她对我的助益远远多于家庭治疗领域的所有其他先行者。

1980 年，也就是我的大女儿杰西卡出生的那一年，我从普渡大学毕业，并在著名的芝加哥青少年研究所（Institute for Juvenile Research，IJR）找到了一份家庭治疗培训师和研究员的工作。青少年研究所本质上是一个由国家支持的智库，许多关于青少年犯罪的早期社会学研究就是在这里诞生的。事实证明，这里的工作环境非常理想，能很好地帮助我形成和巩固自己的思想。我和几个同事［我在不同的时期与不同的人合作，我的合作者包括道格·布伦林（Doug Breunlin）、霍华德·利德尔（Howard Liddle）和贝蒂·卡勒（Betty Karrer）］一起，在研究所的一个小型家庭治疗培训项目中任教，该项目为芝加哥西部的问题儿童及其家庭提供治疗。由于教学和临床工作的任务量都很小，在为弱势家庭提供治疗时，我们有大量的时间在单向镜后面观察和记录彼此以及我们的学生做治疗的过程。

在青少年研究所，我那"要改变世界"的部分将自己的力量发挥到了极致。我深信自己已经身处一个完美的环境，并且找到了能帮助我证明自己不是一个失败者的颠覆性的想法。由于我的父亲是一位杰出的医生，他一直希望我也成为一名优秀的医生，所以我非常急切地探索，想知道家庭治疗能否在治疗医学综合征方面起作用。我甚至这么觉得：也许没学成医学反而是件好事，因为现在我可以另辟蹊径，寻找解决医学问题的新方法。在青少年研究所的第一年，当一个年轻的来访者哭着告诉我，她经常吃大量食物，几分钟后又把它们全部吐出来时，我问遍研究所，才终于得知这种新近才得到命名和描述的综合征——"暴食症"（bulimia）。她的情况似乎与我的目标完美契合：这是一种刚被人们认识的综合征，难以被治愈，具有可量化的症状，我可以通过治愈她向我的父亲科学地展示我的治疗方法的有效性。可想而知，做出贡献的空间很大！于是，我邀请玛丽·乔·巴雷特（Mary Jo Barrett）加入，与我共同主持这方面的研究，她是我的同事，也对进食障碍感兴趣。为了得到转介的患者，我们与当地的进食障碍机构建立了联系。到1983年冬天，我和同事已进入了深层的研究，并成功地应用了一种结构/策略模型来治疗这些患有暴食症的女性的家庭。

可惜的是，这项研究并没有按计划推进。有几个来访者没能很好地"配合"。尽管我按照米纽庆的建议，对她们的家庭进行了调整，但这几个女孩子还是会暴食和呕吐。预言失败了怎么办？我已经放弃了维吉尼亚·萨提亚，现在我又想放弃萨尔瓦多·米纽庆。要么是他夸大了自己治疗厌食症的成果，要么我是一个失败的结构性家庭治疗师。在我正准备盖棺定论，寻找改变世界的其他途径时，一位叫奎因的来访者身上发生了一件重要的事。

仅仅破除三角关系是不够的

23岁的奎因前来接受治疗时，对自己暴食然后呕吐的情况已经深感绝望。她和家人参与这项研究一年多了，一直反馈说治疗效果不错。长期以来，奎因在父母的关系中扮演着重要的角色：她是父亲的知己、母亲的竞争对手和照顾者——所有这些都是暴食症患者的通病。多次情绪激动的咨询会谈让我们意识到了这样一种三角关系，我们将奎因从她为父母扮演的角色中解放出来，并帮助她的父母开启了直接的交流。随着父母关系的好转，奎因慎重地从家里搬到了自己的公寓，找到了一份不错的工作，并第一次交到了朋友。在这个过程中，我们也经历过几次反复，父母的争吵和纠缠会像真空吸尘器一样把她吸回他们二人的关系之中。不过，他们最终鼓起足够的勇气，选择寻求婚姻关系咨询的帮助来解决他们的问题。在我看来，他们的家庭系统正在顺利步入新的阶段。

在家庭治疗的过程中，奎因的暴食症症状时而缓解，时而恶化。治疗结束后，她已能独立生活，对家庭危机和忠诚也有了新的理解，我原本期待她会彻底地摆脱进食障碍。毕竟，按照我的想法，奎因和她家人之间的三角关系已经被打破了，她不必继续维持这个糟糕的习惯。但让我失望的是，奎因似乎并没有意识到自己被治愈了。尽管她相当虔诚地遵从我设定的每一个明确或不明确的任务，但治疗的效果最多可以说是暂时的：奎因仍有暴食症状，仍然开心不起来。我对我的研究成果无法取得进展而感到恼火。在万分失落的情绪下，我问奎因她的内心世界到底发生了些什么，促使她继续暴食和呕吐。在回应这个问题时，她开始谈论内心相互冲突的那些部分。

重新探索内在

奎因无法控制她那些部分的所作所为，说它们各自为政、各行其是。它们有着不同的声音，喜欢顶嘴，喜欢说些奇奇怪怪的事，并乐于表露自己的动机。我尽管被这一切震住了，但对于这究竟意味着什么，还是保持着相当谨慎的态度。一方面，我所在的文化使我惯于将自己（和周围其他人）看成单一的整体。在 20 世纪，复合多元的心灵，即一个人具有多种内在的人格，它们共同起作用的主观体验被公认为一种病态。另一方面，在我的职业文化中，人们经常用一些词，如"匮乏""敌对""滋养""过分卷入"等来形容来访者，好像他们的本质能用一两个词来概括。一旦我将目光转向复合心灵的范式，这些简单的描述，甚至那些标准化的诊断类型，就变得很不够用了。我知道，如果我走得更远，也许将会实现一个很大的飞跃。

不为人知的对话

越来越多的证据消弭了我的担忧，我终于承认，我的来访者对公认的所谓"单一心灵"的先见提出了合理的挑战。我想，我起码应该保持开放的心态，关注来访者所说的内容。这样一来，我反复询问并接收到了同样的信息：喋喋不休的内在并非一个单一的整体，而是一个彼此关联的复合体。一天之中，我们所有人都会从一个人格转向另一个人格。只是对大部分人而言，这个转换过程是平常的、迅速的、灵活的，而且很大程度上是无意识的。尽管我们的词汇有限（至少在英文中是这样），难以通过语言辨识这些内在的实体，也因此难以觉察到这个内在复合体的活动，但我们的无知并不会阻碍它自行发挥作用。

奎因的困境仍在持续

事实表明，奎因的许多内在困境仍在持续。这些困境有它们各自的演化史，奎因家庭的变化并没有使它们发生积极的转变，这就是我的结构/策略性干预没有一开始期待得那么有效的原因。虽然奎因相信，如果她有机会和一个男人发展爱的关系，她就能摆脱暴食症，但她无法承受亲密关系。当一个有望成为她男朋友的对象喜欢她时，她会很高兴，但当他进一步靠近时，一种念头又会紧紧地攫住她：她是令人恶心的，而他是一个危险的压迫者。当这种渴望与恐惧之间的冲突变得难以忍受时，她就会选择逃离。最后，当这个男人不再打来电话，放弃追求她时，她又会陷入绝望，无法继续工作，整天坐在公寓里，坚信自己毁掉了仅有的去爱的机会。在最初的兴奋和最后的消沉之间，奎因会反复暴饮暴食。

暴食症既是爱人也是迫害者

通过成瘾来体会亲密、舒适、分心和放松的来访者，正如《第二十二条军规》（Catch 22）中的人那样，既渴望爱，又认定自己得不到爱。尽管成瘾可以缓和这种困境，让人暂时转移注意力，但它会使自我意象变得十分消极——讽刺的是，成瘾又是消除这种意象的最快的办法。这就形成了一个恶性循环。在与他人约会期间，奎因纠结于自己的外表和体重。如果体重秤上的数字不如她意，她就更想大吃大喝。

每次奎因从生活中撤退，食物就会成为她的安慰、滋养和快乐之源。食物能填满她的空虚。在很长一段时间里，她对呕吐没有任何常人在自然状态下会有的反感，呕吐能给她一种净化身体、平静内心的感觉，就像性高潮那样。但她一直生活在对体重增加的恐惧之中，在暴食和呕吐的循环中获得的任何平静都很短暂。当她约会时，男人对她而言是一种折磨；而当她没有约会时，浴室里的体重秤就是对她的折磨。不管哪一方面情况不妙，她都要通过大吃大喝和呕吐来安抚自己。

另外，暴食症也是她生活中的迫害者——她的狱卒和拯救者。她想着，要是自己能停下来该多好，只有停下来，她才能接近一个男人，最终得到她需要的爱。总之，不论奎因的心情灿烂还是阴郁，她都很难逃离进食障碍那安抚人心、诱发焦虑、惩罚身体的圈套。

打破禁忌

我发现只要继续"仅从外部着手"的家庭治疗，我就拿奎因没有办法。面对无法有效帮助她这个事实，我迫使自己思考这种治疗方法的局限。当我开始询问奎因的内心体验时，我就违反了家庭治疗"坚决从外部着手"的不成文规则。当时我已经想不到任何别的办法，在束手无策的情况下，我最终还是问了她：在每次暴食和呕吐之前，她都经历了些什么。她说她会听到自己内在的"部分"和"声音"发出令人困惑的杂音，它们会争辩。当我请她进一步区分这些声音时，让我们都感到震惊的是，她能很轻松地分辨出几位喜欢激辩的常客。第一个声音对奎因的一切都非常挑剔，尤其是她的外貌；第二个声音常常为她辩护，把她的问题归咎于父母或暴食症；第三个声音听上去十分悲伤、绝望而无助；第四个声音会"掌控"她，让她暴食。

奎因的自述引起了我的兴趣，我于是向其他暴食症患者问了同样的问题，发现她们有着非常相似的体验。尤为显著的是：她们提到，自己的感受、思想和行为经常突然发生剧烈的转变，就像有一些非常不同的人在轮流支配着她们一样。比如，一位来访者抱怨："在短短10分钟的时间里，我从一个方方面面都表现得很好的专业人士，转变为一个充满恐惧、缺乏安全感的小孩，又变成一个发飙的泼妇，最后变成一个对什么都无动于衷、一心想着吃东西的进食机器。我不知道哪一个才是真的我，但我知道自己很讨厌这样。"尽管这些年轻女性会在充满矛盾冲突的人格间跳来跳去，感到自己无可救药，可一旦她们真正去观察这些人格，这些人格就会自发地彼此区分开来。来访者称它们为自己的"部分"："我的这个部分就像一个小孩子，那个部分很成熟，但很固执。"识别自己的各个部分之后，我的来访者发现这些部分不再那么难以对付、令人害怕。通过这种方式——观察而非回避他们内在的各个部分，我的来访者找到了看待内心体验的新视角。这些声音有时候听上去很极端，但似乎是有原因的，这提示我们：极端并非故事的全部。

提问题

那时候，我的一个极大的优势是：我对一切一无所知。我没有研究过任何内在心理的理论，脑子里没有先入之见。我所能做的就是仔细倾听和相信来访者向我讲述的内心世界的样子。由于这些探索没有受到任何概念的约束，我花了很多时间问奎因和其他来访者问题，了解他们所说的部分到底是怎么回事：它们是什么样子的？它们想要什么？它们怎样共处？来访者喜欢谁，乐意听从谁？他们讨厌、害怕或常常忽视哪些部分？我探索得越多，他们的描述就越让我联想到家庭。每一个内在的声音都有其独特的个性，具备完整的气质、欲求和独特的交流方式。此外，每个部分都有自己的盟友和敌人。我们发现，那些脆弱的部分会被隐藏，或者用我的话来说，会被"放逐"；其他一些部分掌管着来访者的生活；还有一些部分则游走在冲突和痛苦之外。不管它们的角色是怎样的，我们遇到的大多数部分都不放心让来访者领头，它们总觉得她太年轻，而且身处险境。

我对这些年轻女性的内在家庭了解得越多，就越能感觉到：家庭治疗的概念，如内在稳态、三角关系、替罪羊等，能贴切地反映她们内在的动态。我从结构性家庭治疗中学到的一切似乎都适用于理解内在家庭。于是，我开始与来访者合作进行实验，旨在运用家庭治疗的方法重组他们的内在系统。

我犯的第一个错误是像许多心理疗法预设的那样，信以为真地将那些部分表现出来的样子当作它们本身。比如，我认为批判、挑剔的部分是父母最糟糕面向的"内化"，暴食的部分则象征着失控的冲动。这种想法让我紧接着犯了第二个错误：鼓励来访者在她们的部分面前摆出一副主人的姿态。我想教来访者忽略、控制这些部分，或与之抗争。因此我问她们："当批判你的那个部分攻击你时，你通常怎么应对？"她们大概会说："我一般会同意它的评判，然后感觉很糟糕。"我让她们回家后遵循我的指导，与那个批判她们的部分对质。但后来她们反馈，情况反而更糟糕了：批判的部分说话更加苛刻、无情，变本加厉地骂她们。尽管情况已经演变成这样，我仍然坚持自己的建议，决心帮助来访者要么忽视这些极端的部分，要么迫使这些部分服从——直到我遇到罗克珊。罗克珊患有暴食症，她向我展示了内在部分的本质，并教会了我如何与之相处。

罗克珊

在我们第一次面谈时，罗克珊就说，她相信自己的暴食症与小时候被邻居性侵犯有关。她是我治疗的第一个性侵受害者，我决心帮助她克服那次侵犯导致的所有严重后果。几次面谈之后，她给我看了手臂上的新伤，并告诉我她经常这样割伤自己。那时候，我已经非常喜爱罗克珊了，看到这些伤口时，我吓坏了。我决心在她离开之前让割伤她的部分收手。大概也是在那个时候，我在试验格式塔疗法中的空椅子技术：让来访者坐在一张椅子上，面对着一张空椅子，想象自己与坐在空椅子上的某个部分对话。这一次，我利用空椅子技术做了些不一样的事情。我让罗克珊坐到空椅子上，这样我就可以直接和割伤她的部分对话。我问这个部分为什么要割伤罗克珊，它回答说罗克珊很坏，受伤是她自找的。我告诉那个部分，割伤罗克珊的行为是不可容忍的，它必须找些别的事情做。我还让罗克珊告诉这个部分：不能再割伤她。罗克珊勇敢地传达了这个信息。这个部分很不屑，所以我和它纠缠了两个小时，直到它答应在我和罗克珊下次见面之前不再伤害她。可一星期后罗克珊来访时，我一打开门就吓得倒吸了一口凉气：罗克珊脸颊的中下方有一道很深的伤口。正是我那大男子主义的、"不要在我的辖区作乱"式的高压手段，给罗克珊带来了灾难。当我看着她的脸时，我内心所有的斗志都瓦解了。我感到自己是那么无能为力。我对割伤罗克珊的部分说："我放弃。你赢了。这是一场危险的博弈，我无法打败你。"

出乎我意料的是，这时，那个部分不再虚张声势，而是温和地对我说："我并不想打败你。"听到这句话，我感到十分好奇。我问："那你为什么要割伤罗克珊？"意识到我是真心想知道答案，它向我描述了它这部分长久以来的两项工作。过去，当罗克珊遭到性侵犯时，它把她从身体里带走，压制那份会带来更大危险的愤怒。如今，当罗克珊感到害怕时，它仍然需要把她从身体里带走，控制她的愤怒，这就是为什么它还会伤害她。听到这些，我开始欣赏这个部分，也真心钦佩它在罗克珊的早年生活中扮演的英勇角色——我把这些想法告诉了它。

另一个出乎我意料的情况是，这个部分仍然活在过去，活在罗克珊被侵犯的那段时间。它似乎被冰封在了过去，就像许多发展出心理和行为问题的孩子那样，被困在了自己的角色里。基于我对家庭内部动力关系的了解，我推测只有在两种情况下，这个部分才会愿意改变自己：一是它从过去中解脱，二是罗克珊的恐惧和愤怒有所缓解。与此同时，由于我意识到这个部分表现出来的情况并不等同于它真实的样子，所以我问它，如果有朝一日它能摆脱现在的工作，那么它更愿意做什么。它毫不犹豫地表明自己会做与目前相反的事，她想帮助罗克珊更强烈地体会自己的感受。

那天晚上，我激动得睡不着觉。也许破坏的部分其实在好心办坏事？也许它们也不喜欢自己迫于无奈而扮演的极端角色？也许我们心理健康领域的所有人都在不经意中错误地强化了来访者与家庭内部的恶性循环？也许我们越是说教、用药，越是试图驱逐或控制这样的部分，它们就越会拼命保护我们的来访者？也许我们也在将这些具有冲动和强迫性质的部分当成替罪羊，给它们贴上疾病的标签，就像芝加哥医疗中心住院部的青少年沦为他们家庭问题的替罪羊那样？也许我们能做的就是消除这些部分的恐惧？他们能从极端的角色中解放，就像青少年通过家庭治疗得到解脱那样吗？这些部分的内心世界能否反映出外部的家庭关系？

在之后的工作中，我尝试怀着一种温和、开放的好奇心，与其他来访者的极端部分——厌食、自杀、愤怒、暴食等部分对话。好消息是，它们的反应与罗克珊割伤自己的部分类似。它们表明，自己当然更愿意把精力用在积极的方面，如果那样做足够安全的话，但它们的工作是保护来访者。这些交流促使我进一步询问：在一般情况下，内在系统究竟是如何发挥作用的？在来访者回答的过程中，我听到这些部分描述了相同的动力关系和模式——经过多年的家庭治疗研究与实践，我对这些内容已经再熟悉不过了。

很显然，当内在的领导权或家庭功能出问题时，我们可以观察到类似的情况：各种极端的部分联合起来，争夺掌控来访者日常生活的权利。而我们通常认为的"思考"其实是一组存在争议的内在对话（"尽管吃吧" vs. "不要碰那个东西！那个东西会致命"），伴随着一个警惕、批判的声音（"你真可悲、真让人恶心"）。这样强烈的内在冲突会惊吓到来访者内在系统中较为年幼的部分。它们的恐惧会促使更多起保护作用的部分出现，这些保护者会做一些冲动的事情，比如嗑药、发火、使身体生病或随便找个人做爱等，以这些方式帮来访者分散注意力或将来访者隔离在冲突之外。然而很快，这种转移注意力的举动也会受到攻击："你真是无可救药……你这个瘾君子、暴躁狂、有注意缺陷障碍的笨蛋！"在这个典型的循环中，我能看到绝望感是如何驱使给予保护的部分通过极端反应和相互斗争来固守自己的。似乎没有任何一个内在的部分有能力赢得其他部分的信任，获得领导权。结果，虽然这些部分的出发点都是好的，但大家无法团结起来，共同应对生活中的挑战。

我开始运用萨提亚、米纽庆、哈利和曼登尼斯（Madanes）的治疗技术，指导来访者的内在家庭更直接地交流，更好地厘清边界，尝试扮演新的角色，并建立适当的领导层级。我不和来访者一起生活，不想成为她们内在世界的中心人物，而是请她们关注自己的内在，与她们的各个部分对话，并告诉我发生了什么。然后，我会指导她们有技巧地和这些部分相互交流，从而改善自己的内在关系。

可我发现，来访者无法很好地运用内在沟通技巧，因为她们的内在满是混乱和冲突。所以，我试着让他们进行一场非强制性的对话，一次只与一个部分对话。结果证明，这也是极其困难的，因为一旦她们试图与某个部分交流，就会感到愤怒、厌恶或是害怕，她们那开放、好奇的态度也会立马消失。作为一个家庭治疗师，我很熟悉这种局面。当我们让两位家庭成员展开对话时，其他家庭成员经常插嘴、站队、火上浇油。我知道怎样为喜欢插上一脚的家庭成员"设置边界"，我会叫他们放松下来，有时甚至会要求他们离开现场，这样一来，对话的双方就不会因为看到他们而分心。现在，我试着用同样的办法应对这些内在的部分。

科拉

科拉是一位患有进食障碍的年轻女性，她说她心里有一个悲观的声音，还有一个喜欢挑刺的部分，它们会对她采取的每一个积极行动，做出灾难性的预测。与此同时，其他声音会反对这些可怕的预测，还有一些部分会感到无能和羞耻。科拉相信无能和羞耻才是真正的科拉。我对她内在部分的冲突很感兴趣，请她重新梳理了对立的各个部分之间的关系，试图改善它们相互作用的结果。在我看来，家庭治疗与我对科拉等年轻的进食障碍女患者的治疗的唯一区别在于，后者需要来访者体会自己的其他想法和感受，与这些想法和感受对话。

我引导科拉询问她心里的悲观主义者，为什么总说科拉无可救药。它回答说，它不想让科拉去冒险，不希望她受到伤害。这个答案听上去让人充满期待。如果这位悲观主义者的初心真的是善意的，也许科拉可以帮它找到一个新角色。可是科拉并不想这么做。她非常生这个悲观主义者的气,（粗暴地）叫它不要打扰自己。当我问她为什么态度这么粗暴时,她开始滔滔不绝地咒骂这个部分,指责它给她人生的每一步都设置了巨大的障碍。听着听着,我突然意识到这其实是科拉的另一个部分在说话——一个与悲观主义者抗争的部分。在此前的一次谈话中,科拉曾说起过内在的一场从未熄火的内战,一方呐喊着推动她朝着目标前进,另一方则坚称她无可救药。现在上场的正是推动她的那个部分。

因此,我引导科拉将注意力集中在那个进取、愤怒的声音上,并请求它不要再干扰科拉的对话,而是"退后一步",回到她心里去。令我惊讶的是,这个部分很配合,科拉的态度也立马转变了。这时我问科拉,她现在对悲观主义者的感觉如何。这一次,回答我的是一个看起来完全不同于科拉的人。她的语气平静而关切,她说她很感激悲观主义者想保护她的心意,这个部分那么辛苦地工作,却感到如此孤独,她对此感到抱歉。此时,她的表情和姿态也传达出了这种共情。从这时候开始,与悲观主义者的交谈变得轻松起来。之后,我在其他几位来访者那里尝试了同样的"退后一步"的技巧。有时候,我们不得不让两三个声音退后,才能让来访者进入科拉那样的状态,但终究我们还是做到了。现在,我重新振奋起来:说不定人们只要主动请求,就可以在谈判中让极端的声音暂停,不论它来自内在的部分,还是来自家人或上司。也许在所有部分都退后一步之后,剩下的那一个总像科拉最后那部分那样有同情心。于是我问我的来访者,他们内在那个平静而共情的部分究竟是谁。

他们的回答大致是这样的:"它不像其他声音那样是我的某个部分,它是我真正的样子,它就是'我本身'(my self)。"尽管在好几年的时间里,我并没有意识到这一点,但我偶然发现了后来被我称为"真我"(Self)的东西——对,以一个大写的 S 开头,世界各地的精神传统都在以许多不同方式描述和触及这个实体(Schwartz & Falconer, 2017)。而在当时,我只是觉得来访者的确有一个内在的领导者,发现了这一点后,治疗对他们和我而言,都可能更轻松和有效一些——我为此感到兴奋。

此外，与我所学的内容相反的一点也让我感到震惊。我曾经相信，正如大多数基于依恋理论的心理疗法所教导的那样，只有在逐步疗愈外部关系之后，有效的、可信赖的内在领导力才会发展起来。这使我相信，治疗必定是缓慢而艰辛的，治疗师需要做很多塑造角色和矫正经验的工作。我还想过，既然存在这么一个内在的大家庭，我们可能需要慢慢发现和发展一个有能力领头的部分，而且要在付出极大努力之后，在一个安全、关系和谐的环境下实现这一点。设想中的这种劳心劳力的情景使我悲观地觉得，大多数来访者都没有足够的时间或资源走到全面康复的那一步，尽管我已经有些乐观地认为起码我们能帮上一点忙了。

新的事实

现在，我发现了新的事实：我发现来访者不仅能从极端的感受和想法中解脱出来，还会自发地表现出纯然真我的力量。而这一切都无法用我已有的知识和经验加以解释。她们中的绝大多数不仅缺乏足够好的养育，更有着充满恐惧和堕落的童年；有些人一生中从未得到过拥抱和抚慰，也没有良好的依恋对象。我正在见证的发生在来访者身上的一切，以及它们蕴含的意义，不论对发展心理学，还是对依恋理论而言，都非常不可思议。我在想："难道这些好品质是我们与生俱来的，不必从环境中获得？"也许，我们的心理学、哲学和宗教从根本上低估了我们所谓的人性（human nature）。虽然我已经练习冥想多年，只要花上几分钟专注于我所念的冥想词，就能从消极转为平静（有时甚至能达到欣喜的状态）。可只要我一段时间内没有冥想，那种无价值感就会像雾一样悄悄爬上我心头，给我的平静和自信蒙上阴影。现在我发现，来访者开辟了另一条通往平静和自信的路。我开始尝试不念冥想词，而是抱着试验的心态关注我内在的部分，要求它们退后一步。神奇的是，这样竟然起作用了。于是，我继续以这种方式冥想，就这样持续了差不多35年。

与此同时，我并不急于提出任何重大结论。在接下来的几年里，我继续试验这个新方法，直到最后确信，任何人都可以借此在短短几秒钟的时间内从悲痛转为平静。我看到，许多来访者在将她们的各个部分区分开之后，能够自发地展现出真我的品质，因而我终于相信：我们自身所具有的东西，是我们做梦都无法想象的。不管是叫它真我还是其他什么（我的来访者喜欢称它为"真我"或"我本身"，我也就随之这么命名了），它显然不需要随着时间的推移而发展。它总在那里，只要我们的部分允许它进入。

这种用心的真我状态不仅是一种平静的状态，人们还可以在此见证和超越世界，而且可以疗愈、创造和增强生命的表现力。当我的来访者进入"真我状态"（Self-state）时，她们不只是被动地觉察自己的部分，还会创造性地与部分互动，而这似乎能起到疗愈的作用。她们会带着自发的关怀、洞察力和智慧，去理解和关心这些内在的人格。在我的印象中，科拉的悲观主义者是内在的创伤受害者，它被困在过去，被冻结在童年的巨大痛苦之中。这样的内在部分是活跃分子，它们需要来访者了解它们的动机。而其他一些部分最需要的往往是倾听、拥抱、抚慰和爱。

最神奇的是，只要来访者"处于真我状态"，她们似乎就知道每个内在人格需要什么。我决定验证这个猜想。在感觉到来访者已进入真我状态后，我不再告诉她如何与部分建立联系，而是问一些问题，比如"你现在想对这个部分说些什么"。每一次，来访者都会几近完美地说出最应当说的话，或是靠近那个部分，抱持它。我觉得自己教她们的交流方式不可能比这更好。因此，我的工作主要是帮助来访者保持在真我状态。当她们"在真我之中"（in Self）时，我就能走开，在一旁看着她们养育自己的内在家庭。当我将这个方法用在自己那个沮丧、认定自己不被爱的部分时，我发现了一个小男孩。我立即对他的索求产生了不屑的感觉。在要求那个不屑的部分退后一步之后，我想拥抱那个小男孩，告诉他我很抱歉这么久以来一直不在他身边。在这样与我接触了几次之后，那个小男孩感觉到了一种更紧密的联结，也变得更快乐了，我再也用不着费力控制他的感受了。

受到这些结果的鼓舞，我开始帮助来访者从她们的部分中找出那些痛苦的部分，好好爱它们。好消息是，每次面谈结束，来访者学会接纳和安抚自己孩子气的人格之后，她们都会感觉好多了。而令我头疼的坏消息是，下一次面谈时，我会发现她们自上周离开我的办公室不久后，就经历了一些糟糕的事情。一位来访者在回家的路上出了车祸；另一位发高烧，体温飙升到了43摄氏度；还有一位患上了有生以来最严重的偏头痛，整整一周都只能卧床。这些事情震惊了我，也给了我警告。我脑海中反复回响着父亲的话："最要紧的是不要造成伤害！"突然之间，改变内在系统变得比我设想的更加复杂、危险和艰难。我考虑要不要放弃整个实验，退回到相对安全的典型家庭治疗。但就在这时，我想起罗克珊割伤自己的部分说过的话：她想保护罗克珊。说不定这种激烈的反应来自那些感受到了我的威胁的部分？也许是我太快地注意到了来访者的脆弱之处，从而惊吓到了它们？

于是我让每一位来访者将注意力集中在这股反冲力上，用心倾听。他们的确听到了内在的愤怒的声音，这些声音带着想要实施惩罚的怨气。但由于我们耐心地倾听，这些愤怒的部分逐渐平和下来，并解释说：我们未经它们的允许就接近那些脆弱的部分，这破坏了它们敏感的防御系统。这时我才意识到，我们一不小心闯入了守卫森严的复杂生态系统——和我们交手的还是这样一群受过严重创伤的来访者。我决定尊重这些部分，学习接触内在系统时应当遵守的规则，并对整个生态更加敏感。作为一个秉持系统观的思考者，我没有预想到"内在稳态"会对这种愣头愣脑的入侵做出反应，说来真是惭愧。如果人们的内在真的类似于一个家庭系统，那么强烈的反应的确是可以预见的。我们必须同家人建立联系，消除其疑虑，并得到机警的保护者的许可，才能专心治疗家庭中的脆弱成员——这可以说是家庭治疗师的基本常识。在对待内在家庭时，情况又怎么会有所不同呢？

事实比骄傲更重要

多年来，我一直不认为心理动力学派的治疗师在某些方面的观点是绝对正确的，比如过去的确在深刻地影响现在；人们被无意识现象，即不被意识察觉的现象驱使着；情绪和身体是治疗起效的关键；治疗关系也非常重要，其中包括移情和反移情过程。

在吞下傲气，学会将事实置于先见之上后，我意识到，IFS 视角能帮助我们从传统精神分析的观察中获得不同的理解，并利用它开展工作。我们可以直接进入无意识并与之互动，探索内在系统的欲望、扭曲、原则和使命。作为回应，来访者的部分会明确地做出回答，直接将来访者带入过去的重要场景，解释这些经验中最重要的是什么，而无须我们猜测、重构、解释或指导。过去那些痛苦的场景常常引起强烈的情绪波动，这些情绪波动很容易吞没来访者，让他们不知所措。但我们可以帮助来访者，让他们处于真我状态，哪怕真我似乎也受情绪所困。我们会在本书后面的部分对此进行阐述。

当真我在场并引领整个内在系统时，来访者的各个部分终将感到被看见，其负面的情绪也终会消退。我注意到，当它们进行这种内在工作时，有时候来访者的身体会以不同寻常甚至令人惊讶的方式运动。我为此担心了一段时间，然后再次意识到，为了让自己完全被看见和理解，某些部分需要暂时地掌控整个身体。现在，每当我看到来访者的身体被掌控的迹象，哪怕极其细微的迹象，我都会鼓励来访者与这种状态共处，甚至主动放大这种体验。如果某些部分感到害羞或害怕，我们会先停下来，让它们感到安全，这样它们就会愿意退后一步，然后我们再继续。

我发现我不必告诉来访者应该对他们的部分说什么或做什么，因为他们的真我知道。因此我可以放松下来，以一种非常愉悦的状态在场。比如，如果有一个孩子气的部分认为它应该受到虐待，来访者的真我就会和它讲道理，告诉它为什么不应当受到虐待，直到这个部分相信。通过来访者的真我开展治疗会更容易一些，因为这样我们不怎么需要教导或引领来访者。当然，大部分时候，我们也应当以真我的状态在场。当来访者感受到我在无为地与他们同行时，他们会更靠近真我，最终得到疗愈。

我还认识到，我与来访者的关系对疗愈而言至关重要，这一定程度上是因为它能给来访者带来一种全新的关系体验，带来一种接纳和同情，另外，我的真我状态能使他们给予保护的部分放松下来，从而让他们的真我得到表达。接下来，就像他们从我这儿得到新体验那样，他们也可以给自己的部分带来新的体验。此外，由于来访者的真我与其各个部分相互作用，他们的真我能带来内在的平静和稳定，因此我受反移情投射的影响较小。但当移情出现时，我会直接、简要地澄清来访者对我的误解，再请来访者找到抱有这些旧认知的部分，为这些部分卸下重负。

真我状态不只是一个概念。处于真我状态时，人们会明显地感觉到身体发生的变化。比如，来访者会感到心境开阔自在；一些人会感到自己在与流动的能量共振，他们也会感觉内心澄明，不被任何外物牵绊。慢慢地，我发现我能够训练其他治疗师，让他们觉察到真我在场和不在场的迹象了。这样一来，当我们的部分通过身体表达自己时，我们都可以觉察和识别它们——这意味着我们可以觉察到对来访者产生反应（反移情）的是我们的哪一个部分，从而让它们退后一步，同时让真我在场。会谈结束之后，我们可以回过头来，帮助我们的部分，防止它们干扰之后的治疗。

我们也可以和来访者谈论自己的反移情，如果这样做可能有用的话。如果是这样，用部分的语言去交流是有利的，因为我们不必说自己感到愤怒、害怕或不耐烦，而会说"一分钟前，我的某个部分感到……我会帮助那个部分，这样它就不会干扰我们了"。总而言之，关于部分的语言可以帮助来访者和治疗师在不必感到难堪或发生争执的情况下表达强烈的情感。承认自己的一些部分感到受伤或愤怒使人觉得羞耻或受威胁的程度，比说我感到受伤或愤怒要低得多。

我们的读者可能想知道，内在部分与解离性身份认同障碍（dissociative identity disorder，DID）之间有着怎样的关系。从我们的角度来看，解离性身份认同障碍患者的"子人格"确实是内在的部分，但这类患者的内在系统更加极化和分裂。这是因为童年时期严重的虐待会促使警觉的保护者靠遗忘机制来屏蔽伤痛，从而阻碍内在关系网络的日常沟通。在危险时期，这样的做法能起到保护的作用，但它也会加剧被孤立的受伤部分的痛苦，固化年幼的保护者过于僵硬的生存策略。这种极端的内在状态会让来访者难以信任自己的真我或其他任何人。不幸的是，我们的文化把这种障碍渲染成了一种神奇而怪异的现象，这强调了它的病理性，让那些内在系统并没有极端解离的来访者在接触自己的内在部分时，担心自己疯掉，而那些符合这种障碍的诊断标准的患者往往从未有机会意识到，拥有各种部分是一件正常的事。

以下是 IFS 疗法的一些要点。

（1）其系统观、整体观鼓励我们对内在生态保持敏感。

- 阻抗是给予保护的部分对于对内在系统具有潜在威胁的事物（治疗师）的反应（通常是正确的）。
- 来访者在尝试接近脆弱的部分之前，应该对给予保护者表示理解、感激和安抚。
- 给予保护者的职责是确保即将施行的治疗方案不会让情况变得更糟。这是它们的使命。它们比治疗师更了解来访者内在系统微妙而脆弱的生态，以及过快干预可能带来的负面影响。
- 给予保护者有权先审查治疗师的专业能力和安全性，再决定是否允许其进入内在系统。要做到不负保护者的信任，我们必须跟从真我的引领。治疗师有责任证明自己。

（2）如果内在系统一直那么脆弱，极端保护者的态度通常不会改变。因此我们不会强迫保护者改变，即使对那些有破坏性症状的部分也是如此。我们会建议它们允许来访者的真我提供帮助，这样它们就可以从保护者的角色中解放出来；我们也会请它们考虑，在那些被放逐的部分不再需要保护时，它们更倾向于扮演什么样的角色；然后，我们会请它们允许来访者的真我疗愈它们所保护的那些部分；最后，我们会问它们是否准备好进入它们更喜欢的新角色。

（3）恢复对真我的信任是提升内在领导力、达成内在和谐的最快途径。因此，与其让治疗师直接帮助各个部分，不如像我们通常所做的那样，致力于让来访者的真我与各个部分交流，再向治疗师讲述交流的情况。但有些时候，治疗师直接与部分对话起效最快，最有价值。这种方式被称为直接接触，我们会在后文中对其进行介绍。治疗师的主要作用是在来访者的真我探索心灵的大观园时给予一定的引导、训练和陪伴。另外，治疗师也能提供能让来访者耳目一新的对关系的体验。当来访者持续关注并与其部分共处时，他们会逐渐意识到：他们正在治愈自身。

（4）我们会帮助来访者意识到，部分和真我是混合在一起的；又或者，我们会帮助部分意识到，当它们分开或"退后一步"时，真我就会涌现。为了使来访者的真我区别于各个部分，我们将家庭系统理论对边界和分化的看法迁移到了治疗中。当真我在场时，部分会感到安全。出于同样的思路，IFS治疗师会不断地检视自己的内在，找到与真我混合在一起的部分，并请它们分开，这样治疗师才能回归真我引领全局的状态。

（5）保护者相互畏惧，这会让它们保持极端对立。每个部分都相信，只要自己一松懈，对立的部分就会掌控全局、带来灾难。因此，在IFS治疗中，我们会不断地留意和关照极端对立的部分。就像家庭治疗师那样，我们会给彼此较劲的"家庭成员"做工作，请它们面对彼此，一起讨论怎样做才能更好地相处。不同的地方在于，只要情况允许，来访者的真我就会参与调节这些内在对话，确保各个部分能够以礼相待、相互倾听。一旦真我能够参与调节，对立的各个部分终将看见对方，意识到他们有着共同的目标（来访者的安全），那些长久以来的针锋相对往往会迅速消融。

（6）总体而言，IFS取向的治疗师最根本的主张是以礼相待和极力避免有病诊断。我们每个人都有自己的一些部分，这些部分和人一样，有自己的天赋和资源，但它们被困在过去的创伤里，这些创伤给它们带来了极端的情绪和想法（负担）。就像外在的家庭成员一样，这些内在的部分由于早年生活中遭遇的忽视、遗弃、暴力或性侵犯而身负重担并走向极端：它们在系统中的角色限制了自身，那些角色往往是保护者憎恶却又觉得必要的。"内化""内倾"这类现象在IFS中被视为可以摆脱的负担，而不是部分所具有的某种品质。因此，IFS治疗师并不假定来访者有某种障碍或缺陷，而是关心各个部分嵌入的内在关系网络是怎样的，以及这些部分可能具有的极端想法。

（7）在运用IFS治疗时，我们能在其各个系统层级间灵活地变换位置，这就是这种方法能够成为一种全面的、适用于各系统层级的心理疗法的原因。当我们寻找干预的限制条件和最佳切入点时，IFS治疗师可以将来访者的外在关系网络也考虑在内。比如，我们可以从夫妻的内在世界开始探索，然后外在地关注夫妻二人之间的关系，最后再回到他们的内在世界。就这样，IFS治疗师在每个系统层级上运用相同的概念和技术，而不必在从个人治疗转向伴侣治疗或家庭治疗时，转而戴上一顶新"帽子"。这本书将用五章的篇幅讲述IFS方案在家庭、伴侣关系和其他外部系统中的运用。读者也可以在托尼·赫宾-布兰克（Toni Herbine-Blank）所著的《由内而外的亲密关系》（*Intimacy from the Inside Out*）中，找到更多基于IFS模型开展伴侣治疗的内容。

（8）最后，秉持系统观的思考者相信生命具有自愈力。当我们的身体运用各种复杂的治疗策略应对身体上的伤痛时，这一点表现得最为明显，但其实在应对情绪伤害时，身体的反应亦是如此。当我们帮助来访者找到他们的真我时，我们就激活了他们与生俱来的自愈力。如果我们信赖心灵与生俱来的资源，我们就会感恩于能够帮来访者一把的机缘，在职业生涯的大部分时间里也会心怀敬畏。

结论

这本书接下来的部分将讲述：我们脆弱的内在生态如何适应各种经验并生存下去；我们如何帮助来访者安全地、毕恭毕敬地在这一生态领地中航行；我们如何目标一致地实现内在和外在世界的疗愈与和谐。IFS治疗的目标是帮助来访者成为受真我引领的个体，这意味着他们的部分能够感受到真我的爱，同时能够信任真我的领导。在应对生活的挑战和其他人时，与真我的这种关系能给内心带来极大的平静，以及清晰、冷静、自信、勇气和关怀。受真我引领的个体将重获很多能量——这些原本是保护者用于压抑、限制、分心和反抗的能量，并由此获得极大的愉悦感；真我也能从原本被放逐的孩子气的部分那里重获创造力、乐趣和纯真，帮助这些部分再次自由地玩耍。

Internal Family Systems Therapy

第 2 章

个体作为系统而存在

系统观

20 世纪初期,一群有机体生物学家认识到,只研究生物体组成部分的化学和物理规律会限制他们对这些组成部分如何作为一个整体协调发挥作用的理解。他们的探索形成了一种定义和研究生物体的新方法,这种方法后来被称为"系统观"。系统观不注重分析有机体的各个组成部分——分析组成部分的思路现在被称为还原论、机械论或原子论,而是持有一种整体观、有机论或生态观。秉持系统观的思考者不会问"这是什么东西做的",而会问"这些部分如何以一种整体模式发挥作用""这个模式处在怎样的宏观环境中,受到了环境怎样的影响"。他们并不单独研究局部,而是描绘系统各部分间的关系以及系统的背景。

通过生物学的早期探索,系统观促成了一种理解生命的全新理念。如今,我们不再把宇宙看作由基本构件组成的机器，我们将地球本身看作一个有生命、能够自我调节的系统（Capra & Luisi，2014）——一个关系模式的网络系统。20世纪70年代，系统观通过家庭治疗这一新兴领域被引入心理治疗，幸运的是，我在接触到内在部分的世界之前，就已经充分领略了系统观的理念。因此，我没有过多地关注每个内在部分的品质，我的兴趣很快转向这些部分之间的关系模式以及这些模式是如何影响部分嵌入的更大的系统——人类个体的。

为了详细阐述系统观，我们可以将系统定义为各个部分通过某种模式相互关联而成的任何实体。因此，不论是手表、电视还是交通体系，都可以被视为系统。此外，根据这个定义，所有的生物有机体，从细菌到鲸鱼，也都是系统。人类系统包含小到某个个体的人格，大到一个国家的事物，它们都依照一些原则或信仰运作。例如，一个国家的法律蕴藏着随时间演变的文化信仰。系统由较小的系统（子系统）组成，但同时也是更大系统的一部分，就像一个州包含多个城市，但同时也是国家的一个组成部分。因此，任何目之所及的实体都可以依个人视角，被视作不同的焦点系统（system-of-focus）。例如，本书的一些章节重点讲述家庭。在这些章节中，家庭就是焦点系统，家庭成员及其关系就是其子系统，家庭所属的族群或社会又是一个更大的系统。

根据这个定义，一堆汽车零部件不能算作一个系统，而一旦这些零部件以某种方式组装起来，它们就会变成一个系统，而不仅仅是零部件的总和。零件组装起来，变成了一辆汽车，也就是说，汽车的零件以某种模式（它们有了结构）联系在一起，创造了一个运输系统。控制系统能够对环境中的反馈信息做出灵敏的反应，据此应变，调节自身。由于汽车需要司机驾驶、修理员维护，而且不能自我修正，所以它不是一个控制系统。但是越来越多的汽车装载了诸如恒温器或巡航控制系统等控制子系统，这些子系统能在更大的系统运行时，保持平衡的状态（稳态）。控制系统包含传感器，可以读取来自汽车内外部环境的反馈信息，并触发自动调节机制。当汽车迎着冷空气行驶时，加热装置会持续运转；在巡航控制中，如果汽车开始爬坡，油门会加大。汽车自动响应机制的作用是使系统回归稳态，减少偏离——让系统的温度或速度回到平衡范围内。这种加热或加大油门的反应被称为负反馈。而所谓正反馈会以强化的方式放大相对于稳态的偏差。例如，当油门或加热装置失灵时，速度或温度就会大大地偏离汽车正常运行时设定的范围。

定义什么是或不是汽车的一部分很简单，毕竟汽车有明确的边界。不过，这些边界并不是封闭的，因为我们可以给汽车替换或增添部件。当一辆汽车驶上高速公路时，它就被嵌入了一个更大的系统。它既会影响这个系统，也会受到这个系统的影响。如果在交通拥堵的时刻，这辆汽车突然停下来，那么它会极大地改变整个交通的流动。同样地，汽车的速度和机动能力也受制于周围其他车辆行驶的节奏。当高速公路不那么拥挤时，汽车也就不那么受这个更大系统的限制了。所以说，系统之间相互作用的程度，也就是系统嵌入更大系统或系统间相互约束的程度，存在一定的层级。

上述的所有概念，包括结构和边界、正反馈和负反馈、稳态和嵌入或约束的程度，也适用于对人类系统的理解。人类系统自然也是符合控制论原理的。不论是与他人亲近，还是与他人发生冲突，人都能够自立，能够在许多方面维持一定范围的稳态。此外，每个人都具有大量的符合控制论原理的子系统，其中既包括负责调控血糖水平的子系统，又包括控制情感表达的子系统。但与此同时，人不只要对环境反馈做出反应，所以家庭疗法从机械和生物系统研究中借鉴的控制论原理，并不足以完全解释家庭的机理。对于解释人类系统而言，它们是必要不充分条件。为了全面认识人类系统，我们还需要考虑更多从复杂生命系统研究中得到的原理。

人类系统与机械系统的不同之处，正是 IFS 治疗模型的关键。IFS 模型的一个基本假设是：人们有内在的动力和智慧保持自身的健康。我们不仅会尽力应对反馈、保持稳态，还会致力于发挥创造力和建立亲密关系，我们生而具有达成内在和外在和谐生活的完备潜力。从这个基本假设出发，我们可以进一步推论：人之所以会患上慢性疾病，是因为他们内在的资源和智慧没有充分发挥出作用。在我们嵌入或嵌入我们的系统中，常常存在一些会限制我们获得内在资源的因素。IFS 治疗旨在帮助大家发现并消除这些制约因素。

系统观的思考能够帮助我们仔细检视来访者内在和外在的各种系统，从而发现并消除制约因素。这些因素可能存在于来访者的各种内在人格系统，也可能存在于来访者与其家人的关系网络、家庭的总体组织方式、各种外在机构（如学校、工作单位、心理健康诊所等）对家庭的影响中，还可能存在于家庭所在的族群与更大的社会对家庭价值观念和信仰的影响中。所有这些人类系统都彼此关联、相互影响。

人类系统的关键原则

除非人类系统的所有层级都以类似的方式运作，否则理解和评估这些层级将是一项过于复杂的任务。以下小节将讨论人类系统的四个关键原则，这四个原则在之前关于控制系统的讨论中没有涉及，它们分别是平衡、和谐、领导和发展。这些原则是从 IFS 和家庭系统治疗实践中发展出来的，但它们似乎具有一定的普遍性。

平衡

当人类系统处于平衡状态时，其功能会得到最佳的发挥。我们认为主要可以从这四个维度评估一个系统的平衡性：①个体或群体影响系统决策的程度；②个体或群体在系统内的访问权限；③系统边界平衡的程度；④系统内各子系统边界僵化或发散的程度。在一个平衡的系统中，每个人都会被赋予与其需求相匹配的影响力、系统资源和职责，并且与那些扮演类似角色的人平等。

和谐

和谐的概念适用于衡量系统中人与人之间的关系。在和谐的系统中，人们会努力为每一位成员寻找他渴望承担并且最适合他的角色。人们会为实现一个共同的愿景而协作，同时珍视和支持个体在风格和愿景上的差异。和谐的系统允许每个个体去探寻和追求他们自己的愿景，也会尝试将个人愿景融入整个系统更大的愿景。在这样的氛围中，为了实现更大的利益，人们不介意牺牲一些个人资源和目标，因为他们觉得自己的个人品质和投入都受到了重视，他们关心彼此的福祉。系统内的成员交流通畅，因为他们对信息流通状况十分敏感和负责。对立是和谐的反面。在对立的关系中，每个人都会从灵活、和谐转向顽固、极端，形成与他人对立或竞争的局面。我们会在后文中探讨对立是如何在各个方面限制系统的。

领导

人类系统平衡与和谐的实现需要有效的领导。系统中的一个或多个成员务必具备以下能力：调节对立面之间的关系，促进系统内的信息流通；确保所有成员都得到保护和关照，确保他们能获得足够的重视和支持，从而在系统需求的范围内追求自己的理想；公平分配资源、责任和影响力；为整个系统带来广阔的视野和目标；代表系统与其他系统互动；实事求是地解读来自其他系统的反馈。幸运的是，尽管我们的资源经常受限于后面将要讨论的各种因素，但是人类系统确实拥有这种领导所需的各种资源。

发展

尽管人类系统生来就拥有平衡与和谐生活必需的所有资源，但使这些资源发挥作用需要时间。打个比方：有一支新组建的篮球队，团队成员拥有大量厉害的天赋，但只有等他们了解了彼此的习惯，愿意信任并尊重他们的教练之后，他们才有可能最大程度地发挥团队的优势。类似地，实现身心健康的智慧天然地存在于人类系统之中，但系统需要时间来启动这种智慧所需的技能和关系。因此，有效的领导和清晰的边界是逐渐演化而成的，并会受到系统环境的影响。如果人类系统嵌入的是一个平衡、和谐的系统，那么它有可能获得实现平衡与和谐所需的自由和支持。然而，如果人类系统处于对立、失衡的系统之中，那么它运用资源促进健康发展的能力将受到限制，甚至可能内化所嵌入系统中的极端信念和情绪。

在系统中观察部分

IFS治疗模型将系统观的思考引入了内在心灵领域。在心理治疗中，将个体理解和类比为内在的心灵系统是很有帮助的。将心灵视为系统有以下这些重要好处。

减少僵化理解，提升灵活性

当我们感觉自己不得不否认一个事实以迎合另一个事实时（比如"我爱你""我生你的气"），我们就会不断地陷入否认和自我限制。反之，一旦我们接受心灵可以同时包含多种视角，我们就能够接纳现实中显然存在的对立，并且创造性地开拓人生（Rosenberg，2013）。让多重心灵保持密切联系，同时各自以一定的自主性运作，这会帮助我们更好地在这个复杂的世界中生活。

易于触接

大部分来访者能无比轻松地意识到自己的内在部分。多元心灵的存在符合他们的直觉。除非存在强烈的文化偏见，否则大部分人都能进入内在，很快就能触碰到他们的内在部分。尽管一开始，他们可能会害怕内在部分的混乱和冲突，觉得这意味着心理缺陷和失败，但随着他们关注和倾听部分，获悉部分的勇敢、创造力，甚至往往令人心碎的挣扎、牺牲和痛苦，情况就会发生变化。

生态地图

当我们把个体的内在视为一个独特的生态系统时，我们会发现许多可能的切入点。如果说好奇心是打开这些切入点的钥匙，那么地图会是特别有益的向导，它能帮助你了解你的内在蕴藏的内容。就像家庭治疗师将一个家庭的关系组织画成地图，个体治疗师也可以绘制个体内在家庭的地图，从而理清来访者内在部分之间的联盟和对立。内在系统的地图不仅能向我们展示各个部分的职责和它们之间的关系，还能让我们意识到，我们面对的是一个活跃的系统，系统内充满了动力十足的各种实体，这会激发我们社群互动的本能和把握时机的直觉。与此同时，了解系统之间是如何互动的也有助于我们预测来访者身边的人（家人、朋友或养育者）的行为，从而方便我们在系统层级内和层级间灵活转换。

清晰的改变指南

在 IFS 治疗中，理论和实践之间的关系非常清楚：每一种干预（我们将在全书中详细阐述）都是通过消除限制因素、充分利用来访者本有的资源，来满足来访者内在家庭的需要的。通常心灵多元性（psychic multiplicity）这个概念可以为那些转向这种思维方式的人阐明许多显而易见的现象，其中包括一些看似十分矛盾的行为，比如坚定的无神论者突然表示认同基督教原教旨主义；青少年突然陷入爱情或失恋；成年人在几乎无意识的情况下从一个人格转换到另一个人格（符合解离性身份认同障碍的精神科诊断的行为）；或是以前一个一直无从下手的问题的答案会在晚上突然出现在我的脑海里。当一个人表现出不同甚至时常相互矛盾的兴趣、信念、情感、价值观或认知时，我们与其抽象地将之理解为感受和想法的转变，不如将这一切视为多元心灵的正常表现。

描述部分的特性

其他治疗取向也发现了内在心灵的多元性，并对其展开了工作，它们给内在部分取了很多不同的名字，比如子人格、潜在自我、内在角色、原型、情结、内在对象、自我状态、声音等（Jung, 1969；Rowan, 1990；Stone & Stone, 1993；Watkins & Watkins, 1997）。尽管"部分"这种说法具有机械色彩，且过于简单，不尽如人意，但 IFS 治疗一贯坚持使用能使来访者觉得舒适、容易理解的表述。大部分来访者谈到内在冲突时，都会使用部分这个词，所以在临床上使用它很有效。

在1971年出版的《牛津英语词典（精编版）》中，"部分"（part）这个单词的一个模糊定义印证了我们选用它的合理之处：部分是"一种天生具备或后天培养起来的个人品质或特性，尤其常用于描述心智层面上的品质或特性（作为个体思想或人格的组成部分）"。《圣经》中有这样一个先例："我们的骨头枯干了，我们的指望失去了，我们灭绝净尽了（We are cut off from our parts）。"在莎士比亚的《无事生非》（*Much Ado about Nothing*）中，本尼迪克问比阿特丽斯："你最先爱上的是我哪些不好的地方（parts）？"与莎士比亚同时代的本·琼森（Ben Jonson）也于1598年写过关于"一位各方面卓然超群（of excellent parts）的绅士"的评论。当来访者对"部分"这个词感到不适，或对"我们有各种部分"这一说法感到不适（这种情况更有可能发生）时，我们会依照他们的选择，使用方面、想法、子人格、角色、感受、地方、个人等表达。不过，在这本书中，我们还是选用部分这个表述。

命名与重命名

就像知道别人的名字能更好地与他们相处那样，如果给部分取一个符合它们身份的名称，我们也会和它们相处得更好。因此，除了将内在的实体称为部分之外，我们还会鼓励来访者为其部分命名。我们会跟随来访者称呼他的部分（比如难过的那个、尤达、格鲁姆、小孩）。尽管有时候部分会直接给自己命名，比如"就叫我贝蒂吧"——在这种情况下，我们就叫它贝蒂，但通常而言，命名与特定部分承担的角色有关。不过，在内在部分互相辱骂的情况下进行的命名，我们不会接受。如果一个部分说另一个部分是"蠢货"或"懒鬼"，我们就会问被骂的那个部分更喜欢怎样的名字，然后用它选择的名字称呼它，直到它的角色发生转变（其外部表现通常也会变化）——这时我们会要求这个部分给自己取个新名字。值得高兴的是，命名和重命名强调了部分具有多个维度，以及它们的行为具有多变性。

部分作为内在个体

虽然我们会用名称去指代部分，但不能错误地假定这些名称或角色（如难过的部分、愤怒的部分、队长、守护者等）涵盖了部分的本质。在本书中，我们希望读者留心的是，一个部分并不只是一种特定的情绪状态或惯性思维方式。实际上，每个部分都是一个精神系统，其中离散地分布着很多特征，但在整体上具有自主性。每个部分都有其一系列独特的情绪、表达风格、能力、欲望和世界观。例如，生气的部分也会感到受伤或害怕。如果我们只视它为"生气的部分"，我们很可能会忽略它的其他感受。但如果我们把它看成一个愤怒的人（通常会是一个愤怒的孩子或青少年），我们更有可能关注它所有的感受和它在情绪状态间变换的倾向。

从 IFS 的视角来看，我们每个人都有一个内在部落，部落里的每个人的年龄、兴趣、天赋和气质都不一样。用家庭类比可以帮助我们理解这个部落里的人。就像小孩子经常被迫扮演他们不想也不适合扮演的极端角色那样，某些部分也会被迫扮演某些极端的角色。例如，我们经常会发现，有人酗酒的家庭中的孩子往往会过分负责和顾家，能分散家人对酗酒问题的注意力，当然，孩子也可能愤怒而叛逆。一旦这些孩子从困境中解脱，他们就会急剧地变化。部分也是这样。当我们把一个部分看作一个在特定情境下会害羞或愤怒的孩子或青少年时，我们更有可能好奇这个部分在其他情境下的状态，而不会草率地依据"害羞或愤怒"这样单一的特性去看待这个部分。这样一来，我们就更有可能努力帮助这个部分去探索它全部的可能性。

部分的角色：一个三元系统

为了应对危险，在各个层级的人类系统中，个体扮演的所有角色可以分为三组。第一组角色倾向于极度地保护，讲究策略，并致力于控制环境和维护周遭的安全。在 IFS 治疗中，我们称扮演这组角色的部分为"管理者"（manager）。扮演第二组角色的部分包含系统中最敏感的成员。当这些部分感到受伤或愤怒时，管理者会出于自保和整个系统的利益而驱逐它们。我们将扮演这一角色的部分称为"被放逐者"（exile）。扮演第三组角色的部分会试图扼杀、麻痹或分散被放逐者的感受，对被放逐者的痛苦和管理者的过度压制做出强烈的自动反应，不计后果。在 IFS 治疗中，我们将扮演这组角色的部分称为"消防员"（firefighter），因为它们倾向于与被放逐的情绪火焰斗争。

应对创伤的内在系统不仅可以被划分为这些角色，而且给予保护的部分（管理者和消防员）既可能形成同盟，又可能陷入冲突，还可能非常严酷地（或以令人窒息的方式）压制它们想保护或抵挡的被放逐者。被放逐者越是感到悲伤、害怕、羞耻、愤怒或性冲动越激烈，这些保护者就越害怕它们获得表达的自由，也越可能采取极端的方式去压制和约束它们。反过来，被放逐者越是受到压制，就越想要挣脱。就这样，这三种角色陷入相互伤害的恶性循环，它们都是这场愈演愈烈的斗争中的受害者。朱迪斯·赫尔曼（Judith Herman）曾这样描述这类循环：

> [一个创伤受害者] 发现自己卡在遗忘症和重新体验创伤这两个极端之间，卡在强烈的、漫天卷地的感受洪流和完全无感的荒漠之间，被夹在易激惹、举止冲动和完全抑制任何行动之间。在这些状态之间反复无常的转变，又进一步加剧了创伤受害者的不确定感和无助感。

被放逐者

孩子通常会吸取教训，学会害怕和隐藏自己的痛苦或恐惧情绪，因为大人回应小孩的方式和他们应付自己内在受伤小孩的方式一样，往往过于极端，比如不耐烦、否认、批评、厌恶、转移注意力。所以孩子内在的管理者部分也会习得这种方式，对系统中脆弱、年幼的成员采取同样的态度，把它们赶出意识，阻止它们与真我联结，这使它们更容易受到创伤。

被放逐者是那些在外部关系中被剥削、拒绝或抛弃，然后受到内在系统其他部分负面评判的部分。如果一个被放逐者在受虐过程中感到性兴奋，管理者会觉得这十分恶心和危险。由于内在系统会将性唤起与性侵犯联系在一起，性唤起的部分的存在会让人的内心深处产生一种恐惧：自己和侵犯者一样。管理者希望这些部分被关起来，再也不要出现在意识当中。总体而言，管理者不能容忍恐惧、羞耻和情感上的痛苦。在它们看来，受伤的部分是有缺陷的、脆弱的、有威胁性的、可怜的。

当被放逐者被冻结在过去、抛在脑后时，个体就没那么容易受到当下紧急事件的影响了，因此从管理者的角度来看，这么做是有道理的。但对于被放逐者而言，同任何受到压迫的群体一样，它们会逐渐变得极端。当它们想趁机摆脱封禁，讲述自身遭遇时，它们的绝望和需求变得越来越危险。由于痛苦长期得不到抒发，它们的身体、思想和心灵可能会变得迟钝而沉重，它们也有可能被记忆闪回、噩梦及突然袭来的一阵痛苦、恐惧和羞耻感吞没，从而让保护者感到恐慌或是做出过激的反应。

就像被遗弃的孩子一样，被放逐者需要关心和爱。因此，它们会向那些与最初拒绝它们的人相似的个体求救，甚至会回到施虐者本人身边（Schwartz，2008）。通常，被放逐者会为了得到哪怕一丁点的接纳、希望或保护而付出任何代价，哪怕是（而且事实上，它们常常认为自己罪有应得）更多的羞辱和虐待。当被放逐者处于内在系统的主位时，创伤被激活的来访者可能会反复进入充满虐待的关系，难以解脱。因此，管理者——尤其是那些被创伤激怒并寻求报复的消防员，会担忧被放逐者和消防员走向极端。这种担忧确实合情合理。

管理者

在禁闭了被放逐者之后，管理者又会担心它们跑出来。不同的管理者会采取不同的措施，以避免任何可能激发与被放逐者互动的情境。在我们描述一些最常见的管理者角色时，请大家记住，管理者（和消防员一样）是被迫扮演这些角色的：虽然它们认定这是自己必须去做的事情，但这并不意味着它们乐意为之。管理者担心哪怕最轻微的怠慢或危险都有可能刺激到年幼的受伤部分，所以它们经常试图在所有的关系和情境中掌握个体。管理者的角色可以分为很多种。有的管理者非常聪明，擅长以有效的方式解决问题，但也会极度强迫性地把自己的感受排除在外。来访者通常将这种管理者称为"动脑子的那个人""掌控的那个人"或其他类似的名字。与此相应地，一些管理者会极力追求事业上的成功或大量的财富，以期让个体处在有权有势的位置上，从而摆脱那些消极情绪。这类进取、奋斗、志在必得的管理者可能说话做事一针见血，眼里容不得瑕疵，像个包工头，个体的成果或表现永远不能令它感到满意。另一种管理者总是进行否定，他们会扭曲自己的感知觉，从而无视那些危险的信号。而惯于担任保护者的管理者通常会特别留意那些可能激发愤怒、性欲或恐惧的场景。此外，管理者也可能是消极的悲观主义者，会侵蚀人的自信，妨碍其表现，使其保持冷漠和孤僻，不试图接近任何人，也没有勇气追求任何目标。这种悲观主义者也可能对自己所欲之物吹毛求疵，以削弱这些事物对它的吸引力，避免自己靠近它们。对那些遭受过严重虐待的人而言，管理者可能演变为内在的恐怖分子，它们会具有侵犯者的品质，把被放逐者吓得东躲西藏。

由于文化因素，很多管理者的行为作风都带有刻板的性别偏见，所以根据来访者自身的性别认同来探究这些管理者的作风（男性化、女性化，或二者都不符合）会很有意思。通常，女性在社会化过程中倾向于依赖追求外表和行为上的完美的那个管理者。这个管理者认为她必须是完美的，必须取悦所有人，否则她就会被抛弃和伤害。另一种社会化的结果是，许多女性会严重依赖"照顾者"这个管理者角色。极端的照顾者会迫使女性不断为别人牺牲自己的需要，谴责那些坚持自我的女性过于自私。男性在经历社会化过程之后，通常会仰赖一位有竞争力的管理者，这样的管理者会鼓励他们努力争取自己想得到的任何东西，不管自己的所作所为会给他人带来怎样的灾难。其他常见的管理者包括过度警觉、杞人忧天（或哨兵）的部分，它们感觉自己处在持续的危险之中，时刻提心吊胆。当个体考虑风险时，这类管理者会将最糟糕的情形展现在个体的眼前。此外，还有从属型的管理者，它会将个体定义为一个受害者，让他看上去无助、受伤、被动，从而确保他会得到其他人的照顾。总而言之，管理者的行为风格多种多样。

我们的观点是，所有管理者的首要目的就是把被放逐者压制在意识之下，这既是出于自保，也是为了保护整个系统，使其不受被放逐者感受和想法的影响。毕竟，当被放逐者从内在的边界溢出时，个体的生活功能就会受到威胁。管理者通过控制个体、回避任何未知或不可预期的状况，来预防被放逐的情绪的入侵，它们也会取悦那些个体所依赖的人。为了维持这种内在和外在的控制，管理者会促使个体实现外在和实质性的成功，驱动个体专注于获取令人钦佩的学业、工作或财务成就。成功不仅会带来人际关系和选择方面的控制权，也有助于忽略（或消除）内心的羞耻、恐惧、悲伤和绝望。如果一个悲观、依赖他人或杞人忧天的管理者主导了个体的内在系统，那么来访者的生活可能是由一系列三心二意的尝试和失败堆叠起来的，这些努力和失败让个体免于真正地承担责任和承受失落。其他常见的管理方式还包括从强迫性偏执、强迫性冲动、自我封闭、被动、麻木、情感抽离、幻灭，到恐惧症、惊恐发作、抱怨躯体病痛、抑郁发作、过度警觉、噩梦等一系列表现。（没错，噩梦也可能是管理者的一种策略，而非被放逐者冲破界限的表现。）

　　管理策略的顽固和严厉程度与管理者认为（不管准确与否）个体面临的危险程度相符。与那些由子女负责管家的家庭类似，管理者并没有实质性的领导能力，只是觉得自己别无选择。责任的重负会助长它们的顽固和极端。它们不仅要应对在它们眼中危险的外部世界，还必须留出一只手来牵制被放逐者，更要不顾一切地为整个系统抵御各种威胁。在这种情况下，其实管理者自身也是被忽视的，它们也在承受苦痛，并感到害怕。在《天才儿童的悲剧》(The Drama of the Gifted Child) 一书中，爱丽丝·米勒（Alice Miller）深刻地描绘了那些不得不扮演父母角色的孩子的困境，这种困境与许多管理者的困境相同。米勒笔下的来访者是一位职业女性的长女，她这样自述：

　　　　我是我母亲王冠上的宝石。她常常说："马娅真可靠，她什么都应付得了。"我的确能够应付。我帮她抚养我的弟弟妹妹，让她能继续自己的事业。她变得更出名了，但我从未见过她开心的样子。每到晚上，我就会很想她。弟弟妹妹哭个不停，我安抚着他们，但我自己从来没有哭过。谁想要爱哭的孩子呢？只有我能干、谅解她、克制自己，也不去质疑她的行为，不让她知道我有多想她，我才能得到我母亲的爱。

　　就像米勒的这位来访者一样，当来访者内在那个兢兢业业、追求完美、寻求认同的管理者开口说话时，它往往会表达自己是如何隐藏孤独和痛苦的，是如何牺牲自己来维持个体的生活的。管理者和被放逐者一样，真心渴望得到滋养和疗愈。但与被放逐者不同的是，这些管理者认为必须隐藏自己的脆弱，必须为整个系统做出自我牺牲。它们越是能干，系统就越依赖它们，它们也就越被自己的责任和权力压得喘不过气。最后，它们会认定，只有自己才能保全个体的成功与安全，从而更不情愿将领导权让渡给个体的真我。

消防员

尽管管理者做出了很多努力，但世界总有办法突破它们的防御，激活被放逐者。此外，当我们劳累或生病时，管理者的戒备自然会降低。无论什么触发了被流放的情绪，它们的激活都意味着紧急情况，会导致另一组保护者出面。我们称这一组保护者为消防员，因为它们面对被放逐者时的反应就像警报被拉响了一样，为了分散或压制被放逐者的情绪风暴，它们会不计后果地（很少或从不考虑对来访者自身或其关系的影响）做任何它们认为必要的事。我们每个人都有"消防活动"的层级，如果最初、最温和的行为无效，我们会采用更高层级的行为。例如，暴食症来访者的第一个"消防策略"往往与食物有关，但如果食物没有用，他们的"消防队"就会尝试其他办法，比如吸毒、酗酒、性行为、割伤自己或是偷窃。对许多来访者来说，顶级的"消防策略"是通过自杀获得终极安慰。传统的治疗认为消防员的这些行为都是病态的，但在IFS治疗中，我们看到了这些行为背后的保护意图，我们会让真我参与进来，与消防员协商，帮助处理被流放的情绪带来的潜在问题。

消防员惯用的技巧包括一些自我麻痹的行为，如自残、暴食、吸毒、酗酒、解离和性冒险。通常，消防员会力图彻底控制个体，从而让个体除了感到一种迫切的冲动——必须抽离出去、必须平复自己之外，其他什么都感受不到。消防员会让一个人变得沉溺于自己，苛求（自恋），对物质贪得无厌。它们也可能通过暴怒来获得极度膨胀的满足感，享受偷窃带来的兴奋和放纵感，或从自杀的念头或尝试中得到安慰。

尽管消防员与管理者的基本目标是一样的——将被放逐者驱逐到意识之外,但它们的策略往往与管理者的策略截然不同(而且常常相互冲突)。管理者努力让个体在任何时候都保持克制、讨好所有人。它们通常高度理性,善于计划,能够预测和预防可能激活被放逐者的情况。而消防员应对的是被放逐者已经出现的情况。它们会使人失控,令所有人不满(除了一部分被社会认可的行为,比如疯狂工作或节食)。它们往往易激惹、冲动、没头脑。与试图将被放逐者拒之门外的管理者不同,消防员往往会极力寻找一些东西来安抚和平息被放逐者。

这样一来,消防员的冲动和极端行为必然引起内在的管理者和周围其他部分的猛烈抨击。尽管管理者也有依赖甚至需要求助于消防员的时候,但它们会在事后攻击消防员,责怪他们将个体置于险境,让人变得放纵、意志薄弱、目中无人。管理者和消防员之间典型的动态关系构成了一个恶性循环——冲突循环往复、不断升级:管理者的羞辱会刺激被放逐者,消防员会因此变得激动,而这又会让管理者恐慌……如此往复。可以说,管理者和消防员的关系就像一对同床共枕的陌路人,互相看不惯,免不了经常起冲突。

哪怕是那些没有明显症状,也从未经历过严重创伤的人,其内在系统也是有效地根据这三组角色——管理者、被放逐者、消防员,组织起来的。因为我们都在社会化的过程中学会了驱逐自己的部分,一旦这种驱逐开始,控制和压制被放逐者的管理者和消防员角色就很有存在的必要。如果要基于 IFS 治疗写一本诊断手册,第一步,我们会分析哪一组角色处于内在系统的主位,据此对心理健康症状进行分类。在我们看来,这种理解人类生存中各种制衡力量的方式,远不像《精神疾病诊断和统计手册》(*Diagnostic and Statistical Manual of Mental Disorders*,DSM)那样具有病理化倾向。例如,管理者经常占据那些长期抑郁的个体的内在系统主位,被放逐者往往控制着那些体验过极度悲伤或恐惧的个体,而消防员很可能掌控着那些瘾君子。

IFS 治疗的时长并不取决于来访者症状的严重性,而是取决于来访者内在系统对真我的信任程度、系统中各个部分之间对立极化的程度。整体而言,个体创伤持续的时间越长、创伤越严重,内在系统就越对立和分裂,各部分也越难相信真我的领导力。

无价值感与得到救赎的需要

当孩子不确定自己的价值，或对此感到悲观时，他们会努力去理解什么样的人能取悦父母，并努力成为那样的人。对认同的正常需要会变为一种过于恳切的渴求，他们会把关于自身价值的极端信息都记在心上。如果一个孩子得知（不论是通过语言还是通过别的形式）他没什么价值，他的各个部分就会围绕这一点组织起来。他的部分会拼了命地要从不爱他的人那里得到救赎，这个人可以是孩子依赖的任何人。此后，由于承担着无价值感的重负，孩子的内在部分会认定自己不可能被爱，即使出现与之矛盾的信息，它们也会坚持这种想法，好像只有那个贬低它们的人才有权决定它们的自尊。被无价值感重负压得喘不过气、寻求救赎的幼小部分会给个体的亲密关系带来巨大影响，它们要么希望个体回到那个偷走他们自尊的人身边，要么走向与之相似的人。这常常使关系充满无休止的虐待和不满。最后，当来访者终于卸下无价值感的负担时，那感觉就像是魔咒被解除。

负担之下的管理者

孩子本能地知道，父母对他们不感兴趣的后果非常可怕，他可能会被遗弃、受重伤或死亡。在这样一个高度依赖父母的阶段，关于个体价值的矛盾信息必然会给孩子带来非常深远的负面影响。因此，如上所述，孩子对父母传递的关于自身价值的信息非常敏感。当父母传递的信息不断让孩子感到安心时，这种过度的敏感就会平息。但大多数家庭都存在着某种明显的失衡、两极分化、代际传承下来的负担，以及一些不受待见的部分。即使没有经历过创伤事件，我们也有可能背负一些重担。当孩子内在的重要部分被拒绝、感到自己不值得被爱时，拼命想得到认可的保护者往往会模仿偷走孩子自尊和安全感的那个人，习得此人最差劲的一些特质。一旦孩子认定自己必须完美才能被接受，那些成为严厉批评者和道德家的内在部分会为了安全而牺牲它们的内在关系和童年。

遗留的负担

正如我们所描述的，若部分曾被伤害、被冻结在过去，当它们保护其他部分，以至于彼此对立时，就会被逼入极端境地。但还有一个导致极端的原因值得讨论：内在的部分往往会模仿和吸纳重要他人的极端想法、行为和情绪感受。这些被转移过来的负担与个人负担一样具有组织性和约束性。由于孩子极度依赖父母，渴望被纳入家庭文化，所以他们特别容易承受上一代人传递而来的负担，这些负担包括保护某个家庭成员，必须取得巨大成功，或是相信这个世界过于危险，所以需要避免有益于成长的探索和冒险。

渴求认同的部分几乎可以模仿父母或其他权威人物的任何极端部分。正如第4章将详细讨论的，我们经常看到同样的负担在家庭中代代相传。这种转移负担的观念类似于精神分析所说的"内投射"（introjection），但它们有着重要的区别。在IFS治疗中，个体继承的负担既不代表最开始制造负担的那位祖先的本质，也不是自身任何内在部分的本质。如果我们将部分本身看成一种内投射，我们就看不到它各种有价值的特性和转化能力了。被内投射的是负担，而非部分。我们的目标是将部分从限制、约束它们的负担中解脱出来，让它们能够追求自己喜欢的、建设性的角色。我们不是在推动它们改变，而是在帮助它们放手。

真我

> 一旦你相信自己，你就会知道如何生活。
> ——约翰·沃尔夫冈·冯·歌德（Johann Wolfgang Von Goethe）

每个人的核心都有一个意识的位置，我们称这个意识为真我。真我生来就具有一个领导者必备的良好品质，包括关怀、清晰、好奇、接纳和自信。它不需要分阶段发展。因此，真我是最好的内在领导者，如果部分允许它领导，它将实现内在的平衡与和谐。而部分也会组织起来保护真我，在面临创伤时不惜一切代价使真我免于危难。不过，给予保护的部分会说，有时，它们会出于保护的目的将真我推到身体之外。一旦它们这样做了，内在系统就会受困于我们称为"负担"的极端感受和想法。

即便如此，真我仍是完整的。治疗师并不能创造或增强真我。虽然真我可以是一个观察者，但它既不被动，又并非仅仅负责见证。实际上，一旦将部分与真我区分开，真我就会成为一个积极、富有同情心、善于协调的领导者。尽管这听起来可能挺奇怪，但在一般情况下，当部分信任真我，愿意为之腾出空间时，来访者会感觉自己的身心都处在当下，并进入了活力满满且专注的状态（第 5 章会讲述更多关于 IFS 治疗实践和身体的内容）。

真我领导的状态

只有当领导权被明确指定、得到尊重、公平有效时，各个层级的系统——不论是家庭、公司还是国家，才能达到最佳状态。内在家庭也不例外。真我会以一种公平和富有同情心的方式去关心和调解对立的部分，引导部分讨论关于人生方向和应对外部世界的重大决定。在真我领导下，部分不会消失，但它们的极端角色确实会消失，比如，由管理者、消防员和被放逐者组成的铁三角会瓦解。在一个由真我领导的系统中，最幼小的部分可以只顾自由地表现和玩耍。与此同时，其他部分会想提建议、给提醒、解决问题、发挥它们的才干——总而言之，它们会帮助系统。每个部分都有独特且有价值的角色和能力。在一般情况下，各个部分会相互合作，而不是竞争或争论；发生冲突时，真我会出面调解。如果系统大部分时间都能和谐运行，每个个体成员（就像在任何和谐的系统中那样）就会变得不那么引人注目，我们也会变得对自己的部分不那么敏感。简而言之，处于真我领导状态时，我们会有一种连贯和整合之感。我们会更深地感觉到自己作为一个整体而存在——因为此时的我们的确是一个整体。

这并不是说，我们永远都不希望部分有机会充当临时领导者。某些部分具有的能力会使它们在某些特定情况下成为最佳领导者。在另一些情况下，部分主管整个系统会很有意思。关键在于，部分（在真我允许的情况下）可以领导系统,然而一旦真我的领导力得到恢复,部分就不能再出于保护的目的掌控全局。当时机成熟时,它们应离开领导的位置,再次让真我发挥领导力。

IFS 治疗的核心假设

以下几个小节总结了 IFS 治疗的核心假设。

多样性

自然状态下的人类心灵包含许多子人格,我们称之为部分。在治疗过程中,多数来访者能识别和处理 10~30 个部分。根据部分呈现给我们的特点,我们将它们看作有着不同年龄、气质、才能和欲望的内在个体,它们共同形成了内在的家庭或部落。这个部落反映了围绕它组织起来的整个系统,并以与其他人类系统类似的组织本身。

根据 IFS 治疗的理念,多元性是心灵的内在本质,这一点是不言自明的。心灵的多元性既不是被内化的外部影响的产物,又不是原本单一的人格被创伤撕裂的结果。此外,心灵的多样性是有益的。尽管由于外部影响以及内在对立和失衡的状态存在惯性,有些部分不得不扮演极端和有破坏性的角色,但所有的部分都是有价值的,都希望成为对系统有益的存在。因此,一旦部分意识到安全了,它们就会心满意足地寻找或回到它们更喜欢、有价值的角色。

对立与极化

过去或当下的许多事件都会影响个体内在系统的领导力、平衡与和谐。最常见的影响来源于原生家庭对待个体的方式、个体与原生家庭的互动,以及创伤经历。当部分被冻结在过去,承受负担,不得不领导全局时,它们的内在关系就会从和谐转向冲突。这是因为一个极端的存在会引发另一个极端的出现，系统资源、影响力和责任分配不均也会导致类似的失衡。变得极端的部分不断证实对另一个部分的负面设想，然后双方都会更极端地对抗或打压对方。因此，在缺乏有效领导力的情况下，对立和极化的情况会愈演愈烈。此外，极端化的各个部分之间还会形成联盟，其中的领导部分会联合其盟友，对抗另一个领导部分及其盟友。

三元生态

高度对立和极化的内在系统是僵化、脆弱的，一旦面临被破坏的威胁，它的反应会非常激烈。如果我们尝试改变任何一个部分，而没有考虑到它嵌入的生态网络，往往会引发一种被许多疗法称为阻抗（resistance）的现象。但在 IFS 治疗中，我们认为这是一种自然且往往必要的生态反应。这样一种关于内在关系的生态视野，可以帮助我们理解和欣赏保护行为。

平衡、和谐与领导

如果治疗师能创造一个安全、关爱的环境，并为来访者指明某种方向，那么即使高度极化的内在系统，也能实现自我疗愈。我们的系统原本就拥有丰富的资源，所需要的是充分利用和重组它们。此外，其实系统中的所有部分都希望和谐共存，如果有机会，它们会迫不及待地脱离极端的角色。只是，如果一个人生活的环境容易激活创伤或相对危险，不论这种环境是内在的还是外在的，负责保护的部分都会不愿意脱离它们的角色，这使得实现内在系统的和谐"道阻且长"。另外，这样的环境一旦发生变化，个体身边的其他人会活跃起来，为了维持原状而对抗改变。因此，正如家庭和伴侣治疗的章节将要讲述的，我们建议在整个治疗过程中，寻找来访者内在和外在世界中的限制因素，并设法消除它们。

相互关联的生态系统

秉持系统观的思考者对生命系统之间的相似性很感兴趣。正如格雷戈里·贝特森提出的著名问题:"究竟是什么模式将螃蟹与龙虾联系了起来,将兰花和报春花联系了起来,将它们同我联系了起来,也让你我相联?"一直令我们感到好奇的是,内在系统各部分的组织原则如何与其他人类系统的组织原则相互关联。在本书中,我们将讲述家庭(见第 14 章)和国家(见第 18 章)这两个人类系统与个体内在系统之间的平行关系。

从极小到极大的生命系统,几乎每个生命系统都是相互关联的生态系统。因此,在不了解系统所处的更大关系网络的情况下去改变系统的某个方面,可能会造成严重的后果。例如,20 世纪 50 年代,婆罗洲岛的一个部落爆发了疟疾。世界卫生组织喷洒了杀虫剂(DDT),杀死了传播这种疾病的蚊子,从而扼制了疟疾的传播。可是,杀虫剂也毒死了壁虎吃的昆虫,而壁虎在当地又是猫的食物。随着猫的大量死亡,老鼠的数量激增,这又引发了其他灾难。为了解决这个问题,世界卫生组织不得不空降 14 000 只活猫到婆罗洲岛(Hawken, Lovins, & Lovins, 1999)。

我们相互关联的生态系统的内在和外在的相似之处

内在系统同样是脆弱的生态系统。如果在不了解内在关系网络的情况下,贸然尝试改变或治疗某个部分,最好的结果可能是引起阻抗,而最坏的结果会是严重地反弹。有这么一个案例。由于内在批判者喋喋不休地批评,一位名叫泰隆的年轻人抑郁了。治疗师致力于让他关注自己的长处和正面的人际关系。可他批判的部分的反应非常冷酷。因为无法专心工作,泰隆向公司请了假。这时,泰隆的治疗师正好要搬走,于是将他转介给了一位 IFS 治疗师。这位治疗师引导泰隆问他内在批判的部分:如果泰隆变得自我感觉良好的话,这个部分会担心什么。批判的部分说,泰隆一旦自信起来,就会在人际方面冒险,最后遭到拒绝。当被问及为什么这样不好时,这个部分说,它知道泰隆再也无法承受哪怕一次拒绝了,万一发生那样的事情,他会自杀的。

在接下来的治疗会谈中,他们与想自杀的那个部分进行了交流。那个部分确实在极力避免让泰隆再次感受到被放逐者的痛苦——在他早年的生活中,它被流放的那个部分曾多次遭到背叛和拒绝。泰隆发现，批判他的那个部分通过让他抑郁来维持他的生活，它有足够的理由与第一位治疗师对抗。因此，泰隆和他的 IFS 治疗师把重点放在了接近他的真我上，并请求想自杀的部分允许他们治疗那个被流放的部分。被放逐者被治愈之后，他们再次回到批判者那里，这时，批判的部分非常乐意停止对泰隆的虐待。

在 IFS 治疗中，我们将来访者内在和外在的世界视为相互嵌套、相互关联的系统：它们依据相同的原理运作，会对同样的治疗方法做出响应。此外，交界的系统会彼此呼应，所以一个系统层级上的变化可能在另一个系统层级上引发某种变化。正因为不同层级的系统会相互呼应，所以治疗师不应在没有充分考虑和处理个体外部环境的情况下，贸然对来访者的内在系统开展工作。另外，我们也可以在治疗中根据需要，从一个系统层级开始治疗（如家庭），同时灵活地在这一层级与另一层级（如家庭中的个体）之间进行交互治疗。

正如泰隆的经历所表明的那样，只有当我们对系统的生态足够敏感时，我们的治疗才会起效。为了保持生态敏感性，我们放弃专家的解释性立场，而是尽可能本着谦逊的好奇心，与来访者的部分合作，探究它们的内在关系。一旦形成了初步的内在图景，我们就怀着尊重和不断增进理解的愿望，接受它的引领。当我们有所失误，而来访者的系统激烈地反应时，我们要做的就是保持好奇心，而不是将这些反应病态化。当我们处于真我领导的状态时，我们的失误会是在来访者"内在系统的雷区上"发现"地雷"的又一个机会。

结论

正如我们与无数肠道微生物之间的共生关系那样，我们也与众多的内在部分休戚与共，它们在各种相关的子系统中相互关联。可以说，我们是一片栖息地，这片栖息地上的居民（内在部分）可能会受到伤害、陷入冲突、自相残杀、自我攻击，以及防御性地（或具有攻击性地）实施操纵。令人庆幸的是，我们也有一个能够领导整个内在系统的真我。一旦理解了自身各个部分的独特品质和观点，我们就不会再浪费精力去指责自己（或任何人）的自相矛盾、复杂情感和内心冲突。尽管我们的内在部落可能会因为冲突而分裂，但它们同时也拥有各种禀赋。当我们的部分离开意识的核心（真我）时，会发现数千年来各大精神传统倡导的义理诚然不欺：我们拥有所有必需的资源，足以承托脆弱却具有惊人潜力的内在世界！自我接纳是一个持续的过程，我们需要持续地抱持所有部分，不排斥任何一方。当我们追求自我接纳的理念时，我们也会获得以好奇心、探索欲和包容心去生活的自由。

Internal Family Systems Therapy

第 3 章

真　我

　　关注、观察、倾听、留意、理解、同情共感、交流和爱,都是我们通过自己的部分可以完成的事情。但究竟是"谁"在关注、倾听和爱呢？精神领域的观点博大精深,人们对意识之本有各种各样的命名。贵格会称它为"内在之光";佛教徒称它为"本觉",意为"佛心"或"佛性";印度人称它为"阿特曼"(灵魂)或"真我";13 世纪的德国神学家、哲学家、神秘主义者迈斯特·埃克哈特(Meister Eckhart)称它为"神的种子";苏菲派称它为"至爱或内在的神"(Schwartz & Falconer, 2017)。用 IFS 的话来说,进入意识之本,也就是触接我们所说的真我,是实现内在平衡与和谐的关键。多元心灵围绕着真我旋转,当各个部分无法获得驱动它们旋转的离心力时,就会陷入激烈的拉锯战,也有朝四面八方飞出去的危险。与此相反,一旦与真我相连,它们就会像陶轮上的黏土一样聚合。

　　我们生来就"真我具足"。真我并不是经过各种人生阶段发展出来的,也不需要从治疗师那里借取力量和智慧。它不会被损坏,但部分可能会阻碍或压制它。我们将这称为"混合"（blending）。当一个部分完全与真我混合时，我们会透过它的眼睛看世界。而当一个部分有限地与真我混合时，它的视角也会影响我们。当对立的部分混合时，我们会生活在没完没了的争论当中，内心无法获得片刻安宁。当部分不再与真我混合时，真我会立即出现，各部分也能感觉到真我的在场。当真我接纳并热爱部分时——这个部分也许是一个因恐吓而屈服的小孩，或一个因反抗迫害而被放逐的愤怒的青少年，部分会转化为它们本应成为的角色。受真我领导的心灵具有自动复原的能力，真我有足够的空间容纳所有的感觉、观点和部分。此外，真我也不是一个被动的观察者。一旦部分与之分离，真我会成为一个富有慈悲心、善于协作的领导，能根据实际需要切换模式——静如泰山或动若脱兔。尽管在全世界的精神传统中，很多个世纪里，真我已得到了不同的认识和命名，我们大部分人也至少记得几个内在平和、空旷的时刻，但对许多治疗师而言，它仍是 IFS 模型的众多概念中最难理解的一个。在这一章，我们将更深入地探讨真我。

暴风雨中心的"我"

一旦极端的保护者消停下来，来访者就会转向一种开放的好奇心，很自然地知道该说什么或做什么来帮助极端的部分。一种内在的存在参与了这种转变，它观察部分，与部分互动，但它并不是部分。尽管许多疗法和宗教都提到了一个不评判的真我的存在，但它们所描述的，本质上是一种被动的、作为见证的精神状态。与这一视角相反，经过过去 30 年的实践，运用 IFS 疗法的治疗师可以证实，其实每个人都可以触接我们所说的真我——一个积极的、同情共感的领导者，它有洞察力，有远见卓识、关怀之心，也具有构成有效领导的其他品质。不管来访者的症状多么严重，或内在系统最初多么极化，来访者都可以与真我触接。

一旦真我从部分中分化出来，人们就会体验到我们所说的"真我领导"（Self-led）的精神状态。在本书中，我们会介绍各种促进真我从部分中分化出来的方式（Anderson，Sweezy,& Schwartz，2017）。如果一个来访者的部分愿意与真我分化开来，来访者就会体验到一种专注、平静、轻快的感受，和一种普遍的幸福感。他们散发出自信和坦率的特质，有更强烈的自主选择的意识。许多人还体会到一种令人振奋的感受——与他人及宇宙紧密相联。这种感受与精深的冥想者所描述的状态类似。

心理学家米哈里·希斯赞特米哈伊（Mihalyi Csikszentmihalyi，2008）攻读博士时，试图寻找人类幸福的本源。采访了许多人之后，他得出结论：任何活动，不管是做运动、操作自动化机械、艺术创造、阅读、还是打扫房间，如果它能帮助一个人进入一种他称为"心流"（flow）的精神状态，都会带来一种圆满自足的感受。"心流"这一状态的特征是自信、深度专注、对活动本身之外的回报无求取之心，同时感到安乐，也感到游刃有余，意识不到时间的流逝和束缚，忘我，最后达到一种超然的感受。希斯赞特米哈伊根据他的研究推断，心流是一种普遍存在的、积极的人类现象。当佛教徒谈论"正念"时，他们所指的也是这样一种体验，一如 IFS 疗法的实践者在谈论"真我领导"和"处于一种真我引领状态"时所指的感受和状态。

然而，我们在 IFS 中发现的真我蕴含着一种奇妙的二元性。在《部分心理学》(*Introduction to the Internal Family Systems Model*) 中，我（理查德）详细阐述了真我的双重性质：或是一个活跃的内在领导者，或是一种广阔无边的精神状态。我们可以通过光学原理来理解这种二元性：量子物理学已证明，形成光的光子，其活动有时表现出粒子性，有时表现得类似水池中的波（Zohar，1990）。同样地，真我可以被体验为"我"，也可以被体验为一种广阔的空间感和能量感。比如，当我们与自己的部分或与他人互动时，真我是一个有边界的个体；而当我们与自己的部分（或与他人）简单地同在时，处于真我状态是一种既广阔又涵容的体验——矛盾地讲，这是一种"无我""没有自我"的状态。作为 IFS 治疗师，我们的第一项任务是帮助来访者进入这种宝贵的精神状态；而我们的第二项任务便是，在来访者成为自身内在家庭的疗愈者时，及时给他让道。

真我的本质

有些观点区分了"属于更高存在的真我"（higher Self）和更世俗的"负责执行任务的我"（executive self），弗洛伊德（1923/1961）将后者称为"自我"（ego）。然而，我们实践 IFS 疗法的临床经验并不支持这种区分。在我们看来，弗洛伊德所谓的"自我"，是扮演管理者角色的各个部分的集合。IFS 的真我既与部分相互作用，又是一种超然的存在。作为一个实体，它能倾听各种意见相左的观点，能安抚和滋养各个部分，能解决问题。而作为一种波，它与宇宙和其他人是一体的，如同在那个层级上，所有的波在终极共性上重合。部分会觉得与真我的联结令它们无比安心，但为了获得与真我同在的好处，部分必须勇敢地与真我分化开来，并意识到真我的存在——不少保护者会觉得这样很可怕。在大多数精神实践传统中，一个人的重心和身份应从部分以及部分的负担转向实相（真我），这意味着证悟。我们透过部分的眼睛看到的世界与透过真我看到的世界是非常不一样的。

真我领导的状态

我们核心的真我，蕴藏着好奇、关怀、平静、自信、勇气、清晰、创造、联结和善意。可是，它很容易被给予保护的部分掩盖。当我们感到恐惧或羞耻时，给予保护的部分会掌控全局。当保护者掌控全局时，我们会认同保护者的信念，受这些信念主导。比如，我们会透过保护者去感受世界有多危险，而我们有多柔弱。这时候，哪怕我们仍能留意到自己与比自身更大的存在之间的联系，或偶尔能感受到内心存在着真正的美德和力量，这些感觉也会被斥为现实中的少数例外。虽然我们很难将空性（spaciousness）视为一种与生俱来的特质，但它确实是我们的本性，即使是在我们进行日常活动的时候，或是在与他人发生冲突时，我们的状态也是基于空性的。

在真我领导的状态下，我们会表现出一些难得的特质，比如对如何与周围的人共处有兴趣和直觉性的智慧。然而，我们不能命令自己对自己的脆弱部分保持好奇，而非轻视。我们不能强迫自己感受关怀，不论我们多么坚信关怀的好处。在这样的前提下，我们怎样才能达到真我领导的状态？当来访者愿意专注于内在，并寻求将极端部分及其扭曲情绪和想法分开的最佳指导时，他们的真我会得到释放，真我作为优秀领导者所需的品质就会自然而然地显现。在 IFS 治疗中，我们会先让来访者关注我们称为"线索"（trailhead）的对象，它可以是一种情绪感受、意象、内在的声音、想法、身体感觉、冲动，当它被意识聚焦和追随时，就会指向一个部分。

在治疗过程中，我们所发现和追随的"线索"，通常是某个感到痛苦的部分的流露和表达。我们会询问来访者，对这个表露了某种情绪、意象、声音的部分有怎样的感受。如果来访者的其他部分害怕它或是不喜欢它，我们会让这些部分放松下来、腾出空间，让我们能够继续了解这个部分。如果其他做出反应的部分能够配合并放松下来，来访者会立即觉得自己变得更平静、更好奇了。一旦部分被区分开来，这些感受就会自发地涌现，我们就能触接到本已存在的真我能量，而无须要求来访者去努力感受任何特定的内容。在这个过程中，需要注意的一点是，来访者多少需要一些探索真我存在的意愿，多少需要一些感受真我存在的好奇心。如果没有意愿和好奇心，我们可能会将对真我的体验看作一种令人愉悦的非常态或是幻觉，而非日常生活中能够长存的常态。如果我们无法确知自己真正的状态，当然也就无法惯常地处在那种状态。我们越是相信真我的存在——就在部分的掩盖之下，我们就越能触接到它。

* * *

一个触接真我的例子

接下来，让我介绍一个来访者触接其真我的例子。哈维尔总是由于他内在的批评者而感到压抑和害怕。当他在本次会谈中聚焦于批评者这个部分时，当他在自己的头脑中发现它时，他忍不住叫道："噢，我不想听它说话！"

治疗师：不想听批评的那个部分能不能放松一点，好让你听到批评呢？这不是为了给批评者更大的权力，而是为了了解它，帮助它摆脱批评者的角色。

[治疗师不会假定某个部分的性别，所以除非来访者的表述表明了部分的性别，否则我们一般默认以"它"相称。]

哈维尔：嗯……好吧。

治疗师：你现在对它有什么感觉？

哈维尔：我想知道他为什么要这样对我。

[来访者表明了这个部分的性别。]

治疗师：那你问问他。

[治疗师根据来访者指定的性别称呼这个部分。]

哈维尔：嗯。他开始恐吓我，那个样子就像我祖父的巨型版。可当我问他为什么时，他突然变得看起来像个孩子。

治疗师：你现在对他是怎样的感觉？

[哈维尔看上去更冷静、更自信了。]

哈维尔：我为他感到难过。他说他希望我把每件事都做得尽善尽美，这样就没有人会批评我了。我不知道他知不知道，像以前揍我的那个人那样做事，会是多么地徒劳无益。

治疗师：那他现在明白了吗？

哈维尔：他看上去很怯懦。他并不是有意制造麻烦。但他不相信自己能停下来。

治疗师：他想停下来吗？

哈维尔：是的。

治疗师：他担心自己停下来的话，会发生什么？

哈维尔：如果我不完美，我就会被批评和拒绝。

治疗师：所以他在保护过去为此受伤的那些部分？

哈维尔：嗯……是的。他好像是这样的。

治疗师：如果我们能治愈那些部分，让它们在拒绝面前不再那么脆弱，那他还需要批评你吗？

哈维尔：他觉得不需要。

治疗师：问问他，他觉得你现在多大了。

哈维尔：10岁。

治疗师：告诉他你真实的年龄，看他会有什么反应。

哈维尔：他很震惊，根本无法相信。他一直觉得我还是一个软弱、胆小的孩子。

治疗师：他对你有什么反应？

哈维尔：他不知道我想要什么。

治疗师：你怎么说呢？

哈维尔：我说我是来帮助他的。

治疗师：他愿意你帮助他吗？

哈维尔：他问会有什么事发生在他身上。

治疗师：他将永远是你的一部分。一旦他不再需要保护这个小男孩，他可以自由地选择一个新的角色。如果能从原来这个角色中解脱出来，他想做什么？

哈维尔：他主要想休息。但他还不太了解我，所以无法信任我。

治疗师：很好。那你对他说了什么？

哈维尔：我请他给我一个机会，让我赢得他的信任……好了，现在他愿意尝试一下。

在这次交流之后，这位批评者允许哈维尔去找他保护的那个10岁小孩，那个小孩被困在他那脾气反复无常的祖父攻击他的记忆里。现在，哈维尔掌控了局面，他知道如何与这个男孩建立联系，所以治疗师主要做的，就是见证这个过程。这在IFS治疗中非常常见，因为来访者的真我知道如何去爱和帮助部分。即便是那些一生中从未得到过这类滋养的人，一旦接近真我，也知道如何照顾自己的部分。正如我们的身体具有治愈身体创伤的潜质，我们的心灵也具有疗愈自身情绪的潜质。

* * *

积极与消极的人性观

我们的本质是纯然的喜悦与平和,基于这一本质,我们可以得到引领和疗愈——这样的信念与大多数人所受的教育截然相反。各种消极的人性观已经渗入了西方文化,尤其是在奥古斯丁(Augustine)断言,欲望根植于人性的诅咒之后(Schwartz & Falconer, 2017)。尽管在奥古斯丁之前的基督教先贤们认为,我们生来就有福祉,但奥古斯丁选择将重点放在当时无足轻重的圣经寓言上,此举在他的同代人看来非常不合时宜(Greenblatt, 2017)。在这个寓言中,上帝羞辱并驱逐了一对夫妇(亚当和夏娃),因为他们违背了一条禁令,偷食了明辨善恶之树上的果子。更直白地说,上帝惩罚这对夫妻是因为他们享受了性爱。对奥古斯丁个人来说,这个"原罪"故事应当是最强有力的,因为它抓住了他本人长期以来的挣扎的核心:否认自己的力比多,服从他信奉基督教的母亲。他哀叹他阴茎的独身生活(据称,他多年来一直非常乐意享受这种生活),同时极力宣扬这样一种信念——欲望驱使人类从幸福的无知状态进入无力的痛苦境地,因此人们必须用无休止的自我否定来抵御它(Greenblatt, 2017)。

其他持悲观人性论的人则从查尔斯·达尔文进化论的视角出发,为原罪理论覆上一层科学的光晕,认为人类的本性反映了其所处的充满竞争、赢者通吃的环境。这一观点也产生了巨大的影响。弗洛伊德、心理学的行为和进化理论认为,我们被驱动着寻求快乐的最大化,以最大限度地扩充我们的基因库,这一点说明了心理学是如何暗合于基督教对堕落的描述以及关于"自私的基因"的科学叙述的(Dawkins, 1976)。

发展心理学的依恋理论坚信,我们的基本天性取决于我们所受的养育(Ainsworth, 1982; Bowlby, 1988)。如果我们足够幸运,在发育早期的某些关键时期得到了良好的养育,那么我们很可能从童年时代开始就拥有足够的自我力量,来发挥自身潜能。但如果得到的养育不好,我们就没那么走运了,除非在此后的经历中,我们能从治疗师或其他重要他人那里获得某种纠正性的养育体验，否则我们注定会破碎不堪。根据这一观点，我们需要内化或学习道德、共情和尊重的理念，这些我们最珍贵的品质只有通过外部关系的滋养才会萌芽。这意味着作为治疗师，我们必须尽可能满足来访者没有得到满足的需求，而他们必须在此过程中内化我们。

这种环境决定论的神话主导着我们的学习理论和教育系统，低估了来访者的潜能，促成了本不必要的依赖关系，也给治疗师带来了过重的负担。根据这些论断，如果我们天生脆弱或曾受到过创伤，那么我们必须依赖治疗师，让治疗师成为我们良好的依恋对象。与治疗师的关系应当帮助我们发展能够调节自身的自我。然而在ISF治疗中，我们所做的是借助与治疗师的关系，释放个体本自俱足的真我，这样一来，来访者就可以利用自身本有的潜质，实现真我调节和真我养育。这并不是说治疗师和来访者之间的关系在IFS治疗中作用不大。相反，正如我们将在第6章阐述的那样，它极为重要。[可参见我（理查德）在另一本书《内在家庭系统治疗：新的维度》（*Internal Family Systems Therapy: New Dimensions*）中对这一主题的阐述以及丹·西格尔（Dan Siegel）在过去20年里所写的很多内容，包括他2012年发表的《心智成长之谜：人际关系与大脑的互动如何塑造了我们》（*The Developing Mind: How Relationships and the Brain Interact to Shape Who We Are*）一书。]

* * *

人在真我领导状态下具有的资源

本章接下来将描述真我与治愈最相关的一些品质。有意思的是，它们的名称都以字母C开头。

好奇

任何领域的初学者不仅自身蕴藏着许多可能性，而且他们的头脑中往往充满了疑惑。我们生而具有探究精神，当我们不忙于下判断时，自然就会保持一颗好奇心。面对另一个个体的愤怒时，如果我们的视野没有被过去的经历和当下应激反应的部分遮蔽，我们会好奇究竟发生了什么。在这种状态下，如果我们问对方发生了什么事，对方会感觉到我们对他的兴趣，而非感觉到对他的恐惧和判断。如果没有自我防卫的需要，我们自然会设想，那个愤怒的部分究竟是在防御怎样的内在伤害。好奇心是 IFS 治疗的核心。真我会带来对内在声音、身体感受、情绪和想法，以及对外在关系的无立场的兴趣和关注。在所有场域，纯粹、实在的好奇心都会让人放下武器。当我们怀着探究的兴趣时，我们内在的恶魔（如鄙夷、种族主义、厌恶女性、自我攻击的部分）会感觉到安全，会看到正确引领我们的机会，从而使我们找到脆弱背后蕴藏的宝藏。

平静

很多人，尤其是那些经历过创伤的人，就像被拉紧的弹簧那样，会持续地感到紧张。这种持续的紧张状态又会让他们在面对有挑战性的人和事时反应过度。与之相反，真我领导状态的特性之一是普遍的平静（calm）。处于真我领导状态的来访者情绪更平稳、更有弹性。真我可使扮演保护者角色的部分免于不符合其年龄的成人义务和旧日恐惧；活在内心疯狂状态中的来访者可以获得真正的平静；在极端的情绪和麻木的死亡感之间来回挣扎的来访者可以体验到情绪自然的来回流动：当情绪的浪潮高涨时，他们相信自己能在风暴平息之后，再次回到真我领导状态，因为他们的真我已经成为一个积极的领导者，能够关注并安抚那些在情绪风暴中做出应激反应的部分。就如外在的人类系统在拥有受人尊敬、值得信任的领导者时更难变得极端那样，信任真我领导的内在系统也会更加平静。

自信

如果当下受到的怠慢引起了过往创伤的回响，我们应当意识到这是一种信号，它意味着我们内在被放逐部分的伤口并未愈合，而当其他保护者跳上前来，防止我们被别人伤害时，内在的批评者也会攻击我们的内在。真我通过做一些对内在系统而言前所未有的事情——接纳和安抚被放逐的部分，来打破这个恶性循环。自愈是我们的本能。细菌和病毒会干扰身体的痊愈。执念和过重的体验（如承受负担）会妨碍心灵的愈合。真我有一种富有感染力的自信的气场，它能让给予保护的部分安心放松，因为它传达的不是"随它去吧，继续前行"（这是保护者的典型建议，它们会鼓动来访者放弃负担过重的年幼部分，与之隔离开来），而是"伤痛是可以被治愈的"。真我的自信会启动一个典型的良性循环：被流放的部分卸下负担，系统变得不那么脆弱，不再那么反应过激，保护者变得更倾向于信赖真我的引领。踏实（grounded）和实在（solid）等形容感受的说法，充分体现了真我自信的效果。这种自信是一个稳定可靠的基底，能够承托我们去应对外在的挑战。

联结

在 1950 年的一封信中，阿尔伯特·爱因斯坦写道：

> 人是我们称为"宇宙"的这一整体的一部分，是受限于时空的一个部分。他把自己、自己的想法和情感当作与其他事物分离开来的内容来体验——这是他意识中的一种错觉。这种错觉对我们人类而言是一座牢笼，使我们局限于个人欲望和对少数亲近之人的情感之中。我们的使命必须是将自己从这个牢笼中解放出来，生发更广阔的慈悲之心，涵容所有的生命，在自然之美中拥抱整个自然。没有人能完全做到这一点，但对这种功德的追求本身，就是自由的一部分，也是内心安定的基础。

爱因斯坦所写的这种联结（connectedness）感是真我的本能。接近真我时，我们会自然而然地有联结感，而无须努力去寻求这种感觉。此外，由于真我想与其他部分、其他人建立联系，甚至连那些我们之前害怕或妖魔化的个体也不例外，所以它会激励我们去建立联结。联结与平静和自信息息相关，它们共同呼应着某种更大的存在，这种存在有时被称为"神在"（divine）。

清晰

清晰（clarity）是一种不受自身执念和情绪（负担）影响，清晰觉察情境的能力。当我们透过真我的眼睛去看时，我们的视野是清晰的；而当我们透过极端部分的眼睛去看时，我们的视野会受到扭曲。有些扭曲怪异而极端，有些则很平常。患有厌食症的瘦子在镜中看到的自己是一个胖子，我们都知道这种知觉特别不合常理。可当我们因为感到失落而忘记了昨日的完美恋人时，我们可能难以意识到，这其中也存在着严重的知觉扭曲。当我们与内在的保护者"混合"在一起时，我们就不再具有好奇心，不再对探求与发现持开放的心态，而是充满先入之见、个人期望和对各个部分的知觉扭曲。而当部分退后一步，我们能通过真我的眼睛看待一切时，内心的怪兽会一下子变成受惊的青少年。并且，我们会不再害怕外在的敌人，因为我们会看到，是痛苦驱使他们走向极端。

创造

科学家、发明家和艺术家经常会描述这样的经验：经过几小时、几天，甚至几个月有意识的、理性的推测和深思，灵感最终得以涌现。我们与来访者打交道的经验可以证实，一旦来访者内在的噪声减弱，真我涌现，我们也能激发他们的创造力（creativity）。只要占据意识的管理者放松下来，我们立即就能运用自发而新颖的思维方式解决问题，这能激发更多的创造力、喜悦和自由。当那个说"我不知道下一步该怎么做"的部分退后一步时，来访者会不由自主地说："我要这样试一试。"因此，治疗师不需要向来访者提供自认为对方缺失的见解，给他们提建议或指示他们，因为一旦来访者的真我涌现，他们就有机会获得目标明确、富有创意的解决方案，这将超越任何人所能提供的建议。

勇气

到目前为止，我们已在本章着重讲述了真我平静、关怀、滋养的一面，而当我们需要时，真我也可以是强有力的，能够给予保护的。武术很好地诠释了真我领导的这一面向。尽管真我具有接纳和开放的气度，但在不公正面前，它并不会超然事外或不为所动。压迫者会攻击处于真我领导状态的人，因为真我的能量会削弱压迫者的控制。出于同样的原因，有虐待倾向的成年人会攻击儿童身上的真我品质。大多数受到严重虐待的来访者会谈及这样的经历：他们因为表现出活力、自主性和独立性而受到了惩罚。作为回应，他们的保护者会将真我逐出身体和心灵。正因为如此，我们需要极大的勇气（courage）才能走向心灵中的黑暗地带。

与此同时，并不非得拥有极端的生活经历才会引起保护者的防御，保护者害怕真我领导的状态，也可能是因为这一状态会让来访者突破自我否定，并承担在保护者眼里不可接受的风险。许多保护者不愿走出它们的角色，是因为相信一旦没有它们，人会变得软弱又被动。保护者总是非常担心来访者会打开枷锁，释放多年前被他们关在内在禁地、监狱和洞穴里的被放逐的部分。当一个来访者说，他害怕在内在世界中做什么事情时，我们知道这是他的一个部分在说话。而一旦这个部分感受到内在世界中真我无所畏惧的本质，它的恐惧连同情感上的痛苦、羞耻、愤怒、惊恐就会消退。

关怀

当你运用IFS疗法与来访者互动，而他们一定程度上与那些讨厌或害怕的部分，尤其是那些感到愤怒和害怕的部分分离开来时，你会对他们的改变感到惊讶。他们会出乎你意料地说："我很为这个部分感到难过！我想帮助它。"这种内在的想要帮助受苦的部分（或他人）的愿望体现了关怀（compassion）之心。它源于联结感，一种我们共在无分的直觉感受。你是我，我也是你。你的苦难必然影响我，你的喜悦也必然同是我的喜悦。对于大多数人而言，这并不是一个意识层面的想法，他们只是自发地感受到需要在生命中做一些"有意义"

的事情。从 IFS 的角度来看，关怀与需要锻炼才能生长的肌肉不同，它是真我的一种内在品质，只不过被重负遮蔽起来了，因而需要得到释放。

共情与对人的感同身受（feeling with）有关，而关怀则含有对人的惜存之感（feeling for）——这一点会激发人关心和帮助他人的欲望。在探索共情和关怀的过程中，脑科学家塔尼亚·辛格（Tania Singer）有一个惊人的发现。人们原本以为，这两种情绪感受在大脑中由相同的神经回路负责，结果却发现，共情激活的是疼痛回路，而关怀激活的是奖赏回路。尽管共情会让我们感到痛苦，但适量的共情却会增强我们的关怀意愿。因此，在 IFS 治疗中，我们并不会要求部分不去感受，而是希望它们适当地分离开来、退后一步，从而不会让它们过于强烈的感觉席卷、吞噬我们。当我们无法关注自身的被放逐者时，我们也很难容受他人的痛苦。可一旦我们与被放逐者分离开来，能与之交流，而不是被其席卷，真我就有可能出现，保护者不会产生应激反应，我们也会愿意关怀自己的部分以及其他受苦的人。

行动中的真我

我们绝大多数人都相当固执己见，因为我们的部分被困在极端的情绪和信念当中（我们称之为"负担"，下一章将对此展开讨论），这些情绪和信念让我们感觉，自己与他人、与自然、与地球是彼此分离的。"负担"使我们反复想着怎样改变过去、获得安全感、获得快乐。或者它们只是让我们的头脑处于胡思乱想的状态。正如 T. S. 艾略特（T. S. Eliot）所写的那样："我们因一件又一件事而感到世界纷纷扰扰，内心充满幻想和空洞的无意义。"

许多精神传统认为，这种内在的喋喋不休是弗洛伊德所说的"自我"的产物。但 IFS 的观点与之不同。一旦我们帮助纷扰的部分放松下来，卸下被放逐的部分（即"被放逐者"）的负担，这些内在的活动和噪声就会减少，我们就能获得真我的勇气和清晰，最后改变我们看待内/外在的方式。一旦从"人与人是独立的、彼此分离的存在"这种错觉中解脱出来，我们会清晰地看到不公正之处，会担忧我们的环境，会感到需要采取行动。一旦意识到一切事物都相互关联，我们会从以自我为中心转向以社会和同类为中心、以生命和地球为中心。我们的关怀和真我对联结的感知会促使我们依据个人的能力和资源，为社会或环境行动。正如帕克·帕尔默（Parker Palmer，2004）所写的："灵魂（真我）赋予人类自我以生命的核心，它渴望真理、正义、爱和宽容……一旦得见灵魂，我们就能在这个受伤的世界——在家庭、邻里间、工作场所，以及政治生活中，成为疗愈者。"

当一个部分与其他部分的极端共振时，真我可以看到极端之下被驱逐的痛苦，它会在对抗极端行为的同时，想要了解这些痛苦的根源。随着时间的推移，真我领导的行动会比由部分主导的行动更有效力，因为它那深切而专注的慈悲心能更好地绕过昔日仇敌的保护者，触及对方的"真我"。与此相反，伸张正义、主司关照或寻求权力的部分之间常常彼此对立，走向极化，从而在短期内放大危险，在长期引发无望的倦怠感和愤世嫉俗的犬儒主义。

在需要时，真我的勇气、清晰和自信会让我们采取勇敢的行动，而在承受后果时保持冷静和富有创意的灵活性。真我的态度的确给了我们系统观的智慧，这种智慧帮助我们预知结果。过去，我（理查德）认为真我没有立场，但随着时间的推移，我发现自己错了。真我虽然不依附于任何立场，但它确实有动力和能力为任何与之相遇的系统带来疗愈、和谐、平衡和联结。IFS 更广义的目标，就是让我们所有人触接更多的真我，为我们生活的星球带来更多的真我能量。

结论

在本书中，真我自成一章，因为它是 IFS 疗法的核心。IFS 坚信，真我确实存在，不会受到破坏，能快速被触接，知道如何疗愈，能以开放之心去纠正内/外在的不公正，是部分和个人良好的依恋对象。从这个角度看，治疗的过程可能是艰难的，但计划是明确的。这本书的每一个指导和每一个临床案例都旨在帮助你和你的来访者触接真我。

Internal Family Systems Therapy

第 4 章

负　担

　　IFS 疗法最重要的一处，在于发现那些看似非理性、自毁和好斗的极端部分——其实在本质上，这些部分并不是它们表现出来的样子。相反，它们拥有自己的行为准则，因为受到信念、情绪和能量的驱动而走向极端，这些进入系统的驱动因素往往是由创伤或依恋方面的伤害造成的。此外，这些信念、情绪和能量也可以从家庭、族群或文化中继承而来。我们将那些通过个人生活经验直接进入系统的信念、情绪和能量称为"个人负担"（personal burdens），而那些从家庭、族群或文化当中传承而来的负担则被称为"遗留负担"（legacy burdens）。

　　区分部分（有价值的）和它们的负担（需要卸下的）很重要，这一点怎么强调都不为过。大多数心理疗法和精神传统误将部分和它们的负担混为一谈，常常不自觉地长篇大论，想要取其"精华"，舍其"糟粕"。以 IFS 疗法的视角举例来看，我们内在的那个冷酷的批评者并不是需要压制或驱逐的、被我们内化了的来自祖母的批评声，而是一个 8 岁的孩子，他在拼命用祖母羞辱他的声音、形象和能量，来抵抗任何意料中的伤害。当这个 8 岁的批评者相信，卸下负担，放下内在系统中这股羞辱的能量是安全的时，它就会有所转变。在这一章，我们将看到背负重担的保护者如何相互对抗，如何在压抑或放纵的过程中逐步走向极端，而背负重担的被放逐者的伤痛、孤独和绝望又如何破坏内在的稳定。

* * *

环境的塑造

文化具有塑造儿童发展的力量。美国的主流文化会影响家庭，使之偏好那些展现出了抱负和独立性的孩子，轻视那些看上去容易受伤和依赖别人的孩子；重男轻女的文化给予男性相对于女性更多的尊重、资源、影响力和责任；种族主义文化给予特定族群相对于其他群体更多的尊重、资源、影响力和责任。个人主义、父权和种族主义这些文化偏差是促使家庭和文化全面失衡的负担（可参见第 18 章，了解这些文化负担如何影响美国的更多方面）。

在 IFS 治疗中，我们将探讨父母如何通过重视或排斥自己身上的某些部分，然后以同样的方式对待孩子（和其他人），使得他们也在内心重视或排斥相应的部分，从而让负担代代相传。例如，我们假设有这样一位母亲，在她内在系统中占主导的管理者专注于取悦他人，每当她的女儿表达愤怒时，她就会羞辱女儿。结果，她女儿就培养出了一个总担心得不到认同的管理者，这个管理者竭力让自己强势的部分保持沉默。她寻求认可的部分会得到过多的责任、影响力和资源，而她强势的、敢于表达自己主张的部分得到的东西则少得可怜。这种情况是遗留负担的产物。这一负担最初可能来自在她几代之前的移民祖先所受的创痛。

遗留负担的性质

当乔伊（或任何人）感到焦虑时，我们会以对待自己焦虑部分的方式对待他。这就是我称为"内在物理定律"的重要规律。如果你厌恶自己的脆弱，你会在你儿子脆弱的时候惩罚他；如果你害怕愤怒，在你女儿发脾气时，你要么会惩罚她，要么会向她屈服；如果你母亲的管理者对她内在的某些情绪，比如悲伤的反应是不耐烦、否认、指责、反感或忽视，那么在你表达悲伤时，她的管理者也会有相同的反应，随后，你的管理者也会采取同样的态度。如果一个孩子总是听到"我们可不会自夸"这类话，他就会把自己骄傲的部分放逐出去。如果一个孩子总是听到"我们家的人都很强大"这类话，他就会把自己脆弱的部分放逐出去。任何情绪感受都可能以这种方式被放逐和压制，不论是悲伤或愤怒，还是欢快和爱的感受。感受给我们带来方向，驱逐它们不仅会让我们与表达相应感受的部分失联，还会让我们感到空虚、缺乏方向感。

个人负担和遗留负担之间的区别

最基本、最常见的负担，比如"我毫无价值""我太过了""我不值得被爱"，往往源于对亲身经历的反应。当一个孩子受到羞辱、恐吓或其他伤害时，孩子的系统可能会把这种伤害视为关于自己的真实信息。比如，我们假设一个哥哥或姐姐发现羞辱能有效地控制弟弟妹妹，从而不断在弟弟妹妹兴奋吵闹时羞辱他们。那么，弟弟妹妹年幼的保护者会意识到，"太过了"会有不好的后果，于是它们会在内在放逐兴奋的部分。当我们在治疗中建议去帮助兴奋的部分时，那些保护者就会很紧张。它们需要得到安慰和确认，才能放下对"太过了"的恐惧。它们需要看到真我通过爱和珍视兴奋的部分来使那些羞辱和指责失效。

任何负担都可能是个人的，但它也可能作为一种遗留负担通过父母一方或双方，传递给所有的孩子。比如，家庭文化中可能有这样的立场——"我们家里人做事从不半途而废"；又或者，在更大范围的文化中，可能存在这样的宣言——"我们是一个独立的民族"。遗留负担由父母直接传递给孩子，但在某种意义上，它是二手的，因为造成负担的信念（比如关于"为何某种需要或欲望是危险的"的解释）可能源于其他人的经验，比如几代人之前的某个先祖的经验（Sinko，2016）。

"表观遗传"作为一种通过遭受创伤的个人或动物的基因代际传递创伤方式，可能会被证明是传递遗留负担的一个有力因素。表观遗传学方面的研究表明，环境压力所引发的一种被称为"甲基化"（methylation）的基因变化，与哮喘、双相情感障碍和精神分裂症有关。比如，最近一项关于表观遗传影响的研究发现，内战期间被俘的联邦士兵（遭到虐待创伤的一个群体）的儿子比未被俘虏的士兵的儿子死得更早（Khazan，2018）。诸如此类的研究发现让我们思考这样一个问题：如何尽可能传递正面而非负面的影响。比如，心理治疗可否减少压力诱导的"基因甲基化"？这样的问题仍有待探索。

即便我们对通过代际传递遗留下来的信念和不合时宜的情绪的起源毫无头绪，这样的负担还是会成为强大的生活组织者。比如，一个女人也许不明白为什么自己在恋爱方面有困难，而背后的原因可能在于她的曾外祖母在战时曾遭到轮奸，而她由此继承了一个无意识信念——所有男人都是危险的。在持久而共有的感受状态（"我妈妈也很焦虑"）、习惯（"在我们家，我们害怕的时候总喜欢开玩笑"）和信念（"我学会了不去质疑权威"）中，随处可见遗留负担的存在。当一个人轻视或害怕某一类人（如因为他们的性别、性取向、性别认同、种族或民族），排斥或害怕某种特定的感觉（如羞耻、愤怒、悲伤、兴奋、爱）或行为（如举止亲密、表达自己的主张、慷慨赠予、冒险）时，我们就能看到遗留负担的影子。遗留负担与家族历史捆绑在一起，它追溯到很多个世代以前（Sinko，2016）。

当我们想要知道某个负担是遗留下来的还是来自个人经历时，我们会问背负负担的部分："这个想法（或感觉、行为等）有百分之多少是属于别人的？"虽然答案可以是 0 到 100% 之间的任何数字，但我们得到的回答往往大于 50%。接着我们会问另一个问题："为你承受这个负担的部分，愿意放下不属于你的那个百分之几十的部分吗？"当准备好放手时，它们能很快卸下多余的包袱。但有些时候，部分（或一些部分组成的群体）不愿意卸下遗留负担。最明显的原因往往是对家庭、民族或国家的忠诚：相信负担是与重要他人保持联结的唯一方式，或相信如果这个包袱被卸下，他们所爱之人就不得不背负它。不管出于什么原因，我们会如同探索个人负担那样，尽可能探索与遗留负担相关的想法（Sinko，2016）。

莱奥纳德的遗留负担

莱奥纳德是一个 19 岁的同性恋男孩，他继承了各式各样的遗留负担：他父亲的进取心、完美主义，以及为自己是一个同性恋（莱奥纳德猜测父亲也是）而感到耻辱；他母亲对外表的执念；他父母对他忧伤部分的厌恶……这些都来自他父母的原生家庭。莱奥纳德也有他的个人负担，包括感到需要对父母的情绪负责，认为自己软弱、讨人厌。在治疗过程中，他发现只有在找到并卸下自己的遗留负担之后，才能较好地解决个人负担。在他的整个童年时期，他的母亲似乎都处于抑郁状态。尽管他的一个部分相信她永远都不会快乐起来，但他也有一个部分会感到内疚，想替她背负这个负担。

此外，莱奥纳德也有一些部分因为他太过担心他的父母而感到愤怒。在他上高三之前，这些负担激励他内在的管理者尽其所能地取悦他的父母。但在他高三那一年，一个愤怒的部分开始掌控内在系统。他开始用假身份证去同性恋酒吧玩，在那里喝得酩酊大醉，还发生了没有保护措施的性行为。莱奥纳德来接受心理治疗，主要是因为他对自己是同性恋感到冲突和不快，并因此痛恨自己，他觉得自己应该感到舒服和快乐才对。通过他的部分，我们发现他身上的那种窒息感和令他十分不适的被压迫感，有 60% 来自遗留负担，这加速了莱奥纳德的治疗。在他的遗留负担被卸下后，他发现自己能够更温和地将自己与父母分化开来，这让他在面对个人负担时感受到了更多的信心和希望。

***

个人负担

正如我们在本书中阐述的那样,除了家庭动力和文化偏差,任何被拒绝、抛弃、惊吓、恐吓或虐待的(不论是身体、性方面的,还是情绪方面的)个人经历,都会给我们最为敏感的部分带来恐惧、羞耻和情绪上的痛苦。被放逐者经常用几种谴责性的表述来描述自身的价值。在这些表述中,排在首位的是"没用""不值得爱""太过了"或"太弱了"。另一种没那么普遍但也很常见的情况是,年幼的部分会逐渐相信自己是坏的或邪恶的。类似地,创伤会使我们的保护者厌恶脆弱,对某类人或事物持过分极端的想法。在所有这些情况下,内在的和外在的孩子都有一种将经验转化为人格的发展倾向,于是"我不被爱"就成了"我不可爱、不值得被爱","一件不好的事情发生了"就成了"是我不好"。

被放逐者需要得到解救

当一个孩子出于某些原因,对自己存在的价值感到悲观时,他原本对于认可的正常需要就会升级为极度的渴求。这些孩子对关涉自身价值的信息相当警觉,在面对任何他们所依赖的人给出的负面评价时,会相当脆弱。为了解除"不值得被爱"的诅咒,这些年幼的部分会影响在其他方面显得相当明智的成年人,让他们回到伤害他们的人身边,或让他们找一个与伤害他们的人相似的替身,从而引发一系列不快和危险的关系。

莱奥纳德的个人负担

让我们回到莱奥纳德的经历。哪怕莱奥纳德从未遭受过更为严重的创伤,他的家庭文化也会促使他将敏感、孤独和愤怒的部分放逐出去。而实际情况是,莱奥纳德经历了创伤。随着治疗的深入,他受伤的一个部分开始表明,他被冻结在了过去的某个地方。首先出现的是一个5岁的孩子，他的母亲有一天突然不见了。在后来的生活中，莱奥纳德得知，他母亲在他5岁时因"神经衰弱"（nervous breakdown）而住院。而在那个时候，莱奥纳德感受到的事实仅仅是，他的母亲不见了。他独自醒来，在屋里找不到她。他终于找到了父亲，可父亲却不愿告诉他母亲的下落。那天下午，当他的祖母——一个并不具备养育能力的女人出现，要来照顾他时，面对他"母亲在哪儿"的提问，她也没有回应。这个5岁的孩子就像其他小孩在这类情况下会做的那样，认定母亲的失踪一定是他造成的，尽管他说不清是怎么回事。在他母亲不在的那一个月里，莱奥纳德在恐惧和内疚中缩回自己的世界，给自己讲可怕的故事，再讲可以安抚自己的故事。后来，他的母亲终于回来了，而大人们继续装作什么事都没发生，他很生气，这又使大人们内在的管理者跳出来指责他，让他闭嘴。

在心理治疗的过程中，在莱奥纳德帮助完这个5岁的小孩之后，另一个7岁的孩子带着另一段创伤出现了。一个十来岁的表哥把莱奥纳德骗到树林，并强迫莱奥纳德触摸和玩弄他的阴茎。莱奥纳德本想告诉父母，但他内在的管理者觉得父母根本无法承受这种消息带来的压力，因而让他羞耻地保持沉默。在帮助了这个7岁的小孩之后，莱奥纳德从更多的部分那里听到了更多其他可怕的经历，从7岁一直到二十多岁。由于他内在的管理者将受伤的部分留在了过去，而他系统的其他部分被继续推着向前走，莱奥纳德需要回头去帮助每一个被落在后面的部分卸下负担，并治愈它们（我们稍后会详细描述这个过程）。

保护者的负担

保护者也有负担。首先，它们相信被放逐者带有负面压力；其次，它们的任务很是繁重。关于情感遗弃和虐待的一个可怕的讽刺是，儿童内在的保护者会模仿施虐者，不论后者是成年人还是其他儿童。寻求认同的管理者和产生应激反应的"消防员"能够在内在重复几乎所有被施加在孩子身上的极端行为，不论是吹毛求疵的完美主义、苛责、说教还是体罚，它们在做这一切时怀着一个错误的期望，以为一个完美的（或受到了惩罚的）孩子能够得到更多的爱。当然，模仿施暴者的工作是令人厌恶的，会使这个部分在系统中不受待见。保护者们需要得到我们的帮助，从而释放来自父母的极端能量。正是这些能量构成了遗留负担。

和所有的保护者一样，莱奥纳德的保护者也对他（儿时的他）有各种看法，并因此承受了负担，比如：他太敏感、太容易激动了；他的脚太大；他的需求给其他人带来了负担，尤其是他的父母；他的愤怒是一种令人厌恶的自私的表现。这些保护者的任务是压抑（不说话、不抱怨、不生气）和分散注意力（喝酒、做爱、不闻不问），它们的目标是掩藏他的错误，在他做得不好时惩罚他，让他得到接纳，使他感受不到痛苦。

负担、症状的严重性与治疗时长

IFS 治疗的时长和难度不由症状的严重程度决定，而是取决于内在系统极化的程度、对真我领导的不信任程度和来访者负担的严重程度。正如我们所解释的那样，部分是被迫走向极端角色的，极化的情况有这样几种：它们主动（管理者）或被动地、反应性地（消防员）保护被放逐者，三者相互对抗，时常被冻结在可怕的过去（保护者和被放逐者）。由于人在社会化的过程中，学会了放逐自己的各种部分，所以即使是那些没有受过严重创伤的人，他们的内在也会按照"管理者""被放逐者""消防员"构成的三角来组织，而来访者的症状会告诉我们，哪个部分在系统中占主导地位。例如，那些长期抑郁的人往往由管理者主导，那些容易冲动的人往往由消防员主导，而那些体验到强烈焦虑、恐惧、悲伤和孤独的人，内在往往由被放逐者主导。当被放逐者背负着沉重的负担时，治疗需要更长的时间，因为保护者会更加极端，与其他部分更加对立，而且整个系统对来访者的真我缺乏信任。我们要记住的是，保护者也承受着负担，只有在其保护的被放逐者被治愈（卸下负担）之后，在整个系统不那么脆弱之后，它们才有可能卸下自己的重负。

结论

部分经常被误认为是保护者的负担,这种情况造成了很大的伤害。保护者放逐脆弱的部分,好心的亲人、朋友和照顾者部分对抗危险的保护者,这是一种无人获益的局面。部分不等同于它们的负担。当我们清楚地知道这一点时,我们可以安慰那些害怕的部分,让它们放心,我们并没有立场,也不想消灭或杀掉系统内的任何部分。这一消息本身就会立即改变一个极化、动态的系统,因为极化、对立的系统一直存有这样的观点:医治无法被接受的病症的唯一可能的办法,就是消除某个部分。我们希望给保护者们传达这样的信息:我们的行动将有利于整个更大的系统,每个部分都会得到解放,那些想要一个更受欢迎的新角色的部分也会得到它们想要的。我们旨在让每一个部分都感到被接纳和受欢迎。

负担以很多方式形成,既有可能在家庭几代人之间垂直传递,也有可能源自家庭之外有影响力的权威人物,如老师、教练、牧师等。负担也可能出自陌生人之手,平行地在兄弟姐妹和同伴间传递,或由自然事件(如火灾、地震、海啸、洪水等)引发。遗留负担在家庭内形成,有时可以往回追溯许多个世代。个人负担是个体应对创伤事件时形成的。当一个孩子受伤时,她认为使她受到伤害的品质会受到内在系统的苛责,因此以这些品质为重要组成的部分(如天真、甜美、自发性、欢快、勇气、愤怒、悲伤、沮丧、敏感、关怀等)会被放逐,使得这些部分感到被嫌弃,感到绝望。它们处在被放逐的地方,渴望得到拯救和重生。可与此同时,保护者对被放逐的部分的看法使它们动弹不得。总而言之,这个承受重负的系统展现了一幅充满限制、约束、反抗和挫败的画像。这就是我们大部分人消耗自身绝大部分能量的方式。

好消息是,这一切都可以改变。负担可以卸下,而得到自由的部分可以转变。在本书后面的章节,我们将具体阐明部分如何卸下负担。我们知道,对于许多读者而言,这好像是不可能实现的,它好得令人难以相信,我们理解这种怀疑。我们接纳并欢迎持怀疑态度的部分。我们的经验表明,通常而言,只要持怀疑态度的部分相信自己的安全可以得到保障,它们就会愿意尝试新事物。

Internal Family Systems Therapy

第 5 章

IFS 与身体

部分可以影响身体，IFS 也可以反过来影响身体的运作过程，甚至包括那些通常不被视为身心疾病的过程。早先与罗恩·库尔茨（Ron Kurtz，他开创了以身体为中心的冥想疗法）的共事让我意识到，大部分来访者都能定位身体的各个部位，跟随身体的感觉进入内在世界，并在那里建立深度联结。在这一章中，我们将描述 IFS 如何实现具身化，其中包括许多由苏珊·麦康奈尔（Susan McConnell，2013）发展起来的想法，她是一位冥想治疗师，也是 IFS 教育部门（真我领导中心）首批首席培训师之一。苏珊运用她在身体和身体心理学方面的专业知识扩展了 IFS 模型。

* * *

身体之外的真我

身体是部分和真我的容器。因此，当我们在 IFS 中提到"个人"时，我们指的是身体、部分和真我的总体。当生活经历给系统注入负担时，部分可能会做出将真我从身体中分离出去的决定，其实这样做反而会让系统面临承担更多负担的风险。例如，当我们面对过于危险的情况时，一个保护性的部分通常会起到保镖的作用，它们会"承受打击"（taking the hit）（如这些部分自己所说的那样），而其他部分则把真我"推"（push）至体外。这种表述与来访者频频描述的情况，如他们在受到虐待时会感到自己在天花板上目睹这一切相一致。尽管在糟糕的时刻，将真我移出身体似乎是一种有效的生存技能，但这也会留下一种为了掩盖而生的内在麻木，这种麻木虽然能够减轻痛苦，但会让人丧失活力。

相反，当我们卸下部分的负担时，我们会感到更温暖、更踏实、更清醒、更平静、更敏锐。既然真我具有不可思议的弹性和对抗伤害的免疫力，我们可能想知道为什么部分会试图妨碍它。在某些情况下，年轻人可能没有意识到，真我不需要保护，但在许多情况下，犯罪者会因为孩子表现出的真我品质（如好奇、自信、联结、勇气、关怀等）而惩罚他们。为了应对这种针对性的虐待，避免更多的惩罚，身体的某些部位会把真我推出体外。

一方面，真我可以被彻底推至体外；另一方面，它也可以部分地脱离身体。我们大部分人都有过这样的体验，即感觉到自己的真我在某种程度上脱离了身体。在大学四年的足球生涯中，我（理查德）曾多次全速冲向体格差不多是我两倍的人，并因此受了不少伤，还有过几次脑震荡的经历。在此之后，我做了数年的内在工作，才重新感受到了身体的某些感觉和情绪。在这个过程中，我意识到父亲充满愤怒的攻击——他曾抽打我的屁股，把我吓得魂不附体，真我出窍，使我变得麻木不已。我完全被愤怒的保护者控制，想把别人打翻在地，我能完全无视身体上的疼痛，即使更理智的部分朝我喊叫，叫我停下来，也无济于事。当负担将我们从我们的身体中带走时，我们可能会冒更大的风险，投入危害身体的危险活动，并导致更严重的身心分离。

在身体中感受真我

只有我们的部分能够决定是否允许真我回到身体里。不过一旦系统得到应激的保护者的允许，我们会有很多方式通过身体感受真我，比如通过呼吸，或专注于心脏、骨骼、脊椎和头顶。有时，动一动身体也会起作用。瑜伽、冥想、武术和其他疗愈身心的方法都能帮助部分感到被接纳和安全，从而让真我回到身体。通过这些方式，我们得以接近、加强和稳定身体中的真我，从而促成系统之内的团结协作、脚踏实地、流动、开阔心境和对疼痛的觉察。当真我被身体接纳时，我们将拥有敏锐的感官，悦纳变化，享受大口呼吸的畅快（McConnell，2013）。同时，我们的部分也将拥有广阔的空间。

"具身化"（embodiment）——通过身体去感受和表达，对于实现真我领导是非常重要的，原因有二。首先，借助具身化，真我可以接触到我们的生理硬件；其次，一旦意识到真我稳稳地存在于身体之内，部分会更加信任它的引领。令人不可思议的是，这样一种"真我在身体之内"的踏实的生理体验，还会激发一种超越个体和身体界限的、广阔无边的整体感。不过，对于想要快速运用具身化方法的人们，我们有一个重要的提醒。

真我进入身体的体验会让那些受过严重虐待的人感到害怕。我们在前文提到过，狡诈的施虐者会试图阻断受害者与真我的联系。当孩子（或成人）表现出真我能量（即之前提到过的任何一个以字母 C 开头的品质）时，为了让受害者保持顺从并被其洗脑，这样的施虐者会加重惩罚。因此，当受过严重虐待的人尝试在身体中容纳和感受真我时，他们会遭到来自保护者的强烈反对。这种强烈的反对可能包括自杀的想法或冲动、身体疾病、疼痛，或对治疗师的恐惧和放弃治疗的冲动。因此，在指导来访者做具身化练习之前，我们会特地询问他们，确认一下是否有任何保护者对此感到害怕。如果有任何部分害怕，我们会在练习之前先解决它们的恐惧。

我（理查德）已经开发了一个日常的具身化实践，用来帮助我找到处于活跃或应激状态的部分，识别真我具身化的程度。在一天之中，我时常观察自己的心，看它有多开放，因为当我处于"具身"的状态时，它是相当开放的。我也会察看是否有振动的能量通过我的心脏——我们称之为"真我能量"。东方的精神传统称之为"气"或"普拉那"（prana）。如果我感到心脏受阻，我知道那是一个保护者阻塞了它。我可能会请这个保护者放松下来，或者用心帮助它，让它相信我的确不再需要那种保护。同时我也知道，我最积极的保护者会变身为我眉头的褶皱、肩膀上的重压、喉咙的紧张感，我也会去体察这些地方，让这些部位放松下来。当它们放松下来时，我总会立即感觉到身心都更加开阔和平静了。

部分在身体之内，身体作为部分的工具

部分不仅可以在或不在身体之内，它们也能"或多或少地"（more or less）在身体之内。它们越是具身化，它们的经历和应对生活的方式就越会通过身体姿态、手势、声音和面部表情体现出来。比如，它们可以表现为肌肉的紧张感、受压感或呼吸困难，也可能表现为身体上的麻木、虚弱，长期的热感或冷感；它们可能通过挨饿或给自己裹上厚厚的脂肪层来避免引起别人的性兴趣，也可能倾向于在性方面接受过度的刺激。苏珊·麦康奈尔曾在2013年写下如下内容：

> 在生命进程中，随着部分不断地背上负担，个体的意识状态、呼吸模式、与他人同情共感的能力、自如的举止、自在、自由以及给予和接受触接的倾向等，都会受到负面的影响，（但是）被施加在身体上的身体和精神伤害可以在身体之内得到疗愈。

我（理查德）的一位来访者发现，自己的一个管理者为了让一个穷困的小女孩的部分得到照顾和休息，制造了慢性疲劳的症状。另一个信仰宗教的来访者意识到，自己的一个部分为了让宗教领袖拒斥她，让她患上了与周围环境密切相关的疾病。另外，她的疾病也是她的部分在以一种引人注目的方式，传达"她所在的环境有害"这样一种感受。就我个人而言，我知道自己有那么一个部分，它对我的身体有很高的期望，以至于在疾病和衰老面前，它感到自己被背叛了。在一些部分看来，我的身体就像一株烦人的植物，或是一只必须保持身形、被喂养和被拽着到处走的宠物。我曾有一些来访者，他们

的部分对身体又恨又怕。这些部分（它们并不罕见）会导致我们忽视、评判身体，或使身体麻木或僵化。它们也能利用身体的强烈感受、能量和渴求来追逐各种目标。它们能掏空、耗尽甚至杀死我们的身体。

各个部分会根据自己的目的使用身体，被放逐者和保护者的目的显然不同。被放逐者用身体传递它们需要帮助的信号；管理者用身体施加控制；消防员则用身体转移对情绪痛苦的关注或忽视过度的压制（管理者的工作）。在实现这些目的的过程中，部分会分散个体的注意力，也会引起各种各样身体功能紊乱和疼痛的情况。消防员可以通过成瘾、进食障碍、性乱交和自残等行为给身体造成严重损害，尽管身体上的伤害通常不是目的本身，而是一种副产物。此外，当保护者变得极端时，身体会随之变为战场。例如，当一个部分变得麻木时，另一个部分可能会奋起，努力放大身体的感觉。

当我们观察保护者时，往往能或多或少地将其与身体症状匹配起来。需要管控、压抑、冻结和控制的管理者往往会体现在肌肉和筋膜上。虽然它们可以在身体的任何部位得到表达，但往往更善于运用各种身体接合处的能量，包括所有的关节、骨盆、横膈膜、喉咙、下巴、肩膀，以及下背部。消防员倾向于激活内分泌和神经系统，通过释放与应激相关的激素，提高心率和呼吸频率，扩大瞳孔，促成战斗或逃跑反应。消防员也利用身体上的唤起或欲望（如对食物、性、酒精、毒品或睡眠的强烈渴求）来转移个体的注意力，从而忽视被它们视为威胁的情绪。与此同时，被放逐者经常隐藏在心脏、其他内脏和背部。

我们绝不是在暗示，部分是引发或维持疾病的唯一因素。显然，基因、病毒、细菌、外伤和环境中的有毒物质都会影响我们的身体，不管我们的精神状态如何，这些因素都能够使我们生病。我们要说的是，当某些部分有意影响生理过程时，它们似乎有能力做到。我们听一些部分说过，它们增强了免疫反应（引发自体免疫性疾病），或减弱了免疫反应（让病毒或细菌大量繁殖）。我们还听到一些部分说，出于某些立场，它们会利用现存的器官的虚弱特性或遗传倾向，制造某些症状。我们不知道它们是如何做到这一点的，但我们确定的是，当那些声称对身体做了某些事情的部分同意停下来后，来访者的情况会有所好转。

部分也可以在无意中使来访者的疾病恶化。当它们试图对抗或忽视自身免疫性疾病（如类风湿关节炎）时，对身体造成的损害可能会和最初的问题一样严重，甚至更为严重。当它们不能与医疗服务提供方分享关于身体的信息，忘记服药和定期检查时，它们将我们置于危险之中（Livingston & Gaffney, 2013）。在患 1 型糖尿病的青少年中——这是一个特别脆弱的群体，IFS 疗法也被用来帮助他们叛逆和否认的部分形成联盟。这些孩子的一些可预见的不遵从医嘱的行为，如食用禁食的食品、忘记注射胰岛素等，可能会导致其不得不截肢甚至死亡。

IFS 和医学

南希·沙迪克（Nancy Shadick）、南希·索维尔（Nancy Sowell）及其同事（2013）进行了一项研究，旨在观察 IFS 疗法对风湿性关节炎的治疗效果。37 名患者接受了长达 9 个月的 IFS 团体治疗和个人治疗，与仅接受教育干预的 40 名对照组患者形成对比。实验结束后，继续对两组患者进行 9 个月的跟踪观察。最后的结果表明，相较于对照组，IFS 治疗组患者的身体疼痛得到显著缓解，身体功能、自行评估的关节疼痛、自我抱持的程度和抑郁症状都有显著改善。并且，在 9 个月的跟踪观察期间，这些改善都得到了维持。此外，20 年来，我（理查德）已经成功地将 IFS 疗法应用于各种各样的疾病治疗。我曾治疗过患有癌症、狼疮和各种疼痛等疾病的患者。如果一些部分引发或维持了疾病或某些症状，那么 IFS 治疗会让患者的情况得到改善，往往可以达到缓解的程度。

ACE 研究

1995 年，加利福尼亚的凯撒医疗健康维护组织（Kaiser Permanente HMO）

和美国疾病控制与预防中心（Centers for Disease Control and Prevention）联合发起了一项对"童年不良经历"（Adverse Childhood Experiences，ACE）的研究。这是一项具有开创性的流行病学调查，它的结果显示，童年时期受到的不良对待与此后的疾病、早逝之间存在惊人的相关关系（Corso，Edwards，Fang，& Mercy，2008；Wylie，2010）。在这项研究中，超过 17 000 名患者在接受体检的同时，接受了 ACE 项目的访谈，访谈内容涉及童年时期受到的不良对待、忽视和家庭功能障碍。研究人员分析了这些数据，以确定童年不良经历与成年后的情绪和身体健康之间的相关性。结果并不令人意外：ACE 得分高的人会投入许多高成本的行为，如吸烟、酗酒、暴饮暴食和吸毒，我们将这些行为归为消防员的活动。这些行为显然提高了罹患身体疾病的风险。研究还发现，即使剔除这些高风险活动的影响，童年不良经历与疾病（如癌症、冠状动脉和慢性肺部疾病等）之间仍然存在很强的相关性。尽管这个发现让研究人员感到惊讶，但它证实了我们心理健康领域长期以来关于"创伤和身体相关"的直觉。研究结果还表明，反过来也可能是成立的：如果受伤的心灵会伤害身体，那么得到恢复的心灵可能有助于身体的疗愈。

帮助而非责难

我们已经习惯在向来访者表明其身体症状可能与某个部分的参与有关时，看到他们的强烈反应。可能有几个因素在这种反应中起作用：首先，极化、对立的部分会将痛苦归咎于对方；其次，我们有一种谴责受害者的文化倾向；最后，宗教或这个新时代的教义往往暗示，我们造成了自身的疾病。即便如此，如果我们在回答有关部分和疾病的问题之前深思熟虑、注意措辞的话，来访者往往会变得好奇。比如我（理查德）是这样说的：

> 有些部分可能会在你意识不到的情况下影响你的身体——它们可能愿意与你交流。这并不是说，你主动选择了生病。部分并非经

过许可才能影响身体。但它们也许太过年幼，从而无法意识到自己正在给身体造成伤害。又或者，它们这么做可能有一些重要的理由。帮助这些部分会让情况变得很不一样。

如果预计来访者会消极回应"某个部分可能造成或加剧身体的不良状况"这一想法，我会简单地引导来访者询问那些可以帮助治愈身体疾病的部分。我遇到过这样的部分，它们承诺如果我能说服其他部分放松下来，它们愿意帮忙。我也遇到过这样一些部分，即使并不是其他部分造成了身体的问题，它们也知道如何治愈身体疾病。

医疗条件下运用 IFS 治疗的指南

在处理医疗问题时，IFS 治疗师使用与对待非医疗问题时一致的基本方法。首先，清空头脑中的各种期望，请自己的部分退后一步，让真我在身体中涌现。接下来，请求患者允许治疗师探索其身体疾病。然后，选择以下几种方案中的一种继续。

（1）引导患者关注某个身体症状，然后像通常对待部分那样，保持好奇地倾听。

（2）直接将症状当作一个部分，与之对话。

（3）如果部分没有参与症状的形成，引导患者询问部分它们是否知道与症状有关的信息。

（4）询问患者对症状的感受，然后询问那些讨厌或害怕症状的部分，看它们是否在影响患者的身体或遵从医嘱。

（5）指导患者求助于懂得从整体或特定方面入手来疗愈身体的部分。

这些方法通常能够帮助部分表达，而一旦它们表达，我们就能进一步与症状建立联系，就像我们与任何部分建立联系那样。将身体症状当作部分来探索医学疾病的指南概述于表 5-1 中。

表 5-1　将身体症状当作部分来探索的方式

1. 引导患者关注某个身体症状，保持好奇地倾听
2. 直接将症状当作一个部分，与其建立直接联系
3. 如果没有部分参与症状的形成，则引导患者询问部分它们是否知道与症状相关的信息
4. 询问患者对症状的感受
5. 询问讨厌或害怕症状的部分是否在影响患者的身体或干扰患者遵从医嘱
6. 指导患者求助于那些懂得从整体或特定方面入手来疗愈身体的部分

被放逐者为得到关注或传达某种体验而引发身体的疼痛和疾病

如果我们选择将症状当作一个部分，那么我们要么引导患者集中注意力、保持好奇心，要么直接接触症状，直接与之对话，不管哪一种方式，我们最终都会问这个部分，为什么会以这种方式影响患者的身体。如果它说，它想让患者理解它的痛苦，或是它无法通过其他任何方式吸引患者的注意，那么这个部分很可能是个被放逐者。在这种情况下，患者的真我会请求这个部分停止制造更多痛苦，并与保护者协商，获得它们的允许来帮助被放逐者。

下面我要举一个恐慌的被放逐者加剧患者的痛苦的例子。乔尼是一个18岁的大一新生，因为惊恐发作而向学校请了病假。惊恐发作极大地加剧了他的慢性腹痛，医生将其诊断为"肠应激综合征"（irritable bowel syndrome，IBS）。医生知道压力会加剧 IBS，所以他建议乔尼前来接受治疗。在进行接下来展示的这次治疗对话前，乔尼已经接受了两次 IFS 治疗，理解了部分这个概念。

治疗师：乔尼，你现在身上还痛吗？

乔尼：我几乎一直感觉有些痛，有时候我感觉自己快呼吸不了了，然后突然，疼痛会加剧。

治疗师：你有哮喘吗？

乔尼：没有。我的肺没什么问题。我的问题是肠应激综合征。

治疗师：根据我的经验，某些部分会在我们没有意识到的情况下影响我们的身体。如果某个部分让你呼吸困难，我相信它这么做是有原因的。我们可以问问吗？

[治疗师提出了一个想法：和部分谈论患者的身体症状。]

乔尼：并不是我自己希望上不了学，你懂吧？

[乔尼感觉是有些部分制造了这个问题，并且这些部分正在受到责难。]

治疗师：我懂。部分在对身体做任何事情时，并不需要征求任何同意。它们有它们的理由，我们无法控制它们。有时候，一个部分甚至有可能太过年幼，以至于没有意识到自己正在造成伤害。因此，如果某个部分正在引发或加剧一个疾病，我们所能做的是主动帮助它。以我的经验来看，部分往往会以这样或那样的方式接纳并感谢这种帮助。

[此处，听治疗师讲话的是认为乔尼受到了责难的一个部分。]

乔尼：好吧。

治疗师：那我们现在是关注胃痛还是呼吸呢？

[治疗师邀请乔尼决定从哪里开始。]

乔尼：呼吸吧。

治疗师：你注意到了什么？

[充分呈现目标部分。]

乔尼：觉得闷。呼吸困难。

治疗师：你对此有什么感受？

乔尼：我就感觉不想要这个身体。

[乔尼的真我没有回答，回答的是一个部分。]

治疗师：好的。在这种你不想要这个身体的感受下，你对急促的呼吸是什么感觉？

[治疗师重复着部分需要体察的问题。]

乔尼：我很害怕这种感觉。

治疗师：好。我可以直接跟它说话吗？

[治疗师迅速切换到直接接触的方式，请求直接与部分对话，因为治疗师预计，可能一旦问乔尼有关身体的问题，许多部分就将被激活，这个时候，

直接与那个部分对话可能会快一些。]

乔尼：可以。

治疗师：那我想和不能呼吸的那部分说话。你在吗？

乔尼：在。

治疗师：你希望乔尼知道什么呢？

乔尼：我需要帮助！

治疗师：你需要怎样的帮助呢？

乔尼：我需要从冰箱里出来！

治疗师：你知道这是什么意思吗，乔尼？

乔尼：知道。我有些吃惊。在我 6 岁的时候，我哥哥和他的朋友把我放在了地下室的一个旧冰箱里。我父亲本打算把冰箱门拆下来的，但是门把手坏掉了。我想他们可能认为我可以很轻易地从里面出来，他们只想吓唬我一下。但那个门卡住了，我缩在里面挪动了许久，最后才把它踢开。我从未告诉过任何人这件事，哪怕是我的哥哥。

治疗师：问问那个 6 岁的孩子是否还在里面。

乔尼：他说他在里面。我不知道这是怎么回事！

治疗师：他需要你的帮助吗？

[哪怕这看上去是显而易见的，但最好还是不断地询问这个部分想要什么。]

乔尼：需要。但我可以做什么呢？

治疗师：你可以回到那个时候去照顾他。问他当时一个人的时候，到底需要你做些什么。

[我们把这叫作"情景再现"（do-over）。给予保护的部分常见的应对方式是试图撤销过去，但总是以失败告终，因为那种行为是试图阻止已经发生了的创伤，或是否认它的发生。而我们所做的，是邀请被放逐的部分指出它更想要的场景，为它带来更想要的结果。]

乔尼：他要我把那扇门拉开，把它扔到外太空去。

治疗师：好，那就这么办。

乔尼：现在我把他救出来了，他把整个冰箱都扔在那里，然后用射线枪把它给炸了。

治疗师：很好。

乔尼：现在他要我告诉他哥哥，做这么过分的事情一点都不好玩。

治疗师：（过了一会儿）还有什么事要做吗？

乔尼：是的。他不想让我离开他。

治疗师：他愿不愿意离开那个时候，到现在来，和你一起生活？

乔尼：他愿意。

治疗师：好的，那把他带到现在来吧。现在他能呼吸了吗？

乔尼：他的胸口上还缠着金属带。

治疗师：他需要你帮忙把它弄掉吗？

乔尼：我把它剪了下来，他正在用那把激光枪熔化它。

治疗师：感觉怎么样？

乔尼：很好。

治疗师：他有让你腹痛吗？

乔尼：他的恐惧让腹痛加剧。

治疗师：那现在能停下来了吗？

[现在，治疗师把治疗工作交给了乔尼。]

乔尼：这会有很大的作用。他现在能呼吸了。

治疗师：那现在你的腹痛怎么样了？

乔尼：好些了。

治疗师：如果用 1~10 分给腹痛评分，你觉得现在是几分？

乔尼：5 分。

治疗师：如果现在只有单纯的生理性疼痛，你觉得那会是几分？

[治疗师让乔尼用一个简单的方式评估他的疼痛，即用数字来给他自己的生理性疼痛打分，这样他就能注意到部分是怎样影响其身体状态的。]

乔尼：可能是 1~3 分吧。

治疗师：那需要做些什么来降低它呢？

乔尼：我想我只需要恢复一下，和他在一起待一会儿。

治疗师：行，那我们看看情况会怎样？
乔尼：好，我们来看看情况会怎样。

正如我们所看到的，乔尼发现一个6岁的孩子陷在一个可怕的状态里。这个部分并没有造成乔尼的肠应激综合征，但他的恐慌加剧了乔尼的痛苦，他也确实需要乔尼的帮助。

极化的保护者

与需要帮助的被放逐者不同，如果一个部分说它利用某个身体症状是为了来访者，或是为了做成某件事情，如伤害、惩罚、控制或转移注意力，那么它就是一个保护者。例如，25岁的葛丽塔曾不幸遭到性虐待，她前来接受治疗，是为了更好地处理对自己身患狼疮的情绪反应。她有一个部分（她自己不知道这个部分的存在）在加剧她的痛苦。

治疗师：我能提一个有些非常规的建议吗？让我们问问你的身体吧，问问它对这个病的感受。
葛丽塔：这是挺奇怪的。但我想这样应该也不会有什么害处。
治疗师：那我们先花点时间听一听，看你的内在对此有没有反对意见。
[治疗师会仔细检查，看是否有任何部分可能做出负面反应。]
葛丽塔：没有。
治疗师：你是怎么注意到狼疮的？
[治疗师引导葛丽塔在身体里面找到那个部分。]
葛丽塔：因为我的关节痛。
治疗师：能把注意力放在那个疼痛上吗？
[治疗师再次确认能否得到允许。]
葛丽塔：可以的。
治疗师：能对它感到好奇吗？
葛丽塔：嗯……我更习惯于与它抗争。

[正如我们在第 3 章所解释的那样，与保护者混合在一起时，我们无法做到好奇。葛丽塔能观察到这一点，意味着她至少没有完全掺和疾病部分和与疾病抗争的部分之间的对立。]

治疗师：抗争的那个部分愿不愿意放松几分钟，允许你对那个疼痛好奇呢？

葛丽塔：好吧……现在我的确感到好奇。

治疗师：把你的好奇心带到那个疼痛中去吧。

葛丽塔：它说它在救我。这到底是什么意思？

治疗师：能继续保持好奇吗？

[我们没有停下来确认是哪个部分在说"这到底是什么意思"。在此，治疗师再次走了捷径，问其他部分是否愿意让她继续保持好奇。]

葛丽塔：可以的。让我来做吧……好吧。它说你会受伤的。

[现在，葛丽塔听到了一个与加剧她痛苦有关的部分。]

治疗师：你明白它在说什么吗？

葛丽塔：我不明白。

治疗师：你有看到任何画面吗？

[正如我们将在第 8 章详细讲述的，寻找、聚焦和具象化保护者，是了解它们的第一步。这里，治疗师重新关注和具象化这一被锁定的目标部分，即那个刚刚被识别的部分。]

葛丽塔：有的。它像一朵有头的云——一个巨大的附在我身上的精灵。

治疗师：问问这个精灵，它觉得你多大了。

[这个问题会让我们知道，这个保护者是否了解来访者当前的生活。如果它不了解，这意味着要么存在一个被放逐者，要么存在一个极化了的保护者，因为这就是这个部分所看到的样子。]

葛丽塔：5 岁。

治疗师：你理解它的回答吗？

[我们经常问这个问题，因为我们想确认来访者是否理解部分想传达的信息。如果没有理解，我们会确保她得到进一步澄清的机会。而如果她理解了，我们就接着往下走。]

葛丽塔：是的，现在我理解了。

治疗师：那你现在对这个精灵有什么感觉？

葛丽塔：我在澄清我已经不再是 5 岁的小孩了。他看上去很怀疑我的话。

治疗师：让他知道，如果他允许的话，你可以帮助这个 5 岁的孩子。

葛丽塔：他看上去很警觉。

治疗师：你当然需要获得他的许可。我们不是来拿走他任何东西的，我们也不希望让他离开。他可以先慢慢了解你，再判断你是否可以帮助他。

[这个精灵很可能是个消防员，一个有着强烈控制欲，倾向于做出应激反应的部分。消防员往往需要我们做出保证：我们不是在试图击败它们，也不是想要推翻它们。]

葛丽塔：他喜欢这个主意。

治疗师：让他看着你的眼睛，然后告诉你他看到了谁。

[IFS 首席培训师迈克·埃尔金（Mike Elkin）发明了这项技术。如果部分配合得当，眼神交流能够很好地探测出处于活跃状态或相反状态的部分，能有效地使真我呈现，并将其带往目标部分。]

葛丽塔：他看到了一个吓坏了的小女孩。

治疗师：让小女孩知道我们会做一些事情，让你能够帮到她。现在，把她放在一个舒适的房间里，叫她在那儿等你回来，她愿意吗？

[如果这个被放逐的部分继续掺和，葛丽塔与那个精灵部分的交涉将不会取得任何进展。把一个部分放在舒适的房间里，即"房间技术"（room technique），可以帮助目标部分与之分离。我们会指定一个舒适的房间，这样，那个部分就不会回到让它感到不舒服或危险的地方。房间技术在解除掺和方面特别有用，因为部分会按照我们的建议去做，而当有争议的目标部分被安全分离开来时，系统会安下心来。]

葛丽塔：好的。她在一个游戏室里。

治疗师：现在再让精灵看着你的眼睛，告诉你他看到了谁。

葛丽塔：他看到我了！他很惊讶。

治疗师：为了保护那个小女孩，他对身体做了什么？

葛丽塔：他可以扳动一些控制杆，开启疼痛、肿胀、头痛、发热。

治疗师：他愿不愿意在一段时间内不碰这些控制杆，让你有足够的时间去帮助那个小女孩呢？

葛丽塔：你这么说的时候，他看上去很担心。

治疗师：他对身体做这些事情的时候一定有充分的理由。但他在担心什么呢？如果他停下来，可能会发生什么？

[治疗师主动认可精灵的积极意图。]

葛丽塔：他不想让我回家过节。

[精灵配合地回应，有一说一。]

治疗师：我明白了。那你同意吗？

[这时，治疗师没有停下来挖掘过去的事。只要葛丽塔和她的部分知道前因后果就够了。治疗师要做的是继续协助葛丽塔和精灵达成协议。]

葛丽塔：可我应该回家。我妈妈生病了。

治疗师：我明白了。精灵不想让你回家，但另一个部分想让你回家。那精灵是怎样回应的呢？

[治疗师看到并命名这一对立。]

葛丽塔：他气鼓鼓的，像一朵乌云。他说他要炸掉我。他看起来真的很沮丧。

治疗师：所以精灵强烈地觉得你不应该回家，但另一个部分认为你应该回家看你母亲。是这样吗？

[治疗师再次用语言陈述了这组对立关系。]

葛丽塔：是的。

治疗师：那要怎么办呢？

[治疗师把指挥棒交给葛丽塔。她想了一会儿。]

葛丽塔：好吧，如果精灵愿意放松下来，不再启动身体的那些控制杆，我就不回家了，用视频通话联系我妈妈算了。

治疗师：他同意吗？

葛丽塔：他不反对。他只是不希望我和我同父异母（或同母异父）的兄弟待在一起。他现在同意了。

治疗师：现在看来我们已经达成了需要达成的状态。你感觉怎么样？

葛丽塔：感觉就像一个蒸汽阀门被打开了一样。

正如我们在这个对话中看到的，为了防止管理者将葛丽塔置入让一个 5 岁小孩的部分再次体验创伤——被同父异母（或同母异父）的兄弟伤害的境地，这个精灵加剧了葛丽塔身上的狼疮的症状，如果葛丽塔真的回家，可能还会有一个愤怒的部分被激活。当葛丽塔同意并尊重他的意见（而不是让管理者支配她）时，他愿意卸下施加在她身体上的压力。下一步将是得到他的许可（以及其他管理者的许可），去帮助被放逐者——那个 5 岁的小女孩。

其他保护性动机

管理者可能会利用某种症状，来排除它认为来访者无法处理的感受。它担心被放逐者（或者被放逐的年幼保护者，比如愤怒的部分）的情绪会吞没来访者。出于同样的原因，消防员可能会利用症状来转移注意力。在这些情况下，我们的做法与处理非医学问题时的做法完全一样：让部分放松对症状的干预，同时与被放逐者进行协商，请它不要过度施压。举一个例子，弗朗西斯在大学时曾是游泳冠军，但在一次赛前强化训练中，她不得不因背部疼痛而停止训练。

治疗师：你觉得跟背痛本身说说话怎么样？

弗朗西斯：听着挺傻的。

治疗师：你觉得能不能做点傻事呢？

[治疗师仍在坚持。]

弗朗西斯：为什么不呢？

治疗师：好的。现在把注意力集中在痛苦上。你感觉怎么样？

弗朗西斯：好吧，现在你让我感到好奇了！

治疗师：很好。它想让你知道什么呢？

弗朗西斯：我很生气！

[这是一位保护者，但正如我们接下来所看到的，它实际上遭到了更有手腕的管理者的驱逐。]

治疗师：你很生气？

弗朗西斯：（闭上眼睛）是的。

治疗师：弗朗西斯，你知道它很生气吗？

弗朗西斯：我现在不能生气。

治疗师：你的一个部分正在生气，而另一个部分又在说不能生气？

[治疗师将这一对立表达了出来。]

弗朗西斯：我爱我的教练。我把她理想化了。我为什么要这么做呢？

治疗师：我明白了。那么背痛对你表达了什么呢？

弗朗西斯：我真想杀了她。

治疗师：当你听到这个的时候，有注意到什么吗？

[治疗师感兴趣的是其他部分对这个生气的部分的反应。]

弗朗西斯：天哪！你在开玩笑吗？

治疗师：如果那个生气的部分能做到不吞噬你，刚才说话的那个部分愿意让你继续听一下那个生气的部分在表达什么吗？

弗朗西斯：它不情愿地答应了。

治疗师：很好。让那个生气的部分也分离出来，不要让它太过激动，这样你才能倾听它说话。

弗朗西斯：它说我一直都是个笨蛋。

治疗师：那个生气的部分认为你是个笨蛋？

弗朗西斯：是的。我没有留意那些警告。

治疗师：警告？

弗朗西斯：生气的部分给我的警告。

治疗师：那警告合理吗？

[治疗师在确认，那个比较温和的部分是否在慢慢恢复，或者弗朗西斯的真我是否还能听到那个生气的部分说话。]

弗朗西斯：合理。它说的是真的。我确实很少在应该表达的时候表达。

治疗师：生气的部分在生你的气。是它在让你背痛吗？

弗朗西斯：是的。

治疗师：如果你帮助那个不让你表达的部分，那个生气的部分愿不愿意停下来，不再让你背痛？

弗朗西斯：太晚了。我想放弃。

[这不是在直接回答治疗师的问题。]

治疗师：你有一个部分现在就想放弃。你想对它说什么？

[治疗师跟随着来访者的思路。]

弗朗西斯：我可以告诉她我的感受。如果她的反应很糟糕，那我就放弃好了。

[治疗师感觉，这种反应是更加真我领导的。]

治疗师：在你和教练交谈的时候，那个生气的部分会允许你为那个不说话的部分说话吗？

弗朗西斯：恐怕我不会这么做。

治疗师：我明白了。如果那个不说话的部分愿意让你来处理这件事，那个生气的部分会让你为它说话吗？

弗朗西斯：会的。

治疗师：那你觉得这样如何？

弗朗西斯：嗯……我确实知道该说些什么。如果我还记得我感恩什么，我应该能够以正当的方式表达出我想说的。

治疗师：生气的部分同意了吗？

弗朗西斯：同意了。

治疗师：你的背现在感觉怎么样了？

[弗朗西斯站起来，小心地左右转动了一下。]

弗朗西斯：它现在放松了些。

正如我们看到的那样，弗朗西斯正处在一个对立之中——顺从的保护者和愤怒的保护者之间的对立，而后者造成了她背部难以忍受的疼痛，令弗朗西斯要么退出游泳队（同时以这种方式离开她的教练），要么选择大声说出来。一旦这些对立的部分不再相互掺和，弗朗西斯就能向教练表达自己的愤怒，而生气的部分也会开始缓解背部的疼痛。

请注意，治疗师不需要在这次治疗中探究弗朗西斯和她的教练之间发生了什么。此外，如果弗朗西斯说她还没有准备好说出来，或是需要花时间想清楚她想说的内容，她和治疗师可以用另一次治疗的时间，通过角色扮演的方式去准备她接下来想和教练交谈的内容。但无论如何，重要的是要重新回到探索当中，明白是怎样一些限制（负担）让弗朗西斯顺从的管理者妨碍她表达自己，顺着这个方向，我们将找到一个被放逐者。

由部分引发的，也能由部分收场

一般来说，部分可以让来访者感到头痛、胃痛、肌肉紧绷、背痛、恶心、疲惫、嗜睡、心悸、发冷、手脚麻木等。它们还可以侵入性地将念头和画面输送到来访者的意识当中，进而引起身体反应。但是，当我们请它们直接表达自己的愿望和需求，而不是伤害来访者的身体或屏蔽来访者的精神时，当它们相信在自己停下来之后，我们会关心和处理它们关心的问题时，就会有巨大的转变发生。

* * *

在医疗疾病中运用 IFS 疗法的注意事项

在运用心理疗法治疗身体疾病时，有一些需要我们注意的方面。鉴于迄今为止研究 IFS 治疗成效的成果（Shadick et al., 2013）以及许多学识渊博的 IFS 治疗师的从业经验，我们相信，疗愈被放逐者和解放保护者会在多种医疗条件下产生积极的影响。沿着这些思路，我们对炎症在许多疾病背后起作用的这一新发现感到振奋。不妨考虑一下乔纳森·肖（Jonathan Shaw）于 2019 年在《哈佛杂志》（*Harvard Magazine*）上发表的一篇文章中的这么一句话："炎症这种持续的、低水平的免疫系统激活现象可能是许多非传染性疾病的根源——这种观点非常令人震惊，因而需要非凡的证据。"病灶在大脑、循环系统、肺、肝脏和关节这些看似毫不相关的疾病，是否可能有着深层的生物学联系？越来越多的证据表明，包括阿尔茨海默病、癌症、关节炎、哮喘、痛风、牛皮癣、贫血、帕金森病、多发性硬化症、糖尿病和抑郁症在内的这些常见慢性疾病，确实是由长期低水平的炎症引发的。但我们仍需要非常大规模的人体临床试验来消除任何对这一观点的疑虑，即免疫系统的炎症反应正在逐渐杀害一个人。

如果这个观点被证明是正确的，就像我们在关节炎研究中发现的那样，而 IFS 可以减轻慢性炎症，那么它可能会带来巨大的影响。与此同时，IFS 也有其局限。不论患者的内在系统多么和谐，其身体组织都有可能已经损坏到了无法完全恢复的程度。例如，暴食症会给牙齿造成严重的损害，从而让一些患者需要大量的牙科治疗，这是很多人负担不起的。在我们的研究中，虽然炎症的缓解的确帮助到了一些关节炎患者，但那些关节已经严重损坏的患者仍然需要换上新的关节。类似的道理，一旦某些身体过程开始，它们就不会对某个部位的变化做出迅速而及时的反应，而是自行其是。此外，彻底的恢复可能还需要其他方面的改变，包括饮食、药物、环境压力和对医嘱的遵从。我们绝不能忽视其他有前景的治疗方法，比如冥想、按摩、自然疗法和针灸。

* * *

结论

部分生活在身体里，它们拥有身体，受身体影响，也可以影响身体——如果它们想的话。身体可以成为被放逐者的留言板，也可以是保护者们交战的战场。负担可能在身体里，可能附在身体上，也有可能潜伏在身体周围。正如对童年不良经历的研究所表明的，负担会积聚起来，最终损害身体。当保护者也伤害身体时，它们的动机往往源自过去的经历，在得到帮助的情况下，它们会停止伤害。

正如关节炎研究所表明的那样，IFS 能够帮助治疗身体疾病。部分往往可以消除由它们引发的身体症状。此外，一些部分还有助于身体的疗愈。因此，在这个问题上,我们有理由怀抱希望。然而,我们建议对来访者采取谨慎的治疗方法。有些人因为生病而受到过家人、朋友甚至治疗者的责难,他们中的许多人将听到很多内在的责备的声音。当医疗人员对内在系统及其负担并不好奇时,原本有望被治愈的患者就有可能面临错失重要信息的风险,因为这些医疗人员试图消除传递信息的信使(内在系统及其负担)。在 IFS 治疗中,我们会邀请这些信使参与,并以我们一贯的方式——询问,来探索身体疾病。

Internal Family Systems Therapy

第 6 章

治疗师在 IFS 中的角色

治疗师的感受和信念会深刻地影响治疗师与来访者之间的关系。如果我们相信来访者有能力处理好自身的问题，我们就会倾向于去寻找和改变限制他们与生俱来的能力的任何因素。而如果我们相信人是由于缺乏某些品质才出问题的——不论是缺乏一个强大的自我，对解决问题可行性的理解，一个能给予滋养的父亲、母亲或伴侣，技能培训，还是某种化学物质，我们就会试图通过解释、信息、教学、指导、理解框架、再养育、药物等，去补足他们的缺失。这是两种截然不同的对待来访者的方式。一种是建立协作、民主的伙伴关系，这种关系传达出一种信心，即相信来访者具有自力更生的能力，相信来访者在人际关系当中的潜能；另一种则更像等级关系，在这种关系中，来访者看上去是有所缺失或破碎的。

在治疗实践中，大部分治疗师都会在这两种角色之间转换。协作型的治疗师有时也会提供信息或建议，而自视权威的治疗师有时也会鼓励来访者运用自身的资源。二者的差异是在咨询互动的每分每秒都需要把握的重点之一，这种差异也体现了治疗师在看待人类动机的观念上的差异。在 IFS 模型中，我们认为，人拥有自身所需的一切内在资源。在我们的理论假设中，来访者的某些部分受限于系统的失衡和负担，来访者拥有必要的资源（真我），帮助这些部分从失衡和负担中释放出来，最后实现内在系统的和谐。由于 IFS 将来访者的真我与部分之间的关系视为疗愈的核心，所以治疗师的主要任务是帮助来访者触接足够多的真我。正如赫尔曼·黑塞（Hermann Hesse，1927/1975）所写的那样："我只想试着活出真我而已，为什么会这么难？"IFS 疗法正是旨在帮助人们克服各种困难，最终活出真我。

虽然 IFS 在概念上涉及一种重大的转变——它将主要的精力放在了对内在关系疗愈力量的探索上，但外在的治疗关系也至关重要。因为在进入治疗关系时，保护者往往很警惕，不愿呈现自己脆弱、信任和自我暴露的一面。大部分保护者需要先感受到治疗师是安全的、值得信任的、自信的、关怀的，然后才会允许来访者接近真我。来访者的内在部分需要了解治疗师。

移情和反移情

从 IFS 的角度来看，若部分对现在的反应还停留在过去，意味着它被冰封在了过去。心理动力学疗法将这种反应称为移情和反移情。有时，来访者会把治疗师看成他们过去关系当中的某个人（移情），反过来，治疗师有时也会把来访者看成自己的父母或其他重要他人（反移情）。IFS 模型对这种现象有自己独特的理解和处理方式。我们不认为来访者真的将治疗师当成了父母、兄弟姐妹或施虐者。在我们看来，来访者的某个部分被过去的经历冻结，在某个特定时期，难以承受的生活难题使这部分形成了极端的感受和信念，它从此背负着这些感受和信念。我们把这种移情反应称为"线索"，这个名称意味着它是更深入地理解来访者负面经历的一个机会。

线索

任何时候，若我们留意到自己的某种感觉、想法或身体上的某种感受，就意味着线索的浮现。例如，线索可能是一位女性来访者的一种渴望，她急切地想要得到自己男性治疗师的认可。在 IFS 中，注意到这种渴望，即这个线索，是了解（和帮助）某个部分的机会，这个部分曾感受到父亲对它的拒绝，并且直到如今仍能对来访者施加很大的影响。与此同时，假设来访者还有一个部分对治疗师是不信任的，那个部分总把治疗师推开，因为它总觉得治疗师会像父亲那样拒绝自己。尽管治疗师可以从移情的角度和来访者探讨这种渴望认可的感受和推开治疗师的冲动，但他也可以选择跳过这一步，继续问来访者，渴望救赎的部分和想要推开他的部分想不想得到来访者的真我的帮助——真我没有这些固着在过去的想法和感受。一旦真我找回并释放那个被拒绝的孩子（渴望的部分），老是把人推开的部分就会从它的角色中解脱出来。以这种方式，像对待任何强烈的感觉或信念那样，我们通过移情（和反移情）来定位需要得到帮助的部分。

当来访者的真我不在场

当来访者无法较快地与真我建立联系时，他们会非常依赖治疗关系，这种情况在那些曾长期经受严重虐待的人身上十分常见，他们强大的保护系统会把真我隐藏起来或挡在身体之外。尽管这种无法触接真我的僵局通常是暂时的，但它妨碍了来访者的真我与治疗师的真我之间的强强联手和合力治疗。因此，治疗师的真我有必要介入，直接与来访者的部分对话，直到来访者的真我出现。我们将这种干预方式称为"直接介入"(direct access)。

直接介入虽是一个宝贵的治疗选择，但会让治疗师暴露在极端部分的移情期望和指责面前。这会让治疗师感觉自己被包围了，其真我领导的状态也可能因此受到挑战。此时，如果我们能够意识到，自己面对的是被冻结在另一时刻（过去）的幼小部分，也许能更从容地应对这一挑战。我们的真我能量会帮助目标部分看到来自过去的受伤者和来访者之间的区别。虽然在一段时间内，治疗师的真我可能需要成为来访者的部分的主要依恋对象，但一旦来访者的部分愿意接受自身真我的引领，治疗师便可以停止扮演这一角色。

协同合作

IFS 治疗师相信，一旦限制（负担）解除，来访者就能以有意义的方式看待自身困境并采取有效的行动。因此，我们很少对问题给予解释、重构，或指导来访者应对问题。我们的专长不在于搞清楚任何事情，而在于确认和探索来访者的系统，同时着眼于为来访者的真我创造空间。通过向来访者传达 IFS 的假设，通过提问，我们旨在释放原本限制系统的极化和对立，最终解除负担。

在 IFS 中，来访者的需求将决定如何平衡对内在和外在的关注。如果你是一名初学者，那么注意（并帮助）你的任何保护者——那些倾向于指向外在，以安全而熟悉的方式行事的给予保护部分，会非常有帮助。与此同时，来访者可能不愿意关注内在，即使在你发现他的部分后，你也可能需要在一段时间内使用他的语言（他的某种感受、想法等）来表达。在任何情况下，不论我们使用的是哪种表达方式，也不论来访者的意愿如何，在运用 IFS 时，我们都会将部分放在心上，通过我们的真我与来访者建立联系、达成交流。对来访者个人经历的细节保持好奇（和记忆）能够强化一种具有治愈力的联系。我们要对来访者所冒的风险表示支持，对他感受到的失败和引以为耻的部分表示接纳，提供协同合作处理关系、面对困境的策略，为他的成功感到欣慰——这些都是让来访者在其人生旅程中有所倚靠和陪伴的重要方式。与此同时，由于任何一个部分都可能干扰真我领导的治疗关系，所以我们要对自己的部分保持接纳，当我们自身的部分妨碍治疗时，要告知来访者并承担责任。

协作意味着我们加入来访者（以及在合适的时机加入来访者的家庭），识别各种部分，接触限制真我领导的负担。我们也要阐明 IFS 的理论假设：每个人都有自己的部分；部分像一个家庭那样生活在关系网络之中；部分有时会陷入给系统造成限制的角色，需要得到帮助；所有部分都是有价值的；每个人内在的核心都住着一个善于领导的真我。在治疗关系中，我们是心怀好奇、关怀和尊重的协作伙伴。虽然在一开始，我们会进入领导者的角色，通过提问了解某些特定的限制、给出让部分互不掺和的方法，可一旦来访者的真我出现并发挥其主动性，我们会立即放弃领导权。在此之后，我们会建议或带领来访者针对部分做工作，这时，我们将总是尊重来访者真我的经验，向其征求干预意见。

因此，改变的主要责任既不像在某些疗法中那样落在治疗师身上，也不像在另一些疗法中那样落在来访者身上。在 IFS 中，来访者的真我与治疗师的真我是协同并进的一对治疗师，共同承担责任。它们共同致力于实现来访者内在系统以及它与外在世界的关系的和谐。如果碰上恐惧而抗拒的保护者，治疗师会逐渐赢得其信任，来访者和治疗师的真我的协同治疗会随之发挥更大的作用。在 IFS 中，这种协作的方式有机会让来访者在整个治疗过程中感受到关爱和陪伴。

一旦真我领导、协同治疗的合作关系建立起来，来访者往往会在治疗之外主动进行内在疗愈，有时是执行在治疗室制订的计划，有时是自己更深入地探索一些东西。如果来访者具备倾听的品质，能在治疗室外与部分建立联系，那么这会给他们带来力量，缩短治疗的时间。与那些旨在帮助迷茫的来访者深化理解和指引方向的治疗模式不同，在 IFS 中，治疗师需要投入的力气要小得多。我们将依恋理论的原理也引入了治疗，来访者的主要依恋对象是自身的真我。在我们的经验中，这一引入往往会使心理治疗的过程和结果发生深刻的转变。

来访者在 IFS 中的疗愈体验

期待被拒绝和羞辱而实际感到被接受和珍视的经历，就其给个体带来的情绪体验而言，本身即具有疗愈的效果。在 IFS 中，强有力的关怀会帮助来访者接纳自身所有的部分——不得不说，这个观点是相当激进的，毕竟所有的部分包括那些采取卑劣手段，付出过巨大代价，为保护来访者而不惜牺牲他人的部分。对于这些部分，我们会说："这个部分并不是它看上去的那个样子，也并不能代表你的样子。它也需要你的帮助。"一旦我们的来访者触接真我，由于体验到自己真正的善良和力量，他们会获得能量。

比阿特丽斯的治疗

比阿特丽斯是一位拉丁裔女同性恋，她一生经历了各种偏见和欺凌。她第一次接受心理治疗时已经 73 岁了，来访的原因是她 16 岁的孙女也是同性恋，想参加摩托车比赛。两年后，在她减少治疗次数，只偶尔预约来访时，她告诉了治疗师自己对他的第一印象。

比阿特丽斯：你知道我第一次见到你时，对自己说了什么吗？我说，天啊，他看着就像那些会搭便车到新墨西哥，在那里终老的嬉皮士。他怎么可能理解我的生活呢？他很可能是个偷窥狂，我还要给他付钱！

治疗师：那是你负责警戒的部分？他让你保持警惕。

比阿特丽斯：是的。

治疗师：我很高兴他允许你留下来，好看看我到底是怎样的一个人。

比阿特丽斯：你知道吗？他喜欢你的眼睛，看着很有慈悲心。当我告诉你我不希望自己孙女是个早死的女同性恋时，你只是说"我知道替孩子担心是什么滋味"。你看上去既没有震惊，又没有害怕。

治疗师：但我记得当我说"你愿意和那个为你孙女担心的部分谈一谈吗"时，你有一个部分反应很大。

比阿特丽斯：是啊！我当时想，怎么这么弄！

治疗师：你以为我在说你有精神问题？

比阿特丽斯：是的！一个棕皮肤的女同性恋走进这个房间，嚯！她就像个女巫。我觉得我当时对你挺无礼的。

治疗师：在用那个表述之前，我应该先多向你解释一下的。不好意思。

比阿特丽斯：尽管我负责警戒的那个部分确定你在把我归类，但另一个部分说："不！我们还是先花一分钟，听听他怎么说。这种方式好像很特别。"然后你解释了你的观点，我很感兴趣。我怕你，但你好像不怕我，哪怕是我有时候生气的样子。你友好而直接地对我生气的那部分说:"不用把我的话放在心上。"

治疗师:所以你留下来了。

比阿特丽斯:是的。但在很长一段时间里,我有一个部分一直都在担心你让我失望。

治疗师:我也记得是这样!

在他们的第一次交流中,治疗师表现出了好奇、冷静和自信。他展现了一种理解比阿特丽斯警觉的内在系统、体察心灵的新方法。他尊重她保护者的需要,向保护者确保他的接近是无害的。治疗师传达的自信和好奇心,以及对来访者走到今天这一步的过程持有的认同而非病理的设想,是 IFS 治疗中安全感的首要来源。对于来访者的"阻抗",我们会表达耐心和尊重,因为我们知道,给予保护的部分需要以这种方式确保来访者是安全的,这是一种合理的需要。由于治疗对治疗师和来访者而言是一个平行的过程,我们的耐心、洞察力和在场会感染来访者。

当治疗师的某个部分占主导

与来访者保持协作的关键在于让真我处于主导地位。因此,我们会监控自己的部分,防止它们在治疗期间挑大梁。我们需要注意容易被心理治疗师这一角色激活的部分,以及那些对某些类型的来访者或某些问题较为敏感的部分。许多治疗师能保持真我领导,与特定人群达成有效沟通,尤其是那些与之相处会令人感觉舒适的人。不过,要对 IFS 模型形成直觉性的理解和应用,了解自己的内在家庭是不二法门。我们的部分,即治疗师的部分,经常干扰治疗。当来访者的表现类似于你的某个被放逐者或不受欢迎的保护者时,保持真我领导的状态可能会有难度。比如,如果你害怕和自己脆弱的被放逐者待在一起,那么当来访者脆弱的被放逐者出现时,你可能会有转移注意力的冲动。又或者,如果你的某些部分被内在的批评者打压过甚,那么你就有可能对来访者的内在批评者没有耐心。

许多来访者曾在孩提时受到批评和羞辱，当他们反击时，又会被斥责为过于敏感、过于情绪化、过于冲动。许多人从未得到过对方的道歉。那些经受过严重虐待、背叛和忽视的人可能会倾向于反应过度，因为他们的保护者会自动把他们的伴侣（或治疗师）视为施害者。因此，他们的人际关系往往令人担忧。当我们处于真我领导状态时，我们能让那些受伤最深的来访者有机会靠近这样一个存在，它能看见来访者不让人待见的行为背后的伤痛，能重新调和内在，怀有慈悲之心（Schwartz，2013）。

当治疗师身负重担

当来访者离他们的被放逐者越来越近，并因此变得更加脆弱时，极端的保护者往往会反击，而这又会刺激治疗师的保护者伤害对方。在来访者最脆弱的时候，我们保持真我领导状态也变得最为重要。当我们听到脑海中对来访者的负面想法，或注意到我们的声音中带有评判的语气时，我们应该意识到我们的系统需要帮助。当我们要求自身的保护者退后一步，并向它们保证我们稍后会去找它们时，我们回归的真我领导状态可能足以让来访者的保护者也退后一步。我们还可以利用这些时刻，演示如何为某个部分说话，比如"我刚刚注意到，我的一个保护者对你的批评者反应挺大。你也注意到了是吗？我已经请它退后一步了。不好意思。"

有时，保持真我领导状态确实相当困难。来访者身上的极端部分时常会唤起治疗师的强烈情绪，在这种情况下，我们治疗师的管理者更有可能介入进来，觉得来访者病态。当管理者处于主导地位时，我们将面临这样的危险：要么以专业化的姿态疏离、防御和控制，要么不顾适当的边界，设法拯救来访者。反过来，救助来访者的冲动很可能会激发我们内在的对立，对立的一方是关照他人的一些部分，而另一方是憎恶为他人承担过多的部分。往往在这种时候，治疗师会觉得来访者在操纵自己。而此时如果我们关闭自己的同理心，来访者会感到自己被抛弃，他们的保护者也会应声而起。我们知道有很多这样的案例：正是由于治疗师不了解自己的反应惯性，来访者在治疗中代谢失调，最后落得在医院被过度医疗的地步。虽然其中的一些来访者很快对 IFS 疗法有所反应，病情好转，能够重新接受治疗，但另一些来访者却需要经过很长时间才能再次信任治疗师。

尽管最小化或忽视部分的影响并非好的治疗，但这并不是说，治疗师可以在部分没有激活的情况下，投入深度、亲密的互动过程。当来访者表现出自身的软弱或需求，指责我们在某方面大错特错，或挑战我们的专业能力时，我们未愈的伤口会让我们面临无法做好工作的风险。我们中有谁没有受过伤、受到过内在保护者的不良影响呢？谁没有内在批评者的忠实陪伴呢？谁不恨自己的软弱、需求和愤怒呢？或者反过来说，谁没生过那些对软弱或需求指指点点、妄加评论的人的气呢？

来访者可能会在无意中踩到地雷，踩中治疗师内在系统中较常存的各种弱点和对立。比如，也许来访者长得像治疗师原生家庭里某位令他感到害怕的家人；也许来访者与配偶吵架的方式和治疗师父母吵架的方式很像；又或许，来访者的行为方式很像治疗师青少年时期的行为方式，而这位治疗师敏感的管理者对这位青少年一直很严苛。当来访者激活了我们对立、极化的保护者时，我们会在不知不觉中连续传递矛盾的信息，我们会成为疗愈的反作用力。我们需要意识到，我们的保护者完全有能力迷惑、伤害和击败我们的来访者。这就是为什么在 IFS 治疗中，在来访者的保护者面前，我们专注于保持真我领导状态。我们通过在治疗过程中意识到部分的存在，通过在治疗之外的时间里消除保护者之间的对立，卸下被放逐者身上的负担，来应对保持真我领导状态这一挑战。

治疗师管理者部分的常见行为

治疗师的管理者和所有的管理者一样，都致力于控制外表、表现和关系。他们奉行"永不再犯"的管理哲学：我不会再让你那么接近任何人，我必须让你表现得完美、看起来完美，我不会让你在任何方面有所松懈。管理者神经警觉，工作努力，先发制人地把被放逐者抛在脑后。它们喜欢批评，设法阻止我们有过多的感觉，也不让我们处于一种完全放空的状态。它们将我们束缚在头脑之中，总提醒我们过去的失败。它们麻痹身体。它们抑制。它们控制。它们也有自己的负担。例如，管理者往往相信，我们内在有某种邪恶的东西，会让任何看到它的人感到厌恶；我们有太多的缺陷，以至于无法成功，所以也不应该进行尝试；我们必须做到完美，否则没有人会喜欢我们，我们真的不值得被爱。它们可能非常年幼。它们被冰封在过往的创伤记忆中，时常认为我们还像过去那么年幼。在治疗过程中，治疗师的管理者可能以以下常见形象出现。

（1）争强好胜的管理者：如果来访者改变得不够快，它就要指责。因为它们不能忍受软弱和脆弱，所以极度喜欢下指令或强制别人。它们会说这样的话：

- "你得告诉她这是怎么回事。她的脑子完全乱套了，根本无法理解。"
- "他已经来你这儿治疗一年多了。你可真是个没完没了的治疗师啊！"
- "她只会哭，她为什么不能别再哭哭啼啼，向前看呢？"

（2）寻求认同的管理者：常常希望来访者依赖或崇拜治疗师。这些部分在看到来访者不高兴或者心烦意乱时，会担心他们不喜欢自己，或自己看上去不是个高效的治疗师。

- "这下你完了！她生你的气了。她不喜欢你。她会告诉所有人，你和你那愚蠢的治疗模式根本没什么作用。"

（3）悲观的管理者：可能会让治疗师放弃，也可能在事情进展不顺利时责怪治疗师或来访者（或同时责备两者）。讽刺的是，这些部分常常要么感到失望，要么觉得自己令人失望，反正总想阻止我们继续下去。

- "他的病情比你想的要严重得多。"
- "你不知道自己在做什么。"
- "她太善于操纵别人了,你为什么要关心她的痛苦呢?"

(4)照顾型的管理者:老想救赎别人,见不得来访者烦扰不安。

- "你必须为他做这件事。他显然无能为力。"
- "如果你任由她痛苦,你就是一个糟糕的治疗师。"

(5)愤怒的管理者:让治疗师感到不耐烦、有负担。

- "他现在到底想要什么?总造成大危机。"
- "她太依赖别人、要求太多了,怎么就不能强大一点呢?"
- "也许他这周会取消会面。"

(6)评头论足的管理者:批评治疗师的体重、饮食习惯或嗜好,也批评其他人的这些方面。

- "天哪,她比你瘦,都还在抱怨自己的体重。你可真是胖成了猪!"

(7)敏感、恐惧的管理者:过分认同来访者的痛苦。

- "他怎么受得了说这个?太可怕了!别听,这太痛苦了。"
- "她再也承受不了了。做点什么吧!必须立马让她停下来。"
- "你已经很努力地避开这一切。这真的太像你的经历了。给他找个新的治疗师吧。"

虽然我们不需要也不可能总做那个"保持真我领导状态"的榜样,但我们可以始终做"为自己的部分负责"的榜样。在 IFS 中有一个公理:治疗遇到问题,这往往意味着有部分在干扰治疗,但我们不知道究竟是来访者的部分,还是我们的部分。IFS 治疗师会通过练习,对自己的部分保持觉知并帮助它们。在那样的时刻,我们要帮助自己的部分放松下来,相信真我。如果尽了最大的努力也做不到这样,我们应向来访者承认自己的某个部分在干扰治疗,向对方道歉,之后再处理这个部分。

成为风暴中心的"我"

我们很容易设想一种关怀的真我领导状态,而实际保持这个状态相对困难。治疗充满了可以预见但仍令人措手不及的变数。一个致力于快速缓解症状的治疗师,在看到来访者有所好转时会感到快乐,当来访者状态不好时,他又会感到沮丧、防御和悲观,但这样只会加剧来访者的悲观情绪和内心的自责。在面对来访者愤怒或疏远的部分时,如果治疗师对愤怒和距离感到畏惧,那么保持真我领导状态会变得困难。如果咨询师受不了他人的愤怒和厌恶,那么他会纠结于不被喜欢的感觉,会很具防御性地对待表达了愤怒和厌恶的来访者的家人。我们的来访者会帮助我们找到通往自身被放逐者的线索。

如果治疗师能避免与被激活的部分混合,能在汹涌的波涛中保持理智、好奇和自信——简而言之,能成为风暴中心的"我",那么来访者和他的家人会在治疗师的帮助下,学会承受病情的反复恶化,并对出现的障碍保持好奇。如果治疗师和来访者都能在面对极端情况时保持好奇,他们就能冷静地探索挫折,同时采取措施修复和预防恶化的情况。当我们决定从病情复发中吸取教训时,我们就不会那么害怕它们了。

IFS 治疗中潜藏着许多地雷。在面对挑衅,甚至连续的挑衅时,处于真我领导状态的治疗师会表现出我们所说的"持续的慈爱"(tenacious caring),这种慈爱会帮助治疗穿越逆境。这样做的回报对治疗师和来访者而言都是巨大的,因为保持真我领导状态的努力本身就非常有治愈力。这样一来,我们最难对付的来访者就成了对我们最有帮助的折磨者。他们通过折磨我们来指导我们,帮助我们找到需要治愈的部分。

结论

显然,那些至少保持着一定程度的真我领导状态的治疗师会对来访者的困境感到并表达好奇心和关怀,并尊重来访者的能力。这并不意味着治疗师没有愤怒、快乐或悲伤之类的情绪。我们不会抛弃自己的部分。它们与我们同在，丰富着我们的体验。我们的非极端部分的反馈可能会让来访者感到欣慰，在适当的时候，IFS 治疗师会向来访者表露自己的部分。但在代表自己某个部分发言之前，如有可能，我们必须看看它的感知是否有所扭曲。如果我们对此感到不确定，就应该诚实地向来访者表明自己不确定。

我们有责任防止部分扭曲和干扰治疗，有责任在治疗之外与自己的部分保持良好的沟通，有责任按照关怀和尊重的方式引导来访者——这是真我领导本有的特征，主要通过语调和非言语行为传达给来访者。当我们的真我占主导地位时，我们可以在挑战来访者或与来访者对质的同时，仍然传达尊重和慈悲心。虽然到目前为止，我们一直强调治疗师是合作伙伴，但有时来访者与极端的部分混合在一起，以至于意识不到这些部分的存在。这对背负着种族主义、父权制、物质主义和个人主义（我们将在第 18 章讨论）等文化遗留负担的人来说尤其如此，因为他们还是孩子时就对此耳濡目染，对持有这些信念的部分而言，负担可能是隐秘的偏见或不言而喻的真理。

同样地，许多来访者的一些部分会否认或最小化他们的成瘾、自恋、自大或享受特权的影响。因此，有时候治疗师需要说类似这样的话："我发现你没有意识到，你的一部分正在破坏你的人际关系，我们需要更好地与它沟通。我知道它只是想保护你，它并不是坏蛋。如果你愿意，我们可以帮助它摆脱这个给予保护的角色。"与传统的对质相比，来访者通常不太抗拒这种真我领导的对质。这有两个原因。首先，这种对质说的不是他们，而只是他们的一个部分，而且这个部分所作所为的出发点是保护他们，所以它并不坏；其次，治疗师的语气和行为传达了他的关怀，也传达了"这个部分可以改变其行为"的信心。当来访者觉得我们在关心他们、在密切关注他们、想要帮助他们时，他们往往会敞开心扉。就像音叉的共鸣一样，我们的真我会引出他们的真我。

第二部分
Internal Family Systems Therapy

个体的 IFS 治疗

Internal Family Systems Therapy

第 7 章

做好治疗准备

根据我们的经验，各种各样的人都能进入内在世界。我们已经顺利与来自各行各业的来访者合作，他们的年龄和诊断结果十分具有代表性，他们的文化背景十分多元（但并非包含所有文化）。我们发现，大部分人对 IFS 过程有一种直觉上的认同。然而，脑力发达的管理者往往不愿从意识的聚光灯下让位。当心智复杂的它们习惯掌控全局时，它们非但不会加速，反而会放慢 IFS 治疗的进程。恐惧的管理者也会对 IFS 治疗做出负面回应。我们的任务是接受这些部分，调整我们的表达方式来帮助来访者理解 IFS 的概念，并灵活地接纳来访者进入内在世界的各种方式。

谁适合接受 IFS 治疗

虽然我们不会对每位来访者使用本书介绍的所有技术，但 IFS 的心智模型主导着我们对人类动机和行为的理解，决定了我们对治疗技术的选择，也指导着我们做出的每一个临床选择。我们两人工作的案例都偏向创伤。因此，我们做 IFS 治疗的很多经验都来自有多种诊断并表现出可怕症状的来访者。根据我们的经验，被认为是病态的心理过程，包括解离、闪回、各种成瘾、进食障碍、惊恐发作、抑郁、焦虑、恐怖症、自杀意念和短暂的反应性精神病，通常都是部分的所作所为——我们可以与部分谈判。所以，我们对所有的来访者都使用 IFS 治疗，正如我们在本书中举例说明的那样。我们相信，新入门 IFS 的治疗师会发展出自己的风格，我们鼓励每个人在多年的实践和培训基础上，创造性地引入兼容的治疗技术。

当然，治疗师有责任安全地使用这些技术。我们需要知道什么时候应该在门厅附近走动，告诉来访者我们的心智模型，并与管理者对话，而不是急于进入他们的世界，什么时候继续深入是安全的。以下是一些需要注意的情况。

（1）如果一个来访者的内在世界非常对立、极化，而治疗次数非常有限，那么贸然地与他的保护者建立朋友关系，赢得对方的认可，可能并非明智之举。尽管良好的关怀监督组织知道，为有严重创伤的来访者提供尽可能多的治疗服务是有益的，但这些关怀监督组织可能会突然中断正在进行的治疗。

（2）如果来访者所处的外部环境是危险或难以处理的，或者来访者在家庭或工作中的位置不允许其脆弱，那么我们首先要做的是让环境更安全。如果这不可能实现，我们就不能轻易靠近来访者的被放逐者，同时应该密切关注来访者的亲属对来访者的变化有何反应。

（3）如果来访者本身或者其情况触发了治疗师的保护者，保护者逐渐干扰了治疗师的真我领导，那么治疗师不应该试图引导来访者的内心。

为了陪伴我们的来访者安全进入他们的内在世界，我们需要时间，同时也需要一定程度的外部安全和"真我触接"。但即使这些条件中的一个或多个无法满足，我们仍然可以帮助来访者，倾听他们的管理者的重重忧虑，了解消防员的反应和它们想要"灭火"的好意，认识驱动这些保护者有所作为的内在脆弱，找到他们的真我，开始以不同的方式理解他们的整个内在系统。

换句话说,即使不能通过见证和卸下被放逐者的负担来完成整个治疗工作,我们与保护者发展的关系也能带来力量。

IFS 应用于极度困扰的来访者

在我们介绍 IFS 模型时,有时会被问道:和极度困扰的来访者谈论部分,有没有让他们变得更加分裂和破碎的风险?答案是肯定的。但危险并不源于让人们把自己看成一个多元复合的存在。极度困扰的来访者很清楚他们的多元性,在听到有人不认为这是一种病态时,往往感到松了一口气。所以重点不在于心灵结构的多元性,而在于一个人的各个内在部分有多么对立和极化。强烈的对立和极化会排除真我领导的可能性,这意味着内在系统高度对立和极化的来访者几乎没有有效的内在领导经验,也没有连贯和凝聚的内在体验。

正如我们将在第 8 章中详细讲述的那样,IFS 的两项重要技术是"内在沟通"(in-sight,来访者的真我与其内在的部分沟通)和"直接介入"(治疗师的真我直接与来访者的部分沟通)。如果这些技术使用不当,尤其是在条件还不成熟的情况下,管理者会被无礼地要求接触被放逐者,强烈的内在冲突和慢性的解离进而会加重来访者的分裂、破碎感。这反过来又会加剧消防员的反应,引发更多的内在冲突和进一步的对立、极化——这就是分裂和破碎的感觉。但如果治疗师能遵循本书和《IFS 技能实践手册》(Anderson, Sweezy, & Schwartz, 2017)中概述的指导方针,内在沟通和直接介入通常是安全的手段。当我们帮助极端、孤立、极化的部分解除武装、信任真我时,它们会整合、达成和谐,这非但不会加剧,反而会减轻分裂和破碎的感觉。

IFS 应用于儿童和青少年

儿童往往比成人更易接受 IFS 模型,因为他们社会化的程度更低,不那么远离多元内在的体验。我（理查德）发现即使是受到虐待的年幼儿童，当他们的部分相互分离时，他们也能接触到真我。我由此相信，真我对于每个人而言都是本自具足的，并不需要通过外在关系的培育才能发展出来。和所有的儿童治疗师一样，与儿童打交道的 IFS 治疗师经常使用道具，比如有小模型的沙盘或套手玩偶。他们也会邀请孩子画出他们的部分，与图画互动，编故事，或为心理剧创作情节。游戏疗法中使用的任何策略都适用于儿童或成人的 IFS 治疗。类似地，IFS 治疗师也可以在青少年身上应用这一模型。一旦治疗师与那些旨在保护青少年自我意象或不信任成年人的部分建立联系，青少年往往会熟练地参与到 IFS 治疗过程中。更多有关对儿童使用 IFS 的信息参见《内在家庭系统疗法：新的维度》一书中帕梅拉·克罗斯（Pamela Krause）所写的章节"IFS 应用于儿童和青少年"，以及亚瑟·默恩斯（Arthur Mones）和丽萨·施皮格尔（Lisa Spiegel）的著作。

IFS 应用于团体

许多擅长团体治疗的治疗师也采用了 IFS 模型。如今，IFS 被广泛应用于各种形式的团体和来访者群体。一种方法是治疗师只与一个组员互动，其他组员观察。这个过程有几个好处：来访者能感受到来自整个团队的真我能量，这会推进治疗的深入，也让来访者的部分感到被充分见证；与此同时，那些观察来访者的人会受到鼓舞，寻找内在相似的部分。通过这种方式，针对一个来访者脆弱内在的工作会激发见证者丰富的内在活动，进而引起开放的团体讨论。心理剧也很容易被改编成 IFS 的团体治疗，一个成员负责指导其他成员扮演不同的部分，并说明包括保护者和被放逐者在内的这些部分之间是如何相互作用的。

向来访者介绍"部分"这一概念

当来访者第一次参加 IFS 治疗时，他们的管理者会评估我们和我们的治疗模式，看看这是否安全且有价值。在听到来访者前来治疗的原因后，我们提供的第一个帮助与语言表达有关。根据我们的经验，大多数前来治疗的来访者已经在谈论他们的部分了（例如"我的一个部分想参加高中同学聚会，另一个部分又感到害怕"），所以转而谈论部分，然后与部分交谈，是件很容易的事情。当我们以正常的眼光看待心灵的多元性时，我们为来访者创造了空间，让他们感受到自己不是只有需求、无能、羞耻和愤怒。当来访者发现这些令人痛苦的感受来自不同的部分，通常还是非常年幼的、需要得到来访者帮助的部分时，他们的人生观将开始好转。

切换到适合谈论"部分"的表达

下面的小节将演示两种介绍"部分"这一概念、将话题切换到讨论（然后是与之对话）"部分"的方法。第一种是在复述来访者的问题时，用"部分"指称来访者的想法、情感和感觉。第二种是了解来访者内在的自我对话和指向他人的行为。

复述问题

在下面这个例子中，治疗师通过用"部分"指称来访者的想法、情感和感觉，引入"部分"这个概念。

斯特拉：我试着不去催吐，这些天我做到的次数比以往更多了，但我的父母只看到了失败，看不到进展。我刚想着"我做得太棒了"，接着我就想象到了他们对我不满的样子，然后我所有的快乐都消失了。

治疗师：然后发生了什么呢？

斯特拉：我想，"何必呢？我还不如继续催吐呢"，但是我又想，"不，我应该停下来"。

治疗师：所以你有两个部分在争论。一个因为父母没有看到你的进步，告诉你放弃；另一个督促你无论如何都要继续努力。是这样吗？

[基于对这一对立的清晰描述，治疗师借此机会介绍了两个重要的观念：斯特拉有一些部分，以及她的部分会进行争论。]

斯特拉：是的。

[在这种情况下，"部分"这一概念还没有那么明确地引起斯特拉的注意。]

治疗师：我们能帮助这些部分，如果你想的话。但首先，我要问你一个问题。你看到了你父母批评你的样子。那他们是否这么批评过你呢？

斯特拉：嗯，有时候会这样。我的医生叫他们不要对我生气，我也知道他们正在尽量克制。

治疗师：那你呢？你的内在是否有一个批评自己的部分？

[一个持有某种立场的批评者会把别人的反馈解读为批评，放大实际的批评，或在无凭无据的情况下告诉来访者别人很挑剔。治疗师注意到，内在的批评者习惯从消极的角度解读别人的反馈，不管这些反馈本意是否消极。]

斯特拉：啊，有的！我总觉得自己是个废物，因为我完全停不下来。

治疗师：在你催吐时，你的批评者骂你是个废物？

斯特拉：（流着泪）对，就是这样。

治疗师：是什么让另一个部分那么难过？

斯特拉：这个悲伤的部分最近经常出现。

[注意，在斯特拉最后的回答中，她接受了使用"部分"的表达方式。]

询问来访者如何与自己对话，如何对待他人

在接下来的这个例子中，治疗师通过询问来访者对她自己说了什么以及她对待他人的方式，切换到了运用"部分"这一表达方式的状态，并做了简单的询问。戈雷利克太太是斯特拉的母亲。

戈雷利克太太：我受不了斯特拉把浴室弄得乱七八糟。如果她不尽快停下来，我不知道自己会做出什么事来。

治疗师：当你发现浴室里乱七八糟的时候，你会对自己说什么？

[治疗师立即转向来访者的内在对话。]

戈雷利克太太：我说她这样做是为了让我难堪！

治疗师：那当这部分告诉你斯特拉在让你难堪时，你会怎么对她？

戈雷利克太太：我会大叫起来，威胁她要把她赶出去。然后我又会感到内疚。

[一个对立。]

治疗师：那那个内疚的部分对你说了什么？

戈雷利克太太：她的问题是我的错，所以我不应该生气。我是个坏妈妈……但我还能做什么呢？

治疗师：我来总结一下。是这样的，我听到有一个部分对斯特拉很生气，而另一个部分在批评你。是这样吗？

戈雷利克太太：是的。挺疯狂的对吧？

[此时，斯特拉的母亲只是简单地将她内心的冲突（对立）看成一种令人困惑的失控。]

治疗师：没有。斯特拉的问题很可怕，你的反应很正常。但尽管内在的分歧是正常的，这种分歧还是妨碍了你和斯特拉建立更好的关系。你觉得呢？如果你愿意，我们可以设置两个家庭治疗的目标：改善你和斯特拉的关系，同时帮助你的这些部分。

[治疗师将内在的冲突正常化，然后作为为来访者内在系统带来希望的"店家"，提供内在和外在的帮助。]

戈雷利克太太：那她的部分呢？

[很自然地，戈雷利克夫人的保护者仍然很警惕，害怕受到指责。]

治疗师：斯特拉的部分当然也会得到帮助。每个人都有部分。

正如这些例子所展示的，将来访者的表述转译成用"部分"表达的语言，是一个简单的举动，是拓宽来访者视野的第一步。因为这个更宽广的视角会让来访者冲淡羞耻感，能赋予人更多力量（"我不只是我的坏行为或受伤的部分，其他人也不是"），通过使用"部分"的表述，被羞辱的人的管理者或愤怒的消防员控制的来访者往往会得到足够的空间去感到好奇。此外，使用"部分"的语言表述也会帮助治疗师定向。当来访者能够像谈论一个实体一样去谈论感觉或想法（"我的一个部分觉得……"），而不是像谈论自己的整个存在（"我有一种感觉……"）时，我们都会觉察到他的部分，避免触怒他们。

寻求治疗的个体内在系统

大部分人是陷在内在冲突和负面情绪（如恐惧、愤怒、悲伤、羞耻或过度的内疚）里出不来时，才选择接受治疗的。以 IFS 的视角来看，处在"管理者""被放逐者""消防员"三角关系中的所有部分，过去都受到过伤害、惊吓，并被冻结。它们一直在尽最大努力应对生活中的挑战。我们将它们之间的关系分为两类：保护性的（比如，一个管理者或消防员保护一个被放逐者）或对立、极化的，即两个给予保护的部分相互冲突。我们将探索它们的关系，但不是为了化解它们的矛盾或干涉它们的联盟。相反，我们的目标是引入一个改变游戏规则的东西：来访者的真我。表 7-1 总结了那些寻求治疗的内在系统的典型特征。

表 7-1 寻求治疗的内在系统：部分之间要么保护，要么对立

- **保护模式**：我们将主动驱逐被放逐者，防止其进入意识的部分称为"管理者"。这些保护者有的非常严酷、压抑，有的很友好。与之相反的是反应过度的保护者，我们称之为"消防员"，他们试图在被放逐者进入意识后压抑、麻木或忽略被放逐者。被放逐者倾向于选用任何即刻刺激或缓解来访者的方式，包括进食、吸毒、酗酒、自伤、暴怒和性行为
- **对立模式**：管理者经常与消防员对立（比如，照顾者 vs. 愤怒的部分）。管理者内部也能形成对立（比如，照顾者 vs. 工作狂）。与之相反，消防员较少与彼此对立。更常见的情况是两方在紧急关头互相替代（"当我不再暴食和催吐之后，我开始酗酒"）

IFS 中的评估

IFS 中的评估通常围绕两个问题展开。首先，我们想知道有症状表现的部分（如抑郁或焦虑）是保护者还是被放逐者。其次，我们想知道来访者触接真我的程度。

第一个评估问题

让我们从第一个问题开始。了解某部分信息的最简单的方式就是问它，比如："你为萨沙做了些什么？"

有任务在身的部分

如果一个部分认为自己正在执行一项任务，那么我们可以立即了解到一些情况。它的角色是一个保护者，它要么主动（一个管理者）克制痛苦，要么对痛苦反应过度（一个消防员）。管理者经常被恐惧驱使，去压制其他部分。它们会一直压抑那些它们自认为无法承受的感受，比如羞耻、恐惧、悲伤、内疚、痛苦和愤怒。它们通常与其他至少一个保护者相对立——要么是另一个管理者，要么是消防员，对立会促使它们强化自己的行为方式。此外，它们无法治愈受伤的被放逐者。在我们帮助那些被他们保护的被放逐者告别过去、卸下负担之前，大多数管理者不会有任何根本性的、永久性的改变。过度反应的保护者和消防员则处于这个循环的另一端。它们是被动反应，而非主动行动，它们负责转移注意力，不去面对已经出现的过分强烈的感受。不然的话，它们也会因为恐惧和痛苦而主动出击，往往与其他至少一个部分（通常是管理者）形成对立。它们也不能治愈其他部分。在它们所保护的被放逐者卸下负担之前，它们也不太可能改变。

在它们保护的部分被治愈之前，绝大多数的保护者不会改变自己的行为，这一认识可以在许多方面改善心理治疗，也能在整体上提高我们的文化对保护性部分的容忍度。例如，期望人们能够通过意志力来阻断成瘾、控制愤怒或克服恐惧，只会加剧内在的对立和极化。这种期望还会加重毒瘾，诱发更多犯罪行为，驱使我们摄入大量药物。这种对意志力的崇拜来自个人主义的遗留负担，它渗透了我们的文化和我们自身。其实一旦被保护的部分被治愈，系统不再那么脆弱，大多数保护者都会很乐意放弃它们的行为模式。而在那之前，它们会坚信，那些要求它们停下来的人不知道停下来的危险，它们会为了继续执行任务抗争到底，好像来访者的生命取决于它的努力一样，毕竟它介入来访者的幼年生活时，来访者的生命确实仰赖于它。成功靠意志力控制消防员行为的管理者，靠的是压制消防员和被放逐者，这是一种非常紧张、脆弱的关系，就像一个口渴的醉汉。表 7-2 总结了保护者的典型特性。

表 7-2　保护者的典型特性

- [ ] 有任务在身的部分要么是管理者，要么是消防员
- [ ] 如果是管理者，它会专注于压制自认为危险的情绪，比如羞耻、恐惧、伤心、内疚、痛苦和愤怒；如果是消防员，它会专注于转移注意力，不去面对负面情绪
- [ ] 管理者和消防员都受到恐惧的驱使
- [ ] 管理者和消防员都倾向于与其他至少一个保护者相对立，这会让对立的双方进一步强化自己的行为模式
- [ ] 管理者和消防员都无法治愈被放逐者的伤痛
- [ ] 在保护者所保护的部分得以摆脱过去、卸下负担之前，保护者不会做出根本性的、永久的改变

没有任务在身的部分

说自己没有任务在身的目标部分很可能是一个被放逐者——这个部分感到害怕或羞愧，然后被逐出意识和时间，感到孤独和被遗弃。这些部分渴望被救赎，获得重生。如果被充分地触发，它们能够摆脱流亡状态，用它们的感受压垮来访者。被放逐者的越狱行为常让人联想到极端的消防员，比如解离、成瘾、自残和自杀。另外，如果被放逐者确信它们可以彼此分离并获得关注，它们能做到不用自己的感受压垮来访者，这也是 IFS 治疗的关键。被放逐者是否选择情绪爆发对 IFS 疗法至关重要。一旦某个被放逐者同意不压垮来访者，而来访者的真我保持在场，保护者就会获得信心并进行协作，为实现我们的终极目标——见证和卸下被放逐者的负担铺平道路。

由于任何部分都能控制它与真我混合在一起的程度，我们能在很大程度上与非常精巧的内在系统一起工作，而无须使用"情绪着陆"和"情绪调节"等大部分创伤治疗都含有的技术。从 IFS 的角度来看，在创伤治疗中聚焦于运用这样的技术会有几个问题。首先，如果一个来访者在会谈过程中出现惊恐发作或解离，而我们让他看着我们的眼睛，感受他的脚在地板上，深呼吸，那么我们可能在传达这样的信号：我们需要跑出来的这个部分离开，因为它太可怕或太危险了。这是我们最不希望传达给害怕、绝望的部分的东西。因此，在 IFS 治疗中，当一个来访者在会谈期间开始出现症状时，我们会注意到这个部分，并与来访者的真我讨论它，或请求与它直接对话。一旦知道了

它为什么要带来访者出去，我们就和它协商，让它允许来访者回来。这样一来，来访者将突然找回再次触地的着陆感。比如，如果一个来访者突然惊恐发作，我们会说："我看到一个受惊吓的部分出来控制了你。"在这里，我们要接纳它。"我知道它过去被困在一个可怕的地方，我们要带它从那里走出来。如果它愿意和你分开一点的话，你就能在一旁陪着它，而不是被它的感受压垮，这会很有帮助。"如果这个部分相信我们所说的是真的，来访者就会一下子再次获得触地的踏实感（比如真我能够被触接），他将能帮助这个害怕的部分。大多数被放逐者歇斯底里的原因在于，它们害怕一旦退让就会再次被关起来。一旦它们明白，我们的目的不是要把它们关起来，而是相反——我们要关注它们，给它们提供帮助，它们通常会同意与来访者分开，不再用自己的感受压垮他们。表 7-3 总结了被放逐者的典型特征。

表 7-3　被放逐者的典型特征

- ☐ 这个部分受伤之后被放逐，持续地感到无法忍受的孤独和无价值
- ☐ 这个部分想得到救赎和重生
- ☐ 这个部分能够以强烈的感受压垮来访者，从而刺激保护者做出极端的反应，比如解离、成瘾、自残和自杀
- ☐ 如果这个部分意识到，与来访者分开是满足自身需求的最佳方式，它也能做到不用自己的感受压垮来访者
- ☐ 由于被某种感受压垮和吞噬是保护者最害怕发生的事情，被放逐者决定不去压垮来访者的能力成为 IFS 治疗的关键之一。当被放逐者同意不再压垮来访者时，保护者更有可能选择协作，为见证和卸下负担创造条件

第二个评估问题

一旦我们知道某个部分是否有任务在身（确定它是保护者还是被放逐者），我们的第二个重要的评估问题就来了：来访者触接真我的程度是怎样的？我们通过观察以下方面对此进行判断：他能否站在部分的角度为之说话，而不是直接以部分的身份说话；他是否对自己的部分感兴趣；他能否，至少是通过想象，对他的部分产生一种好奇、善良或关怀的感觉。只要来访者对他的部分感到好奇，我们就可以使用内在沟通这种交流方式。内在沟通需要来访者的真我与内在的部分进行交流。但如果来访者紧张不安、泪流满面、挑剔自己、愤怒、困惑、困倦、解离或者处于其他极端的情况，我们可能需要大

量地运用直接介入的方式,即让治疗师的真我与来访者的部分对话。在这种情况下,治疗可能会需要更长的时间。

谁在掌控来访者的生活

当我们思考一个来访者的行为时,我们会问自己,是谁在主导他的内在系统。是一个被放逐者吗?比如,来访者无法保住一份工作,被记忆闪回和惊恐发作击垮,经常住院,或处于一段暴力关系中而不愿脱身。又或者是一个管理者坐在系统的驾驶席位上?比如,来访者能够工作,并且能很好地工作,但对自己和别人都很挑剔,也许他很固执,很谨慎,也许他长期抑郁,伴有爆发性的焦虑。但也许是一个消防员坐在这个位置上?比如,来访者在滥用芬太尼止痛剂,过度锻炼或暴饮暴食。也有可能是来访者两个保护者之间的对立在系统中占主导?比如,来访者一面做着体贴的妻子和母亲,一面在工作中出轨。表 7-4 总结了可以支配一个系统的部分。

表 7-4　哪个(些)部分在主导来访者的系统

1. 被放逐者
2. 管理者
3. 消防员
4. 两个保护者之间的对立极化

对某个部分在系统中的角色感到好奇

我们发现,了解来访者系统中任何特定部分的角色都会有所帮助,因为不同的角色需要不同的治疗方式。管理者倾向于主动出击、压抑克制。它们不希望被放逐者的情绪进入意识。它们想维持来访者的生活功能,它们关心结果,它们可能会极度苛刻,但也会承认自己很累并且努力已经白费。我们帮助管理者的方式是理解它们对稳定的渴望,理解它们对消防员的恐惧,并提议由来访者的真我与消防员谈判,照顾被放逐者。

相比之下，消防员的反应很大，而且经常（虽然并不总是）解除压制。它们只想从情绪的痛苦中解脱出来，不管通过什么方式，只要能迅速起作用就行。消防员目光短浅，对它们而言，"黎明"和"地平线"总是近在眼前；它们声称自己对灾难性的后果无感，也不愿承认失败。因此，鼓动消防员协同合作是一项令人望而生畏的任务。要想说服消防员，需要记住它们关心的是维持它们的保护能力，以及得到感激和欣赏。因此，我们告诉消防员"你是老板"。我们也感谢它们的牺牲，认可它们对来访者的好意。在避免责骂这些部分的同时，我们主动帮助它们从繁重的任务中解脱出来，并保护它们不受其他羞辱、诅咒甚至想要杀死它们的部分（和其他人）的伤害。

与忙碌的、总是谈论"能、应该、愿意与不愿意做什么"的保护者（管理者和消防员都很忙）相比，被放逐者简单地生活在痛苦、孤独甚至通常十分危险的地方。它们有的藏起来，有的挣扎着想要被人看到和得救，有的被深埋在身体里或地牢里，来访者压根不知道它们的存在。我们帮助被放逐者的方式是见证发生在它们身上、让它们相信自己很坏的坏事。当一个部分被真我见证（被理解、被确认、被爱），它会从相信自己是坏的（毫无价值的、不值得被爱的、有缺陷的、丑陋的，等等）转变为感到被接纳，认识到实际情况是一件不好的事发生在了自己身上，这时它往往做好了卸下负担的准备。

将 DSM 诊断转为 IFS 评估

正如我们希望阐明的那样，IFS 中的评估与基于任何版本的 DSM 诊断几乎没有相似之处。在 IFS 中，我们将有症状的行为概念化为多元心灵的产物，而对于生理和心理疾病，我们会评估心灵、大脑和身体之间的联系（Anderson et al, 2017）。我们将 DSM 的诊断视为对各种激活部分的描述，这些激活部分的行为旨在通过应对过去的危险、预防未来的危险和维持内在平衡来保证自己能够存活。说保护性部分有积极的意图并不是说它们的行为会产生积极的影响，事实远非如此。但不管它们的行为有什么影响，如果我们决定帮助它们，就必须理解它们的积极意图。我们可以舍弃根据 DSM 做出的任何诊断，并根据在特定来访者身上占主导地位的部分，为这一情况提供一种另一种非病理化的解释。

在 IFS 治疗中，我们想要改变什么

有些治疗模式建立在加法原理上。在新的洞察和理解之上，治疗师帮助来访者习得新的技能、经验和与他人建立关系的方式。我们认可实践新技能和获得新经验的价值，但我们认为获得新技能应该是来访者解除束缚、在生活中前进的自然结果，实现这一点是 IFS 治疗的首要目标。消极的自我信念（"我毫无价值"）和许多由创伤经历引起的感觉（"我害怕""我愤怒"）一样，都对人产生了深远的抑制作用。这种抑制会带来各种严重的消极后果。在 IFS 治疗中，我们的目标是将来访者从限制中解放出来，这样他们就能成为当下真正的自己，不为过往负担所累。

沿着这些思路，针对个体的 IFS 治疗有三个主要的目标：①将部分从极端角色中释放出来，让它们能够转向自己更喜欢的有价值的角色；②恢复各部分对真我领导的信任；③重新协调系统，使得各个部分相互了解，形成正向的合作关系。随着这些目标的实现，人们会感到自己越来越接近"统一"的存在，而他们的部分仍继续存在。变化在于，他们的部分不再离群，而是彼此同步。读者也许已经注意到了，相同的目标也适用于所有层级的人类系统，这表明内在系统和外在系统之间存在着许多相似之处。因此，我们的信念是接纳所有的部分。如果来访者在开始治疗时，感觉自己的内在空间不足以让所有部分栖居，我们的目标是让来访者获得一个与之相反的状态：来访者的内在环境变得宽敞、包容，受真我领导，来访者的部分和谐与共。

在 IFS 治疗中，我们还希望来访者能够改变他们与时间的关系。保护者以各种方式利用过去的记忆管控当下的体验：为了抑制希望、失落和自杀而打压来访者；通过否认，避免直面结果；用各种策略逃避接受和悲伤，比如

撤销("让我们回到那件事发生之前")、猜想("要是我只推迟了5分钟会怎样")、弱化("也不是那么糟糕")、比较("其他人的情况更糟/更好")。保护者也会利用未来：它们通过幻想转移注意力("我会是赢家"),逃离现实世界（想象自己现在就在水里）;它们通过预测施加控制("如果你投入这种关系,你最后会和像你父亲一样的人在一起")、抑制("那架飞机就要从天上掉下来了")、操纵("有钱难道不是很棒的事吗")。如果说以身体为基础的成瘾策略（食物、锻炼、毒品、酒精、色情）是消防员缓解和分散情绪痛苦的策略,那么撤销过去发生的事,想象或预测一个特定的未来则是管理者控制情绪的策略。尽管在短期内,它们的努力会带来预期的效果,但通过幻想和否认现实来控制情绪,需要付出不可避免的长远的代价。

当保护者们为了操纵记忆和期望,忙着在时间里穿梭时,被放逐者却被困在了时间里。一旦来访者的真我与被放逐者建立了信任关系,它就会带着真我回到过去,呈现自己是如何陷入困境的,陷入了怎样的困境。这样的回溯让真我有机会确认被放逐者的情况("你受到了伤害"),并让它安心("你不应该受到伤害"),直到这个部分准备好放下因为过去的经历而形成的信念和感受,也就是负担。因此,在IFS治疗中,将时间概念化有助于我们认真思考部分与时间的关系。我们注意到,保护者在玩时间的把戏,而我们要陪伴被放逐者回到过去。我们的最终目标是让来访者活在当下、觉察当下,记住过去并在想要回忆的时候回到过去,不受任何不必要束缚地畅想未来,并相信他们的顾虑将基于现实——如果有顾虑的话。被困在过去的部分的负担就像卡住时钟指针的沙粒。除非我们释放它们,否则时间无法前进。

IFS治疗的简要总结

当来访者诉说他的问题时,我们会围绕这个问题,询问他的内在体验,并在反馈我们听到的内容时,加上这样的表述："你的一个部分……而另一个部分……"一旦来访者识别了一些部分,我们会问他,想先帮哪个部分。如果这个部分看起来像个保护者，我们会问其他部分是否有任何担心；然后我们会先帮助任何有所反应的部分，再继续了解目标部分。但如果目标部分看上去是一个被放逐者，我们会更加谨慎，先处理放逐者可能压垮来访者的感受和任何保护者对被放逐者的恐惧。

在整个过程中，我们寻找来访者内在的对立和极化，它可能存在于管理者和消防员之间，或是管理者和管理者之间。记住管理者角色与消防员角色的本质区别：管理者往往主动出击，先发制人，尽全力压制被放逐者，防止它们被激活；而消防员是在被放逐者被激活之后，立马跳起来行动的部分，它们要么激动而冲动地分散注意力，要么直接扑灭被放逐者的情绪火焰。

保护者采取行动的方式反映了一些共有的出发点。它们害怕对方（它会太生气，或者它会太被动），又或者，它们害怕被放逐者（它会被悲伤吞没，或者它会知道自己不值得被爱）。此外，它们往往担心自己的命运（"如果没有这项任务，我会不会消失"）。当我们与这些部分建立联系时，可以问它们如果它们停止执行原来的任务，会发生什么。它们的回答告诉我们，它们首要恐惧的事物是不是极化的保护者或脆弱的被放逐者。我们可以提议让来访者的真我照顾被放逐者，帮助消解保护者的对立、极化，以此消除它们的恐惧，并保证它们可以自由地选择一个新角色。

一旦保护者允许来访者的真我帮助被放逐者（需要回溯的时间范围很广），真我就可以和被放逐者建立信任关系，并询问被放逐者需要什么。大多数被放逐者需要来访者的真我见证自己沉重的过去。在这种情况下，真我要陪伴被放逐者回到过去。在被放逐者感到被完全看见之后，真我会提出愿意做被放逐者此时需要别人为它做的任何事情（这是"重来一次"的方式，能矫正来访者的情绪体验）。最后，在被放逐者准备好了之后，真我会将它从过去带出来，邀请它卸下自己的负担。在见证和卸下负担的过程中，被放逐者负责做所有的决策。在被放逐者卸下负担，接受新旅程所需的品质之后，真我会回到保护者身边，看它们是否已准备好接受新的角色和任务。表 7-5 列出了 IFS 治疗的关键步骤。

表 7-5　IFS 治疗的关键步骤

找到目标部分：从保护者开始

1. 问来访者："是什么促使你来接受心理治疗？"
2. 问来访者："我们能谈谈部分吗？"
3. 找到一个目标部分，最好是一个管理者，或聚焦于两个保护者之间的对立
4. 如果先出现的是一个被放逐者，请它先允许来访者的真我与保护者协商，然后再找到作为目标部分的保护者
5. 获得其他所有部分的允许之后，再与目标部分进行交流
6. 询问目标部分是否有任何任务在身
7. 询问目标部分恐惧的事物
8. 主动将目标部分介绍给来访者的真我
9. 寻求帮助被放逐者的许可
10. 如果目标部分允许帮助被放逐者，再检查一下是否有任何部分反对。如果有，对这些部分进行上述步骤的工作。如果没有，被接触放逐者

见证与卸下负担：当目标部分是被放逐者

1. 被放逐者与来访者的真我会面
2. 被放逐者告诉真我自己的需要
3. 真我见证被放逐者充满负担的沉重经历
4. 被放逐者卸下负担
5. 被放逐者接纳一些开启新旅程所需的品质，这些品质取代了负担
6. 真我再回头找保护者，请它们扮演新的角色

结论

人们来接受心理治疗，通常是因为他们害怕自己的感受，认为自己不值得被爱。在 IFS 治疗中，我们不会将这些症状看作病态的标志。对我们而言，恐惧、拖累我们的信念、内心的冲突和极端的行为都是系统性失衡和限制的产物，而这些失衡与限制往往源于童年经历。此外，这里的系统指的是多个嵌套系统中任何层级都可能出现的失衡和限制，首先是内在部分组成的个体系统，它嵌套在家庭系统之中，然后家庭系统又嵌套在一个社区之中，社区系统最后又嵌套在文化和文明结构之中。考虑到我们童年时的极度脆弱和我们生活的系统复杂性，大部分人都会积累至少一些恐惧和自我怀疑，这意味着我们总有一些部分需要得到解放。

在 IFS 治疗中，我们的目标是通过解除限制来解放部分，重新实现系统

的平衡。从对保护者的行为和动机感到好奇开始，我们进入个体治疗。在治疗的早期，我们最感兴趣的是来访者内在系统的关系：谁正在对谁做什么，以及为什么这么做。一旦保护者感到被真我充分地理解和欣赏，它们就会允许真我接近被放逐者。在这之后，我们进入治疗的第二个阶段。这个阶段通常进展得更快，我们会努力让真我见证和卸下被放逐者的负担——它们往往被困在过去，有一个重要的故事要讲。如果来访者的系统中有许多被放逐者，那么针对不同类的被放逐者，这个过程可能会重复多次。每一次被放逐者讲述它的故事、卸下它的负担，来访者就与他天然的自愈能力（真我）重新团聚，而他的内在空间和时间也随之扩张。

Internal Family Systems Therapy

第 8 章

"内在沟通"与"直接介入"

我们可以通过许多方法进入内在系统，比如一些带电系统（某些形式的神经反馈），其他方法可能涉及艺术（比如素描、绘画和运动）或特定形式的治疗（如沙盘游戏、心理剧、舞动、谈话）。当来访者是成年人时，IFS 模型主要依靠我们称为"内在沟通"和"直接介入"的技术，引导来访者的注意力。这两项技术已经被许多治疗师广泛运用，我们会在这一章详细介绍它们。尽管我们依赖于内在沟通和直接介入，但如果治疗师倾向于提供一系列选择，外化部分的技术对有些来访者也会有不错的疗效。比如，沙盘、绘画和舞动就经常被应用在儿童身上。这些方法很容易与 IFS 整合在一起。不论你选择哪一种方法，我们都建议谨慎前行，当心我们在本章中讲述的陷阱——这些陷阱与任何方式的治疗都密切相关。

在治疗早期，来访者的意识往往很容易受影响，部分在争夺影响力和控制权时，会相互掺和和区分。那些很少（甚至从未）得到体认、交流和确认的部分，彼此似乎没有特别地分化开来（或许它们自己也从未体验过这种分化）。

因此，来访者的内在体验可能显得嘈杂、令人困惑、毫无意义。然而，大部分来访者发现，他们可以跟随身体感受、情绪体验或想法进入内在世界。在那里，他们能够非常迅速地与各个部分展开交流。问题是，在这种转变发生之后，在来访者选择了目标部分之后，我们如何继续。到底是谁，需要和谁对话？

谁与谁对话

如果来访者的真我在场，它就会负责沟通，我们称之为"内在沟通"。但当来访者的真我不在场时，治疗师的真我会直接与来访者的部分对话，而不将来访者的真我作为中介，这种方式被称为"直接介入"（见表8-1）。治疗师也可以通过直接介入的方式邀请部分与其他部分对话，或让部分与来访者的真我交流。格式塔疗法的"开放式椅子技术"（open-chair technique）是实践直接介入的一种方法，但在大部分IFS治疗情境下，我们不需要引导来访者移动，我们会直接请求与某个部分对话，就像本章将要描述的那样。不论是使用内在沟通还是直接介入，我们的目标是避免治疗师的部分与来访者的部分直接交流。我们希望接受真我的领导，而不是由我们的部分主导。由于我们的第一个任务是了解个体的内在系统，并非闯入来访者的精神家园，所以我们在运用内在沟通或直接介入时，每一步都需要小心地寻求许可。

表 8-1　沟通策略：我们想要的和不想要的

内在沟通 （当来访者的真我可触及时）	直接介入 （当来访者的真我不可触及时）	避免沟通 （当来访者的真我不可触及时）
来访者的真我主动和部分沟通	治疗师的真我与来访者的部分沟通	来访者的部分与部分沟通（须在受到来访者的真我或治疗师的真我的邀请的情况下）
治疗师的真我与来访者的真我沟通		治疗师的部分与来访者的部分
（治疗师的真我可触及）	（治疗师的真我可触及）	（治疗师的真我不可触及）

"内在沟通"

在来访者告诉我（理查德）他看到了自己的部分以及部分之间的互动时，我（理查德）偶然发现了一种与部分对话的方法，那便是内在沟通。后来我了解到，C. G. 荣格（C. G. Jung）也有类似的发现，并发展了一种与内在沟通类似的方法（Hannah，1981），他称之为"积极想象"（active imagination）。

对于视觉型的人来说，很多内在的交流都是以画面的形式出现的。然而，视觉化并不是诠释内在沟通的最佳方式，因为在 IFS 治疗中，来访者无须主动或被要求去想象任何事情。有些来访者可以直接很清楚地看到他们的部分，有些来访者却只能模糊地感觉到或看到他们的部分，甚至还有少数人（比如我，理查德）完全看不到内在的意象。那些无法呈现内在意象的人通常通过动作或口头表达与部分交流，这可能会让那些习惯用眼睛追踪内在信息的人感到困惑。无论如何，当我们专注于内在时，我们似乎能够进入并看到（或感觉到）一个已经存在的世界。因此，内在沟通（in-sight）一词就是用来形容源自内观的敏锐理解（keen understanding）的，不管这种体验在本质上是不是视觉的。

治疗一开始就被阻塞，无法进行内在沟通的来访者，往往会被几类保护者中的一类控制，其中包括高度理性、善于分析、驱策的部分（它们总是担心来访者表现得好不好），不相信治疗师的部分，也不相信 IFS 疗法所说的部分。当来访者看不到自己的部分时，我们会顺其自然。如果我们对 IFS 模型有信心，对来访者的经历充满好奇，来访者的管理者最终会放松下来，逐渐向内看。但在任何情况下，内在的视觉都不是运用内在沟通的先决条件。从未见过自己的部分的来访者仍然可以感知它们，并与它们进行交流。内在沟通需要的只是达成内在理解的意愿。

由于内在沟通，来访者成为治疗师

在治疗师最初的帮助下，许多来访者可以识别大量的部分，并帮助这些部分迅速与真我分化开来，然后，来访者的真我就能与来访者的部分进行交流。实际上，来访者的真我取代了治疗师的角色，治疗师成为辅助的向导和见证者。一旦来访者知道如何运用内在沟通，他们就可以在治疗会谈的间隔时间内练习，增强他们的信心，减少他们对治疗师的依赖。能够充分触接真我的来访者通常会发现内在沟通对他们很有用。当来访者的真我无法触及时，我们会使用接下来将要介绍的直接介入。

*　*　*

直接介入

通过直接介入，治疗师与来访者的部分进行交流，无须来访者的真我充当中间人。治疗师的真我可以直接与来访者的部分对话，帮助来访者的部分进行对话，或与来访者的真我对话（比如"我可以直接和让你在治疗过程中睡着的部分对话吗""我想和在治疗过程中睡着的那个部分聊一聊，你在吗"）。如果来访者经历过巨大的创伤，直接介入可能是最好的选择，在相当长的一段时间内，它可以充当通往内在世界的大门。

直接介入有几个优点。如果来访者受过严重的伤害或惊吓，他们的保护者可能难以信任任何人，因而需要通过直接与治疗师交谈来审查对方。例如，一个长期遭遇乱伦的受害者可能不愿相信所谓不受限的内在资源（真我）这一概念。当保护者不允许来访者的真我进入身体时，努力让来访者的真我处于主导地位只会是徒劳。在这种情况下，直接介入不仅比内在沟通更有效，也更安全，因为它给谨慎的保护者提供了与治疗师的真我发展关系的机会，而治疗师的真我能像来访者的真我那样，帮助保护者解决它们的对立、极化问题。这有利于激发它们对来访者的真我的好奇心，也能在它们拥有更强的信任感后，为它们转向内在沟通做好准备。

因此，当保护者阻碍来访者的真我时，我们会扮演来访者的内在系统的真我。通过直接介入，我们在每次治疗的大部分时间里，都在与这个或那个部分对话。我们也可以帮助两个部分开展对话。尽管直接与部分交流的方式与有关解离性身份障碍文献中描述的方法相似，但它们在一个重要方面有所不同。随着来访者的部分开始信任治疗师，治疗师会建议它们为真我的涌现腾出空间，当它们最终同意时，治疗师会将领导权移交给来访者的真我——往往是在治疗间隔，当需求出现时。相反，处理解离性身份障碍的治疗师不了解真我，所以在整个治疗过程中，他们基本上都是以直接介入的方式与来访者交流的。

直接介入很有挑战性，因为反应激烈的部分会揭露治疗师系统中的任何故障。因此，当我们与内在极端对立的来访者坐在一起时，只有在能无视各种挑衅，持续保持真我领导状态的情况下，我们才会尝试直接介入。如果在面对极端部分的攻击时，我们无法保持真我领导状态，那么最好的选择就是承认错误并道歉。任何尝试掩护我们的保护者的行为都会损耗来访者的信任。换句话说，根据我们的经验，直接介入是接触和了解一些强大部分的好机会，这种互动对治疗师和这些部分都是有益的。

此外，直接介入允许部分充分具身体现和表达自己，我们会受益于见证部分的行动。当一个部分能具身体现时，来访者的语气、姿态和动作都会发生变化，这为他的内在的人格化部分进行了生动形象的呈现，甚至让对部分持怀疑态度的治疗师，也对他心灵的多元性印象深刻。直接介入还可以帮助部分用文字表达他们的感受和想法。IFS 的学习者也许只想与一些最不极端的来访者直接介入，从而熟悉部分这个概念。

直接介入与内在沟通相结合

对于许多来访者来说，直接介入是内在沟通的一个很好的补充（见表 8-2）。在运用内在沟通前，我们经常通过直接介入告诉来访者的管理者我们准备做什么，以及它在何种程度上是安全的，这会给管理者检查我们的机会。一旦得到它们的进入许可，我们就转换到内在沟通。但不论什么时候，只要可能取得更好的效果，我们都可以回到直接介入的方式。比如，如果一个部分（或一组部分）高度激活，而来访者的真我无法施加任何影响，我们可以请求直接与目标部分对话。此外，如果在治疗过程中的任何时刻，我们直觉地感受到与治疗师的真我单独交流过的某个机敏的部分能够推进治疗，我们就可以请求直接与这个部分对话。总体而言，当顾虑重重的保护者有机会表达，阐明他们的目的，并感到被理解时，治疗就会进行得更顺利。

表 8-2　何时以及为何运用直接介入

将直接介入用以——
- 与系统的管理者部分沟通治疗计划
- 让保护者有机会与治疗师建立关系
- 与过激反应的部分、系统害怕的部分对话
- 和不愿与来访者交流的部分对话
- 加快区分 / 解除混合过程

直接介入的好处
- 部分能够现身充分表达自己
- 部分能通过言语表达了解自己的情绪想法
- 保护者能够澄清他们的动机和目标
- 保护者与治疗师真我建立联系，也感到与来访者总在倾听的真我有更多的联结
- 其他部分在观察直接介入的过程，它们会渐渐换一种眼光看待参与对话的那个部分，不再那么害怕或憎恶它，更愿意接纳它
- 所有这一切都会让很多部分愿意停止混合

直接介入的不足
- 效率低，进展缓慢
- 有未经保护者许可而与某个部分对话的风险
- 能激发移情，会加重治疗师的工作
- 不会促进部分与来访者真我之间的依恋关系

直接介入的不足

直接介入有三个不足之处。首先是效率低。一般而言，尤其在我们需要帮助一堆部分的情况下，它起效比内在沟通慢。其次，我们可能因为在未经允许的情况下与某个部分对话而违反系统的规则。直接介入高度极化、充满

冲突的系统是一项微妙而复杂的工作。我们可能会禁不住诱惑，在这个系统能容忍被放逐者出现之前，就与被放逐者（或被放逐的保护者）对话。当我们直接与某个部分对话时，很难确定我们是否得到了系统内其他部分的完全许可（然而，一旦我们与某个棘手的部分交流，系统内其他的部分可能就不那么害怕它了）。最后，通过直接介入，部分建立的是对治疗师的依恋，而不是对来访者真我的依恋，但如果这只是暂时的状态，来访者的真我会尽可能早地出现，那就没有关系。

直接介入与被放逐者淹没

被放逐者有能力选择它们要不要用自己的感受淹没来访者。这是IFS中最重要的发现之一。如果一个来访者被可怕的想法或记忆淹没，或在治疗过程中突然变成一个哭泣、恐惧、绝望的孩子，很可能有一个被放逐者攻入了意识，并在情绪上压垮了他。如果治疗师认为这种情况是病态的表现，来访者的恐惧可能会促使他采用一些带有"管控"性质的方法，比如"着地技术"等，这会向被放逐者传递出这样的信息：你不受欢迎，应该离开。

我们认为，恐惧或绝望是寻求帮助的求救信号，而不是一种更深层的病态表现。这个观点是IFS的核心之一。面对恐慌、记忆闪回、解离、绝望的哭泣和其他激烈的行为，我们会请求获得准许，直接与部分对话。然后，我们用一种安抚、友好、尊重的方式和这个部分交谈（运用的是直接介入），询问它的情况，鼓励它与来访者分开一点点，以便作为来访者的真我处理这个情况。大多数时候，被放逐者能够很快与来访者配合。在这种情况下，治疗师处于真我领导状态的重要性怎么强调都不为过。由于被放逐者的威胁会激活来访者的保护者并掩盖其真我，为了缓和来访者的情绪状态，治疗师几乎总要通过直接介入，让治疗师的真我与来访者的部分对话，通过协商让它们不再掺和。

正如前面所提到的，研究人员辛格和科里麦基（Singer & Klimecki，

2014）解释，同情（feeling with）的行为要么是一种深层的共鸣和联系（我们称之为成熟的共情），要么会导致情绪上的吞噬和社交退缩（他们称之为情绪传染和同情性痛苦）。相比之下，关怀（feeling for）与积极的、为他人着想的想法、感受和亲社会行为相关。关怀可以创造内在的稳定，感同身受（从同情性痛苦转向成熟的共情）则有可能造成内在的不稳定，这取决于（用 IFS 的话来说）部分与真我未混合、彼此分离的程度。辛格还发现，表征关怀与共情反应的神经网络模式不一样，关怀通过"奖赏回路"（reward circuit）表征，而共情通过"痛苦回路"（pan circuit）表征。在我们的经验中，一个同情的部分能够很好地向关怀的真我传递信息，而不会让情绪变得一发不可收拾。我们猜测这很可能是部分与真我关系良好的情况下才有的状态。

相反，当我们作为治疗师，害怕并回避自己的被放逐者，让它们背负重担时，它们会对我们来访者的被放逐者感同身受，这会反过来促使我们的保护者想控制来访者（和我们）。因此，我们要做的是用心与被放逐者同在，并治愈它们。当我们的部分感到被关心时，我们就能与他人共情，受到真我的领导。当我们处于真我领导状态时，我们会感到自己与他人联结在一起，对他们有深切的关怀；更重要的是，我们还能不受自身投射的痛苦所扰，清晰地看到和听到别人的感受；会平静而满怀好奇地设想自己如何帮助别人；会有信心、创造力和勇气为他们的利益采取有效行动（见表 8-3）。

表 8-3　共情与关怀在 IFS 中的表达

- 负担部分与负担部分之间：（以对方的身份现身说法、自作主张）情绪传染，因共情而引发痛苦，情绪上的淹没
- 无负担部分与无负担部分之间：（情绪上的共鸣，站在对方的立场换位感受）共情
- 真我与部分之间：（带着慈爱与关心的心情感受对方）
- 真我与真我之间：关怀、由衷、共情的协调和联结

稳定的联结

在 IFS 中，我们的终极目标是实现几方面的稳定联结。第一是真我与部

分（真我与部分）之间的联结，它的特征是关怀，能促进内在的平衡与和谐；第二是两个个体的真我之间的联结（真我与真我），它的特征是关怀和善良；第三是卸下负担的部分之间的联结（没有负担的部分与没有负担的部分），没有负担的部分之间的联结充满着情绪、情感上的共鸣，这与情绪的传染、淹没、痛苦和保护者的反应形成鲜明对比，后面这些反应是有负担的部分的关系中所特有的。我们的工作是给予那些被放逐的、痛苦的部分它们渴望的关注，以期它们不再淹没真我——它们很少拒绝。在心理治疗中，让被放逐者不再侵袭真我是解决情绪失调这一重大问题的一种方法。

开始直接介入

直接介入并不困难。与内在沟通一样，这个简单的方法从来访者专注内在开始。当来访者识别一种身体感受、情绪体验或想法时，我们引导他将其作为一个部分来关注，询问这个部分是否愿意直接与治疗师对话。如果部分同意，接下来的互动多少会像下面这样进行。

治疗师：让这个部分成为你试试，你也可以观察它。

玛塞拉：感觉挺奇怪，但我试试。

治疗师：好的。我会问问题。如果它不想说话，没关系。那样我们可以做点别的。你现在准备好了吗？

玛赛拉：是的。

治疗师：我想和玛塞拉不信任的部分谈一谈。你在吗？

玛塞拉：（停顿了一会儿，点头。）

治疗师：（继续）你对玛塞拉说了什么？

[为了让这个部分和玛塞拉相区分，治疗师问了一个关于这个部分与玛塞拉关系的问题。]

玛塞拉：我告诉她不要相信任何人。

正如我们在上面看到的那样，聚焦于关系的问题会让部分得到区分。表 8-4 列出了这些启发性问题的各种表达方式。

表 8-4　一些针对目标部分提出的直接介入式的启发性问题

- 你对玛塞拉做 / 说了什么
- 你为什么对玛塞拉做 / 说这个
- 你让玛塞拉想 / 做了什么
- 你为玛塞拉做了什么
- 你看着玛塞拉时，在她身上看到了谁
- 如果你不这么对玛塞拉，你担心会发生什么
- 你认为玛塞拉多大了
- 你多大了

在部分回答问题之后，治疗师用内在沟通的方式继续问类似的问题。这些问题的范围很广，从部分真正的意图、它期待的新角色，到它希望真我帮助的方式，等等。在得到所有相关信息后，治疗师会问这个部分是否还想补充任何内容，也会感谢它站了出来。然后，治疗师应请来访者表达对这次经历的想法。虽然大部分来访者流露出兴趣，但也有些人会觉得，看着治疗师与他们的某个部分说话（通常是一个不愿与他们说话的部分）很奇怪。如果来访者认为这是一种心理疾病的迹象，治疗师需要主动与他们一起回顾心灵多元性的话题，强调有部分，而且部分愿意在与来访者交谈之前与治疗师交谈是正常现象。让我们继续与玛塞拉不信任的部分交流。

治疗师：让玛塞拉不相信任何人的最重要的目的是什么？

玛塞拉的部分：保持安全。

治疗师：有道理。我知道玛塞拉的处境一直都不安全。你会在她面前怎么说别人呢？

玛塞拉：我说大家都很坏、会伤害她。我叫她相信我，因为她没什么两样。她也是坏人。

治疗师：她相信你吗？

玛塞拉：大部分时候相信。

治疗师：如果你不再对玛塞拉这么说，你担心会发生什么？

玛塞拉：她既幼小又愚蠢。这不是个好办法。
治疗师：你多大了？
玛塞拉：我比她大。

治疗师也许还想继续向这部分提问，了解更多，但如果他感觉对方保留了一定的开放的空间，也可能会问它是否愿意见见玛塞拉的真我。如果它拒绝了，治疗师可以重新提问，充分了解它的角色、动机、目标和顾虑，以及不想认识真我的原因。当感到与部分的对话完成时，治疗师可以请求与玛塞拉交流。

治疗师：谢谢你告诉我这些。考虑到玛塞拉过去的经历，你对人的不信任在我看来是完全合情合理的，我们会让你决定什么时候去见玛塞拉——玛塞拉不是一个部分。我也理解你很难相信我。我希望能和你继续讨论"不信任"这个问题。我觉得自己的工作是赢得你的信任，我想这可能需要一些时间。我现在可以再跟玛塞拉谈谈吗？
玛赛拉的部分：可以。
治疗师：玛塞拉你在吗？你听到所有的对话没？
玛赛拉：我在，听到了。
治疗师：你现在对这部分感觉怎样？
玛塞拉：我真的很感激它想要保证我的安全。我想帮助它。

正如我们在这次直接介入的最后所看到的，通过倾听治疗师和这个有力的保护者之间的对话，玛塞拉现在更理解也更感激这个部分了，这意味着尽管来访者的真我没有直接介入，区分的作用还是有所显现的。这种程度的区分，加上她的感激，会加速他们关系的建立。

"双椅"对话

许多来访者都能很好地一直坐在一张椅子上，与他们的部分对话，无须外化部分。然而，对一些来访者来说，外化部分是非常有帮助的，在这种情况下，我们可以通过格式塔疗法中的"双椅"技术来促进部分与来访者真我之间的对话。在这种对话中，我们为部分指定一把椅子，为真我指定对面的另一把椅子。来访者依次反复地坐在两把椅子上，部分与真我依次通过来访者的身体表达自己，二者交谈，直至他们的关系有所进展。

我们也可以运用相同的过程，让两个或几个部分进行对话。在接触部分并分配椅子给它们之后，来访者可以依次坐在不同的椅子上，表达不同的部分的心声。来访者坐在同一把椅子上的时候，可以通过轻微调整姿势在部分之间切换，坐在沙发上时，也可以用侧身移动的方式在部分之间切换。与此同时，我们要做的就是像一个处于真我领导状态的家庭治疗师参与外在的家庭成员之间的交流一样，参与这些部分之间的互动。我们要与它们成为朋友，并尽早地引入来访者的真我。不论对话的过程怎样，"双椅"对话并不是外化部分的唯一选择。不论是对成年人还是对未成年人进行治疗，IFS 治疗师都可能会使用其他很多种外化技术，包括沙盘、手指玩偶、带有 IFS 相关插图的纸牌、用绘画和图表描述部分，还有各种形式的心理剧。

结论

在本章中，我们介绍和展示了两种与部分交流的 IFS 策略，分别是内在沟通与直接介入。内在沟通是来访者真我内在地与自己的部分对话，而直接介入是治疗师真我与来访者的内在部分直接对话，来访者在一旁倾听。两种方式都有价值和效果。当来访者的某个部分对真我缺乏信任或真我不存在时，我们基本上会选择直接介入的方式，这让我们在不必使用"着地技术"从而向脆弱部分传递错误信息的情况下，帮助来访者处理强烈的情绪。与此同时，直接介入也能让部分相信，区分于来访者并允许来访者的真我回归是安全的，会带来许多好处。

第 9 章

发现、聚焦和具体化保护者

在 IFS 训练中，我们采取六个步骤应对保护者，它们被称为"6Fs"：发现（find）、聚焦（focus）和具体化（flesh out），然后是感受（feel toward）、建立关系（befriend）和探索恐惧（explore fears）（Anderson et al., 2017）。我们将在本章重点讲述如何帮助来访者发现目标部分，聚焦于它，然后将其具体化。具体化只能粗略概括这个步骤的含义，因为部分也能够通过动作或声音表现自己，当它们以视觉的方式呈现时，它们既有可能表现为几何形状或云朵状，又完全有可能以人形出现。不论我们的部分呈现给我们的样子是怎样的，当我们进入内在（专注于内在）时，我们很快就会进入一种阈限状态，在这种状态中，我们对环境保持觉察，但同时感觉自己好像在另一个世界。当来访者进入这样一种状态时，处于真我领导状态的治疗师也会进入这种状态，来访者将直觉性地察觉到自己内在系统的很多东西。然而，我们的工作是问，而不是说，所以我们要引导来访者探索其系统，进而使所有这些内容自然而然地展现出来。

当部分抵触使用部分的表述方式

尽管许多来访者很容易接受使用部分的表述方式，但有些来访者会对此有抵触情绪。他们可能担心会被贴上"疯子"的标签，毕竟一直以来，我们的文化都是用病态的眼光看待心灵的多元性的；他们也可能不太想关注或透露内在的情况；又或许他们担心被治疗师强迫采纳特定观点。此外，有些来访者可能只是被某个部分控制着，除非这个部分觉得自己得到了倾听，并确信治疗师理解自己的立场，否则不会在任何话题上让步："不要讨论我的部分！是斯特拉把我的浴室弄得一团糟的，问题在这里。"抱有这种心态的部分很乐意就表述方式展开一场地盘争夺战。我们的建议很简单：不要上当。关于表述方式的选择，最简单的做法是，在来访者对你、对关注内在感到更舒服之前，采用其使用的任何语言，不论是一种感受、一种想法、一种冲动、一种痛苦，还是别的什么。

初学者常犯的三个表述错误

在引入部分这一概念时，IFS 初学者容易犯三个错误（见表 9-1）。第一个错误是过于热切地谈论部分，这会引起来访者的管理者的警惕。当治疗师的管理者因为对方的这种警惕而感到气馁时，它们可能会促使治疗师要么放弃，要么更卖力地推销 IFS 模型。第二个错误是在表述这个模型时显得犹疑和矛盾，让来访者的管理者感觉危险，从而拒绝。第三个错误是预期来访者会觉得有关部分的表述很愚蠢或奇怪，并表露了这种不安，这也会引起治疗师的管理者的警惕。治疗师越是对 IFS 模型和部分的表述感到自信，越是抱着开玩笑的态度，来访者就越有可能乐意参与。当然，问题在于治疗师也需要时间和经验才能获得自信。这就是为什么在很大程度上，培训是经验性的。这也是为什么我们会建议学习 IFS 治疗的人先成为一个有经验的 IFS 治疗师的来访者。

表 9-1　初学者容易在表述上犯的错误

- 急于谈论部分的概念，在面对来访者的抗拒时，要么放弃，要么更卖力地推销这个模型
- 在表述部分的含义时，态度很犹疑或前后不一致，从而让管理者觉得危险并抗拒
- 预期来访者会觉得部分的表述愚蠢或怪异，并传达了这种不安

走进内在：通过提问赢得人心

　　一旦来访者同意尝试 IFS 模型，不管是否使用"部分"这个表述，我们都有几种做法可以选择。也许其中最不具威胁性的方式就是问问题。我们在评估来访者的问题并识别不同的部分时，可以询问每个部分与来访者的真我、与其他部分以及与来访者身边其他人之间的关系。这样做是为了了解来访者的内在和外在的生态。如果你是 IFS 的初学者，我们建议你在这一步上多花时间。识别来访者的各个部分，清楚来访者占主导的关系，会助你安全进入他的系统。当来访者的管理者看上去极度不信任治疗师或害怕时，即便是那些在直觉上相信自己的节奏并能轻易识别常见关系模式的富有经验的 IFS 治疗师，也会在与来访者的部分交谈之前，先与来访者讨论部分。而一旦来访者习惯了"部分"的表述，并表现出进一步探索的意愿，下一步就是寻找目标部分。

* * *

寻找目标部分

　　在治疗开始时，我们会探索来访者系统的很多信息。我们可以在白板上记录，然后和来访者一起看，也可以在纸上做笔记或者依靠记忆讲述。不管我们通过何种方式追踪这些初始信息，总结我们听到的内容是很有用的，比如对来访者说："你提到了三个部分。一个部分想搬到俄勒冈去，一个部分想申请研究生院，还有一个部分只想留在这里，现在就去找一份工作来存钱。

是这样吗?"如果来访者认可我们的总结,我们就可以问另一个问题来确定目标部分:你需要最先聚焦哪个部分?

发现并具体化目标部分

为了找到目标部分,我们请来访者将注意力集中在自己的内在,观察,然后描述这个部分(或将其具体化)。对一些来访者而言,发现、聚焦和具体化几乎是以一种平常的方式同时发生的。但对另一些来访者(比如对那些主观体验长期被权威人士否定的来访者)而言,注意和描述某些部分是新奇而令人兴奋的体验。在治疗开始时,许多长期解离的人对自己的部分只有模糊的感觉,但通过问问题,我们引导他们进行更密切的观察,这会给他们带来很多收获。好奇和友好的品质会极大地帮助我们邀请部分现身,尽管这对于部分而言是存在风险的。与此同时,我们可以开始了解来访者的内在体验,这些体验既有可能混乱不安,又有可能因高度管制而滞缓,当然也有可能清晰而易于引导。

在感觉、情绪感受或想法中定位目标部分

如果来访者不能立即得知需要最先聚焦哪个部位(或在治疗中,前一周没有任何部位在等待来访者回到它那里),我们可以请他专注于一种感觉、情绪感受或想法,这些都是通往内在世界的入口。下面是四个定位目标部分的例子,定位的方式是看、听、感受部分以及直接感觉一个部分的存在。

米歇尔·利和那个锤击她头部的部分

利需要一些引导,让她注意自己的内在,注意锤击她头部的部分,注意

它说的话。

治疗师：你想从哪里开始？

利：我不知道。

治疗师：花点时间集中注意力。你注意到了什么？

[治疗师引导利聚焦自己的内在世界，而大多数遭受痛苦的人都在无意识地回避它。]

利：最平常的那个状态。我什么都不好。

[在聚焦于内在之前，利的内在系统能在整体上感知到锤击头部的行为传达的信息，但她从未真正倾听这个部分的声音，更没有与它交流。]

治疗师：那个说你什么都不好的人是怎么出现的？

[治疗师立即运用表述部分的语言，从谈论整体转向谈论关系和具体的方面，将利的体验解释为某个部分传达的信息。]

利：我想我听到它说话了，然后我的头很疼。

治疗师：想从头疼开始吗？

[治疗师请来访者聚焦于头疼这一感觉。]

利：嗯……我想确定自己做的是对的。

[急于满足外部期望的部分马上就出现了。]

治疗师：实际上没有正确的方法，所以你不会做错。你可能感觉到了一个部分，知道它就在那里。你也有可能看到、听到或在身体中感觉到它。我们的任务是聚焦你的内在体验，留意是谁在那里。

[治疗师特别强调了"聚焦、留意"，这是让部分打破混合的状态，彼此分离的关键一步。]

利：哦，现在我完全看到那家伙了！他拿着一把大锤子，像敲钟一样在我脑袋里敲来敲去。他说，'看吧！看吧！这就是你应得的。你为什么不听我的'。

锤击头部的管理者的形象很生动。现在，利不仅看到了他，还听到了他的声音，感受到了他在自己身体里面锤击自己头部的影响。值得注意的是，他并不像她的部分所理解的那样，在说你什么都不好，而是在说'你为什么不听我的'。

诺亚看不到任何部分

与前面的例子相反，在治疗开始时，诺亚看不到他的部分。只有时间才能证明这种情况是否会改变。如前所述，有一小部分人，包括我自己（理查德），只能听到或感觉到部分，而无法看到它们。可能诺亚没有内在的视觉。但也有可能他的目标部分太过害怕或过分掺和，所以诺亚看不到。目标部分还有可能被管理者挡住了。如果是这样，诺亚的内在过程以后将变得可视化。无论情况如何，治疗都可以继续进行。

诺亚：我想将注意力放在焦虑上面。

治疗师：你在哪里注意到焦虑的？

[治疗师立即转向来访者正在聚焦的情绪给身体带来的体验。部分影响身体，并在身体中出现。]

诺亚：在我的胸口。

治疗师：可以聚焦于这里吗？

[治疗师请求允许，以聚焦这个部分，但还没有把它叫作部分。]

诺亚：好的。

治疗师：你是怎么感觉到焦虑的？

诺亚：这种感觉先是在我的腹部，然后辐射到全身。

治疗师：当你聚焦于这种感觉时，你能看到任何东西吗？

[由于内在的眼睛会帮助个体与部分快速地建立联结，所以治疗师要确认诺亚是否具有内在视觉。]

诺亚：没有。

治疗师：你对它有怎样的感觉？

[治疗师直接提出用来搜寻部分的标准问题。]

诺亚：哦，天哪，我真是受够它了！

治疗师：讨厌它的部分愿意让你帮助它吗？

[治疗师现在转而使用部分的表述，但仍未将焦虑列为一个部分。]

诺亚：如果我知道怎么做的话，当然愿意。我向你保证，其实我已经试过了。

治疗师：如果它们愿意，我可以给你看一些不同的东西。

[治疗师试图和诺亚的保护者们对话，因为它们愿意倾听。]

诺亚：我一生都是这样的。没有任何东西能缓解我的焦虑。

[诺亚为一个听天由命、失去希望的部分说话。]

治疗师：你有这种感觉已经很长时间了。你还试过其他没用的方法。所以你有些部分不相信我，我觉得这是合情合理的。但它们愿不愿意让你尝试新的东西呢？

[治疗师请求继续尝试。]

诺亚：不愿意。

治疗师：你能问一下为什么吗？

[治疗师没有与之争论，而是对保护者的恐惧感到好奇。]

诺亚：我听到有人在说，希望并没有那么有用。

[一个保护者袒露了它的恐惧。]

治疗师：在你感到有希望的时候，会发生什么？

诺亚：我会很沮丧。

治疗师：什么让你沮丧？

诺亚：失望。

治疗师：所以如果你感到希望，然后又感到失望，你就会变得很沮丧，对吗？

[治疗师总结了他们刚刚所做的：追踪焦虑这个明显的问题，一直追溯到一个沮丧、抑郁的部分。]

诺亚：是的。

治疗师：我们可以帮助那个因为失望而沮丧的部分吗？

诺亚：我猜可以吧。

治疗师：与内在确认一下，问问是否可以。

["猜"是非常模棱两可的。治疗师不能在这种情况下继续，他会坚持倾听保护者的意见，直到它们给予肯定的回答。]

诺亚：我感觉它们很不情愿。它们说可以，但保留随时制止我们的权利。它们不希望沮丧的部分掌控全局。

治疗师：我也不希望。我们问问那个沮丧的部分吧，如果你聚焦于它，它愿不愿意不去主导整个内在。

[治疗师认可了这位保护者的担忧，并建议与被放逐者协商并与之分离，以求将治疗过程继续下去。]

诺亚：我听到它说愿意。

治疗师：那我们可以和沮丧的部分沟通吗？

[治疗师再次确认来访者的内在是否允许他继续下去。]

诺亚：是的。

治疗师：在继续下去之前，我有一个问题。可以问吗？

诺亚：可以。

治疗师：是那个焦虑的部分感到失望，然后变得沮丧，是吗？

诺亚：是的。

正如我们后来看到的，诺亚从童年时起就体验过不少焦虑，到目前为止，他所做的一切都没有帮助他缓解焦虑。他看不到焦虑（或沮丧）的那个部分，但感觉到了。虽然其他部分对这种焦虑感到郁闷，但它们不愿让诺亚对缓解焦虑的新尝试抱有希望，因为过去发生的失败和失望，都会激发诺亚的沮丧和抑郁。了解了这一切之后，诺亚和他的治疗师可以与焦虑的部分协商，让它不要让自己的焦虑淹没来访者，这样一来，诺亚的真我就可以在场，他的保护者会对继续推进治疗感到安全。

以利亚与被放逐者共进退

在第三个例子中，来访者能感觉到他的部分并与之共进退，但看到的部分的样子像影子一样模糊。以利亚是一位 25 岁的舞者。他是同性恋。他的父母都是原教旨主义基督徒，生活在一个反对同性恋的社区。他来接受治疗，是因为他想说服他们，让他们从偏见中"退后一步"，首先做他的父母。在他眼中，他们是善良、虔诚的信教徒，活跃于他们的集会，他坚信他们想要重新与他——他们唯一的孩子建立联系。与此同时，他的一些部分害怕他们。

以利亚：我的父母有时很刻薄。

治疗师：那谁需要你的帮助呢?

[治疗师立即以一种我们称为 U 型转折的方式引导以利亚，让他聚焦于内在的部分（这样的角度可以帮助他的部分不再与真我混合），而不是鼓励他的部分聚焦他的父母（如果这样做的话，部分与真我会继续保持混合的状态）。]

以利亚：我不想让恐惧占据我。我知道它们不止我说的这样。

[以利亚说出了一个部分。]

治疗师：那你想帮助这个害怕的部分吗?

以利亚：是的。

治疗师：你是在哪里注意到它的?

[治疗师请以利亚在身体上定位那个部分。]

以利亚：在我的肚子里。

治疗师：你能看见它吗?

[治疗也会确认他是如何看待他的部分的。]

以利亚：它像个影子。我更能感觉到它。

治疗师：你对它有什么感觉?

[治疗师确认真我的能量如何。]

以利亚：感到同情。

治疗师：它有什么反应?

以利亚：它很沮丧。

治疗师：它需要你做什么?

[由于以利亚可以很好地触接真我，所以治疗师请这个部分说出自己的需求。]

以利亚：我想我们还是搬到一起住吧。

治疗师：你想搬进这个房间吗?

以利亚：（闭上眼睛）不。我们想搬到里面一起住。

[现在,由以利亚的真我领导全局。]

治疗师:(过了一会儿)怎么样了?

[治疗师进入内在系统。我们通过观察来访者,感觉其是否可能需要帮助来决定是否进入。处在某种深层过程的来访者可能会感到自己被打断了。如果是这样,我们希望他们能自由地说出来。如果来访者要求我们不打断,最好晚些再进入,找到最适合这个来访者系统的方法。另外,解离的部分可以在没有太多外在表现的情况下主导来访者,因此,在对新来访者或有解离危险的人进行治疗时,我们宁可进入系统,也不能冒解离的风险。]

以利亚:这个部分喜欢和我在一起。

治疗师:它相信你吗?

以利亚:它相信我,但不相信我的父母。

治疗师:这样行吗?

[再一次,治疗师跟随以利亚真我的领导。]

以利亚:我想,在做任何事情之前,我得花更多的时间与这个部分待在一起。它还没有准备好。在它准备好之前,我不会联系我的父母。

正如我们看到的那样,以利亚带着一个明确的目标和充足的真我能量进入治疗,但是这个目标让他被父母伤害的一个部分感到害怕。他对这个部分感到同情,并找到了与之相处的方法,那就是与这个部分共进退。

一堵墙挡住了吉原的视线

在第四个关于内在交流的例子中,这位45岁的女性能够感觉并听到自己的一个部分,却直到赢得一个警惕的保护者的更多配合之后,才看到这个部分。

吉原:有人在那里。但是我什么也看不见。

[这句话是一个线索,说明吉原可能是有内在视觉的。]

治疗师:你是怎么注意到这一点的?

吉原:我就是知道它在那里。但它存在的状态就像一盏灯灭了一样。

治疗师：你对它有什么感觉？

[这是治疗师检测部分和真我能量的常规问法。]

吉原：我想见见它。

治疗师：它有什么反应？

吉原：一片空白。

治疗师：能进入那个空白感受一下吗？

[所有的部分都是受欢迎的，所有的体验——甚至包括空白，都是来自部分的表达。]

吉原：我听到一个小小的声音说："墙！"

[正如在一般情况下，部分会因为得到了关注和耐心的对待，而回馈更直接的表达。]

治疗师：那里有墙吗？

吉原：是的。当我要求这面墙移开时，它问你是谁？

治疗师：你对这面墙有什么感觉？

[在注意到两个部分——吉原体验空白的部分和说有墙的部分之后，治疗师继续提问，以检查这些部分的问题，看看其他部分是否会对墙有反应，并以此评估真我能量的水平。]

吉原：嗯，它这么谨慎，一定有什么理由……现在它软化了一点。我告诉它我是来这儿帮忙的。

[吉原的真我立即在她的回应中显现了出来。]

治疗师：（沉默了一会儿）它有什么反应？

[尽管吉原有足够的真我能量，但她漫长的沉默让人不确定发生了什么事。治疗师不知道吉原现在能否听到墙的声音，或者是否发生了什么事，他决定进去看看。]

吉原：它变得透明了。我看到它后面有一个小孩那么大的人。

治疗师：它希望发生什么？

[因为吉原的真我在场，事情朝着内在进展，所以治疗师撤出，只是旁观。]

吉原：这面墙不想让我被这个小孩压垮。

治疗师：我同意它的想法。但我们可以叫小孩不要压垮你。如果小孩同意了，这面墙是否愿意让你帮助这个孩子？

[此处，治疗师利用这个机会来确认和处理墙的担心，墙是一个保护者。]

吉原：愿意。

正如我们看到的那样，吉原先是注意到了一个部分，但并不能够看到它。然后，她发现在她和这个看不见的部分之间有一面墙。吉原有足够的真我能量来安抚这面墙，作为回报，这面墙解释说，它害怕情绪压倒一切——这是一个保护者的担忧。在治疗师确认这种担忧并向它解释如何避免情绪的吞噬后，它就会愿意合作。

正如这四个例子所说明的那样，有许多感知和沟通部分的办法。对一些人而言，内在的交流有视觉、听觉和感觉等多种形式；而对于其他人而言，可能只有这些形式中的一种。那些看不到自己部分的来访者往往需要得到确信：主观体验非常独特，个体之间具有很大的差异。

* * *

结论

发现、聚焦和具体化是 IFS 治疗的前三个步骤。根据来访者在生活中解离的程度、能够获得的真我能量的多少，这些步骤可能合并在一起，一瞬间达成，也可能截然不同，需要更多时间——落实。在我们引入了 IFS 的概念和表述之后，我们会征求管理者的许可（能不能关注内在发生了什么）。一旦获得许可，我们就进入来访者的内在世界，通过观察来访者的感觉、情绪感受和想法来定位目标部分。如果目标部分是一位管理者，我们可以放心地向来访者提出详细的问题，帮助他们深入探索和澄清自己的内在体验。

但是，如果一个人正在经历被放逐者的"越狱"，而且存在功能问题，那么这样询问来访者是有问题的。在引导来访者首次进入内在时，治疗师必须保持谨慎和真我领导状态。如果来访者能够集中注意力而不迅速转移和改变话题，那么提出旨在具体化部分的问题是安全的。如果推进下去是安全的，我们可能会发现来访者能在视觉上体验到内在世界，这些视觉体验会因为被注意到而变得更加生动。其他一些来访者只能模糊地看到内在。而另一些人则通过听觉或动觉体验部分。在 IFS 中，正如所有的部分都是受欢迎的那样，所有的体验方式都同等地有效且具有潜在深远的意义。

Internal Family Systems Therapy

第 10 章

感受、建立关系、探索保护者的恐惧

在上一章中,我们描述了三个用于识别目标部分的探索性步骤,分别为发现、聚焦和具体化。通过这三个步骤,那些不熟悉自己内在世界的来访者能够学会关注自己的部分,而那些更习惯于内在世界的来访者则变得善于定位自己的部分。在这几个步骤完成之后,我们会继续采取三个步骤——感受、建立关系和探索保护者的恐惧,以此揭示部分的动机,并让部分与来访者的真我建立关系。

感受

每次我们想要和一个目标部分对话时,以及每次我们怀疑在来访者与一个目标部分对话的过程中,真我被另一个部分取代时,我们都会问这样一个问题：你对（目标）部分有什么感觉？（见表 10-1）来访者对这个问题的回答体现的是一个部分（例如"我讨厌它""我害怕它""我觉得它可怜"）或是真我的存在（例如"我很好奇""我为它感到难过""我想了解它"）。这种方式能够帮我们筛选出对目标部分有强烈情绪反应（不论是消极还是积极）的部分。如果来访者的回答暴露了一个反应强烈的部分，我们会帮助它放松下来，腾出一些空间，让来访者的真我得以展现。有时，我们不得不连着请好几个部分后退一步。如果我们发现了一个不愿后退的部分，它就会成为我们询问的目标，直到它后退为止。

表 10-1　询问来访者"你对（目标）部分有什么感觉"

来访者的回答告诉我们：
- 目标部分是否掺和
- 是否有反应性部分掺和
- 来访者的真我在场的程度

询问"对……的感觉"的目的是将来访者的部分介绍给来访者。如果来访者的系统是高度反应性的，保护者也不愿配合，我们会暂时放弃这一步，转而使用直接介入的方法，这样治疗师的真我可以友好地对待目标部分，了解它的恐惧。一旦我们转向直接介入，重点就不再是来访者对目标部分的感觉，而是治疗师对目标部分的感觉，如果我们处于真我领导状态，那么我们基本的感受应当是介于好奇与关怀之间的某种感受。

房间技术

当来访者的部分没有非常对立、极化，没有与真我相互混合时，它们会更倾向于协作，我们也不太可能需要使用直接介入。我们只需要去了解目标部分就行了。然而有些时候，它太过害怕或害羞，难以引起我们的注意，或者它可能会警告其他部分。在这种情况下，我们前面提到的房间技术会相当有用。我们会请来访者把害怕的部分放在房间里。由于内在系统将房间切实体验为一种区隔和分离，这种做法会在两个方面起作用。首先，目标部分感到被抱持，因而会感到更安全；其次，其他不喜欢或害怕目标部分的部分也会觉得更安全，更有可能让来访者的真我与自己对话。

关于房间技术的运用，我们有几个需要提醒的地方。为了避免被放逐者回到一个发生过负面事件的房间，我们建议给出把部分放入一个感觉上安全舒适的房间或空间的指令。如果目标部分抗拒房间之类的想法，那么它也许会喜欢听到这样的解释，即我们的目标是帮助来访者关注任何抱持的、让人有安全感的空间，比如草地、林间幽谷或宇宙飞船一类的地方，它们也能起到类似房间的作用。总之，目的是物理上的区隔和分离。当目标部分有了这样容纳自身的空间之后，它们就可以自由地表达自己的感受，比如愤怒的部分通常会在房间里疯狂地乱转，但它们不会出来。

值得注意的是，如果只要来访者同意将这个部分放在一个房间，这个部分就会出现在那里（有时是一种感受，而不是一种视觉上的存在），那么这种技术通常能平息其他部分的强烈反应，让它们更愿意放松下来。如果对话进展顺利，我们可以接着问，真我是否可以进入房间与这个部分待在一起，去探索它的内在状态和优先级。下面的例子就描绘了房间技术的一个应用场景。17 岁的女孩达科塔在她的内在发现了一个老巫婆，老巫婆用咒语和惩罚威胁着其他部分。

治疗师：把女巫一个人放到房间里，你待在房间外面。

达科塔：好的，她在里面了。

治疗师：你现在对她感觉如何？

达科塔：她很刻薄，我很怕她。

治疗师：让我告诉你内在世界的一个重要法则，"当你不害怕时，刻薄或可怕的部分就不会伤害你"。由于"不属于任何部分"的达科塔（真我）不会害怕这个刻薄的部分，你可以请那个害怕的部分放松几分钟，相信你。

达科塔：你说的"你"是指谁？

治疗师：我说的是达科塔，不是任何部分的达科塔。

达科塔：（停顿了一会儿）好的，害怕的那个部分愿意试一试。

治疗师：你现在对女巫的感觉如何？

达科塔：嗯……现在我很生她的气。我希望她走开。

治疗师：好吧。请那个生气的部分也信任你几分钟。它可以去候诊室待一会儿吗？很好。现在，你对女巫是什么样的感觉？

达科塔：她看上去像个疲惫的老太太。我为她感到难过。她从哪里来？

治疗师：你可以问她。

为了更充分地理解女巫，达科塔必须让两个部分——一个是害怕女巫的部分，一个是对女巫感到生气的部分，不相互掺和。有时候，我们需要帮助多达六至七个有情绪反应的部分，然后才能帮助目标部分。我们通过询问来访者"你对这部分的感觉如何"来确定需要相互区隔、分离的反应性部分。如果来访者的真我在场，其回答将体现出真我的品质，不论在内容上还是在语气上。尽管我们不需要使反应性部分完全不掺和，但我们确实需要它们在一定程度上不掺和，至少不要影响来访者感到开放和好奇。一旦来访者表明对目标部分抱有开放的心态，我们可以请来访者的真我进入房间，了解这个部分的恐惧。

貌似真我的管理者

一类管理者是关怀和热心的。这样的管理者看上去很像来访者的真我。由于它们很容易与来访者的真我混淆，我们称这些管理者为"貌似真我"（Self-like）的部分，尽管来访者可能会用别的名字（比如"相像的部分"）来称呼它。重点在于，貌似真我的部分的立场和任何其他管理者一样，都是要控制其他部分。具有内在视觉的来访者能看到貌似真我的部分，因而能够分辨出它只是一个部分，不是真我。这是因为当真我具身化时，我们可以看到自己的手臂、手、鼻子、膝盖和腿，但我们看不到一个独立的实体。

如果来访者能观察到这个部分与其他部分互动的图像，说明它是貌似真我的部分。我们会引导它，让它稍微挪开一点，这样真我也能在场。由于貌似真我的部分喜欢坐在控局的位置上，一开始它们往往会否认自己是一个部分，也不同意尽快放弃掺和。当治疗没什么进展时，特别是当我们相信来访者与真我保持着良好触接，一切都应该进展顺利时，往往是貌似真我的部分还在掺和。类似地，当来访者看上去很开放，但感觉上仍然被某个强大的立场左右时，有可能是一个貌似真我的部分在主导系统。

建立关系

在确保来访者有足够的真我能量之后，我们可以更进一步，与目标部分建立关系。如果这个部分愿意配合，那么达成这一步也许几乎不会引起注意。但如果这个部分是谨慎的，那么这一步可能需要花一些时间。我们将一如既往地探索这个部分关心的方面：它可能需要花更多的时间与来访者的真我在一起，从而获得安全感；它也可能需要确认治疗师不会评判它，或其他部分没有来干扰。IFS新手治疗师可能会忽略常见的干扰信号，比如来访者或治疗师突然变得困倦，改变话题，丢失画面，对治疗的节奏感到不耐烦，或表达极端的观点。

来访者的这种行为可能意味着一个保护者在回避被放逐者，也可能是对一个与治疗师混合的部分的反应。由于我们的部分可能让问题变得更严重，我们首先要检查自己的情况。如果我们发现自己的一个部分出了问题，我们要告诉来访者。如果他意识到了我们的部分，他会觉得得到了确认。即使他没有注意到我们起反应的部分，他可能也会因为我们愿意对自己的部分负责而感到安心，并因为体会到我们的坦诚而感到高兴。当我们做到透明，并对自己的职责负责时，来访者会感到安心。但如果我们的部分没有干扰，那么我们要请来访者找出参与问题行为的部分，并请它直接表达自己的担心和需要。对于那些通过间接的方式生存下来，从不期待自己的观点得到采纳甚至尊重的保护者而言，这样的邀请很是新奇。

与管理者建立关系

建立关系意味着倾听、确认和尊重目标部分。与其他所有治疗步骤一样，保护者决定了治疗的节奏，成功既需要治疗师的真我能量，又需要来访者的真我能量。我们继续以达科塔为例，展示在这个步骤如何问问题。

治疗师：女巫说了些什么？

达科塔：她想通过吓唬我，让我做个好女孩，这样我父亲就不会再对我生气了。

治疗师：你明白她的意思吗？

达科塔：哎呀，这挺可悲的！这么多年以来，她一直对我很刻薄。她觉得这样是对的。

治疗师：你对她说了什么？

达科塔：我正在拥抱她。这是多么烦人的一份工作啊。

治疗师：她有什么反应？

达科塔：她在擦眼睛。

治疗师：她知道你已经长大了吗？

达科塔：我告诉她我已经不再是那个孩子了。我 32 岁了。我不会再让任何人那样对我说话了。

治疗师：然后发生了什么？

达科塔：她正在脱下女巫的服装，因为她不想让任何人把它当回事。她准备把衣服当作万圣节礼物捐给慈善机构。

治疗师：她现在想做什么？

达科塔：她想在我需要反抗欺凌的时候帮助我。

与管理者建立关系可能不会总像上述案例显示的这样，快速取得成效，但它的确是一个有力的举措。而且因为管理者会承认自己很累，所以与它们建立关系往往比与消防员建立关系更容易。达科塔的真我一传达出善意，女巫就承认自己更愿意保护达科塔，而不是欺负她。

探索恐惧

在来访者与目标部分成为朋友之后，来访者（通过内在沟通）就可以开始提问了（见表10-2）。我们建议针对保护者的恐惧，围绕保护者受到怎样的制约而被束缚在极端角色里，问一系列问题。我们也建议问一问对方更想要怎样的角色。这些问题适用于所有保护者，包括冲动、放纵的消防员和吹毛求疵、爱评判、进取、完美主义的管理者。

表 10-2　评估来访者的真我是否在场与控场的非指导性问题

- ❑ 对此你想说些什么
- ❑ 你希望现在发生什么呢
- ❑ 你为什么要这么说/做（极端行为）
- ❑ 你真正想为××（来访者的名字）做的是什么
- ❑ 如果你停止这样说或这样做，你担心会发生什么
- ❑ 如果××（来访者的名字）能够阻止你所述的可怕后果发生，你可以辞掉这份工作，去做任何你想做的事情，你觉得怎么样
- ❑ 你希望我们帮助你进入新的角色吗

下面的对话展现了我们是如何提出这些问题的。

治疗师：这部分对你很挑剔。

索尔：他认为我犯了太多的错误。

治疗师：你同意吗？

索尔：嗯……他的担心好像有些极端。

治疗师：问问他，如果他不再批评你，他担心会发生什么。

[这个澄清问题很关键。当我们终于能够对一个保护者的恐惧进行询问时，我们会了解它要么是一个被放逐者，要么是一个极端的保护者。如果它是一个被放逐者，我们会按照下面这个例子所展示的这样不断向下追溯（然后会发生什么，在这之后又会发生什么），直到来访者的被放逐者得以表达（"没人会爱我"），这时我们就可以提出帮助被放逐者。]

索尔：大家不会喜欢我的。

[这部分的恐惧指向感觉被排斥的被放逐者。]

治疗师：谁不喜欢你呢？

索尔：它说我的父亲和哥哥不喜欢我。

治疗师：你明白它的意思吗？

索尔：有点明白。我的哥哥们才是我们家的理想子女。

治疗师：问问那个评判你的部分，如果你能治愈那个觉得自己不如哥哥的部分，它是否需要继续做这份评判你的工作？

索尔：它说不需要。

治疗师：那如果这部分不再评判你了，它会做什么呢？

索尔：嗯……它喜欢画画。

治疗师：那个让你觉得自己比哥哥差的人同意你现在帮助它吗？

[治疗师会在继续推进之前得到部分的许可。]

值得注意的是，通过询问保护者恐惧的东西，治疗师的目的是让来访者的真我得到准许，去帮助在谈话中得到确认、被保护者保护的被放逐者。在这个例子中，治疗师向索尔提出问题，让他回答那个评判他的部分的问题。保护者越坚定，治疗师就越有可能在一段时间内，通过向来访者提出问题来帮助他们。但总的来说，我们应尽可能少地提供指导。我们不会告诉来访者去做什么或说什么，而是在治疗的过程中，通过问一些非指导性的问题，比如"你对此的反应是什么""现在需要做什么"，来确认来访者的真我是否做好了主导局面的准备。一旦部分不再掺和，而是彼此区分，来访者的真我就会知道如何处理整个系统。来访者会告诉我们他们的真我在做什么，而不是问我们该怎么做。

假设性问题和判断

请注意，在与索尔的保护者谈论恐惧的案例中，治疗师始终坚持了三种策略：①观察和安慰（见表 10-3）；②问澄清问题；③问假设性问题（见表 10-4）。虽然所有的问题都是为了帮助部分彼此区分，但假设性问题能避免分歧和争论。因此，假设性问题就是我们的神奇配方。通过问假设性问题（"如果部分被治好了，它想做什么"），我们可以引入新的积极的可能性，同时也认同了部分的恐惧和合理的悲观；我们当然不想让索尔再次觉得自己不如别人，但是如果他能够感到安全，那你还需要做这份工作吗？这个假设性问题跳过了"被放逐者能否被治愈"这个有争议的问题——评判的部分无疑认为这是不可能的，直接指向了一个好的结局。我们不要求部分认可这种好的结局，甚至它都不用承认这是有可能的；我们只是问一个好的结局是否好。根据我们的经验，只有当我们忽视了一些我们需要了解的潜在危险时，部分才会对这个问题说不。通常情况下，大多数部分会赞同我们提出的假设性结局是一个好结果，但会补充说那是不可能的。然后我们会说这种情况确实是可能的，我们可以证明——如果部分给我们这个机会的话。我们的工作就是让这个新的尝试（让来访者的真我与被放逐者在一起）看上去代价很小，让保护者们愿意尝试，哪怕它们对其效果深感怀疑。

表 10-3　安抚保护者的话

- 我们不是在夺走你的任何东西
- 你才是老大
- 如果你不喜欢那个结果，你可以重新回去做你擅长做的
- 你是 ××（来访者名字）真实的一个部分，你会一直是他的部分。如果这样做有用，你可以自由地选择自己乐意做的事情

表 10-4　假设性问题与判断

- 如果 ××（来访者名字）能够帮助那个脆弱的部分（被放逐者）卸下负担，你还需要继续执行这个任务吗
- 如果有更有效率的新办法，能够阻止坏结局出现，你感不感兴趣
- 如果不需要你付出任何代价，你愿不愿意让我们给你看看，怎样做可能会更好
- 如果你不喜欢那个结果，你可以回去做你擅长的事情
- 如果那样做成了的话，你可以自由地去做自己更愿意做的事情
- 如果 ××（来访者名字）能够阻止你害怕的结果发生，因而你可以放弃现在的任务去做你想做的事情，你会想做什么

此外，当我们运用假设性问题时，我们从不需要争论。如果一位保护者不觉得会有好事发生——实际上存在这种可能性，那么我们只是确认了它的悲观主义："基于你的经历，我理解你为什么会有这种感觉。"作为"贩卖希望的商人"，我们主张更有希望的观点，但我们不要求来访者的部分也具备我们的乐观品质。我们只是提出一种设想，而不是炫耀一种武力。我们的设想可以让部分看到，走向好结局的过程是如何安全进行的。我们问，如果不需要付出任何代价，你是否愿意让我们向你展示，如何达到这个更好的结果呢？我们邀请你，你可以观看，如果它看上去太可怕，你可以打断我们，我

们会停下来，处理你的担忧。我们会说，如果我说的不对，你可以马上回去继续你的工作。没有人会从你身上拿走任何东西。你是老大，由你决定。害怕放弃控制权的保护者可能会慢慢接受这个提议，而害怕失望带来毁灭性打击的保护者可能需要花相当长的时间先与治疗师的真我直接介入，然后才会愿意与来访者的真我见面，或暴露被放逐者。但是不用付出代价就能获得更好结果的假设性问题会随着时间流逝变得越来越有说服力，绝大多数保护者最终会接受这个提议。

管理者的恐惧

人们前来寻求治疗，往往是迫于内在管理者的催促或外在管理者（如父母、配偶、雇主、住院部或法院）的压力。此时，如果来访者与一个被放逐者或者消防员混合在一起，那么他很可能是在危机干预中被分配或转介过来的。但如果是他主动寻求帮助的，那么很可能是一位管理者做了这个决定。但我们不能因为一个管理者的主动性就误认为内在的保护者之间已经达成了接受治疗的共识。其他管理者或消防员当然也有它们自己的担忧，如果我们不邀请它们敞开心怀表达自己，它们可能会阻碍治疗的进程。

管理者的行为往往被恐惧驱使，其中许多恐惧现在已不存在，但曾在来访者生命中的某个时刻出现。一旦我们了解它们的恐惧，我们就有可能赢得它们的配合。而一旦我们缓解了它们的恐惧，它们就会满意于这个新合作项目是安全的，管理者就会允许甚至帮助促成而非抵制真我接触被放逐者。以下是管理者普遍担心的问题（见表10-5）。虽然不是每个管理者都会赞同我们所有的提议，但大多数部分会赞同不止一个提议。

表 10-5　管理者普遍担心的问题

1. **消防员很危险**。管理者需要相信，当来访者的真我靠近被放逐者时，危险的消防员不会因此发动
2. **被放逐者的侵袭**。当来访者的真我由于被放逐者的掺和而被情绪淹没时，那种感觉就像乌云遮住了太阳。真我只会被掩藏，而不会被毁坏。不过，当真我被藏起来时，其他部分是无法受真我领导的，它们只会感受到被放逐者的痛苦。因此，管理者需要确认被放逐者能控制自己掺和的程度，使真我能够现身

（续）

3. **你（治疗师）会受不了的**。管理者需要相信，治疗师不脆弱，他们能够处理被放逐者的脆弱，不会在厌烦中退缩、抛弃或变得不尊重和惩罚来访者
4. **如果来访者的真我出现，治疗师会消失**。管理者需要知道，连通真我的内在资源并不是在关系中被抛弃的前奏，也不意味着来访者为了自给自足，不得不放弃外部支持
5. **这不安全**。管理者需要相信，真我会保护被放逐者，如果来访者身边的人有一些危险的部分，真我能保证系统的安全
6. **可能会有坏事发生**。管理者需要在一些情况面前保持自信，即使被放逐者说出了秘密，或是放弃了无可救药的依恋关系，也要相信真我能够处理由此带来的惩罚性后果，比如被家人回避、被暴力威胁
7. **我会被消灭**。管理者需要相信，当它们不再被极端的角色需要时，它们不会被抛弃或消除
8. **被放逐者是我的负担**。管理者需要理解的是，被放逐者并不是负担，一旦其束缚被解除，它就会发生转变
9. **不掺和会暴露××（来访者的名字）是空心的，没有真我**。管理者需要重新理解来访者的空虚感，不能只从字面上理解空虚的含义。空虚感是被放逐的部分传达的信号，是不安全依恋的写照。感到空虚的来访者，内心充斥着孩童时他人缺席的经历
10. **我会因为自己造成的伤害而受到审判**。管理者和消防员需要来访者真我的关怀，也需要得到保证——如果其他部分（或其他人）对它生气或指手画脚，真我会介入
11. **改变会破坏系统的稳定并引发痛苦**。管理者往往以问题解决的方式应对外在威胁，也需要更好地探索被放逐的情绪的方方面面，以便来访者能充分体验各种情感

消防员很危险

在我们试图与一个被放逐者建立任何联系之前，我们会通过询问来访者，了解愤怒、自杀、暴饮暴食之类的风险。不断与被放逐者周旋的消防员是危险的。如果来访者接近一个被放逐者，消防员很可能会发起行动。一些管理者对此保持着警惕，还有一些部分会试图否认消防员的存在。如果一个管理者否认危险的存在，但来访者的经历和记忆表明情况并非如此，我们会直接向我们觉察到的消防员核实情况。由于内在系统可能处于一种微妙而脆弱的平衡状态，所以我们需要得到它们的许可再接近被放逐者。

被放逐者的侵袭

保护者的恐惧会激发很多行为，这些行为使来访者陷入困境，将他们送进治疗室。管理者和消防员最担心的是被放逐者的负面情绪和信念压垮来访

者。对情绪侵袭的恐惧促使管理者压制情绪，也促使消防员通过在其他方面解除抑制来分散注意力。如前所述，许多治疗方法包含情绪调节技能训练，以帮助来访者调节他们的感受、预防冲动。然而在 IFS 中，我们通过与被放逐者协商，请它们不要用情绪感受侵袭来访者，来达到预防极端反应的目的。被放逐者能够决定不侵袭来访者——这一事实可以为来访者节省大量时间和精力。当然，询问并不能保证放逐者一定配合，但如果它信任来访者（和治疗师）的真我，它通常会同意。而当被放逐者不信任来访者的真我时，我们必须先修复它和真我的关系，才能指望得到它的配合。

有时，某个被放逐者可能会愤怒，因为真我并不在场，而它被迫寻求他人的帮助，而这些人大多无能为力，或者非常有害。但如果真我认同了它的愤怒并向它道歉，这个部分很快就会感觉好起来并接受帮助。随着真我与被放逐者之间逐渐和解，有所顾虑的管理者会变得紧张并干预进来。大多数时候，我们会请它们后退一步，但如果它们坚持不退让，我们会先倾听和处理它们的顾虑，再返回被放逐者身边。在 IFS 中，"阻抗"意味着管理者在踩刹车。毕竟，我们正在进入一个受过创伤的、脆弱的内在生态系统，管理者有充分的理由选择不信任。当我们充分尊重和倾听管理者，它们相信我们知道如何安全前行时，它们会选择帮助而非抵抗我们。

你（治疗师）会受不了的

许多来访者都曾在他们的被放逐者暴露时，遭到家人、同伴或以前的治疗师的伤害或抛弃，他们的保护者害怕会在我们这里受到同样的对待。它们相信，如果被放逐者令治疗师感到不舒服，那么暴露它会破坏治疗关系——这种恐惧是现实的。在来访者暴露了他的被放逐者之后，如果我们的管理者处于主导地位，或正准备占据主导地位，那么我们会将来访者置于危险之中。因为在这种时候，来访者冒险表露了自己的脆弱，而我们却无法像以前那样保持安全、温暖和关怀，而有可能迅速（在无意识的情况下）转变为冷漠、不耐烦或心烦意乱的人，这会进一步强化来访者自身的无价值感，驱动他的保护系统高速运转。所有这些都说明，治疗师与自身的部分保持密切关系，保持真我领导状态非常重要。无法照顾自身被放逐者的治疗师不应该接触来访者的被放逐者。一旦大门打开，来访者可以接触到自己的被放逐者，我们就有了巨大的责任。来访者无法承受被我们的保护者拒绝、抛弃或惩罚，除非我们能够承诺，不论发生什么，来访者都能触接到我们，否则我们不应该打开那扇门。

在这方面，尤其是对来访者的管理者而言，隐晦、害怕或愤怒的治疗师会成为问题。隐晦的治疗师会增加管理者的风险，尤其是当过去的负面经历一直挥之不去时。许多管理者需要感觉到治疗师是关心来访者的，而他不仅仅是在做一份工作。但因为担心直接表达关心会在治疗关系中引发不现实的幻想或不恰当的行为，许多治疗师在接受训练的过程中学会了保持隐晦。这样可能会造成僵局，加深管理者的不信任，延长治疗时间。因此，如果你关心一个来访者，我们建议你想办法让他知道你是关心他的，包括直接告诉他。

谨慎的管理者第二顾虑的是害怕的治疗师。许多管理者，尤其是那些经历过创伤的管理者，会不相信某种类别的人，比如成年人、男人、女人、长相或行为与众不同的人等。这种情况对治疗师和来访者的管理者而言也是如此。与此同时，心理治疗是一门以关系为核心的手艺。我们不能因为害怕来访者而不去发展关系。在来访者的保护者操纵、破坏或挑衅时，如果我们的管理者跳出来采取行动，那么我们就无法让来访者触接我们的真我了。尤其是当来访者变得强势时，治疗师特定的一类管理者，也就是"治疗师部分"（之所以这么称呼，是因为它总是讲理的、理性的、受过良好教育的、热心帮助的，而且很容易与真我相混淆），可能会想将谈话引向更安全的领域。此外，当一个来访者看上去"索求"无度时，我们有必要理解的是，他对需要照顾和关怀的直接表达是在为年幼的部分发声，这些年幼部分对治疗师照顾自己的幻想源自未被满足的、合情合理的需要。这些部分不需要受到控制、制约或迁就，它们需要的是在关系中被理解、被抱持。同样地，我们的"治疗师部分"也不例外，它们也需要关系，需要与我们的真我的关系，而不是与来访者部分的关系。来访者和治疗师之间"部分对部分"的互动几乎不会进展顺利。

管理者第三顾虑的是愤怒的治疗师，这一点同样令其十分担忧。如果治疗师的消防员在碰到有挑战的来访者时跳出来反应，那么它会滥用消防员的威力，造成各种伤害。一个行为受消防员驱使的治疗师是专横、冷漠、怠慢、轻蔑的，他会惩罚、侵入、引诱或否认危险。碰上治疗师的消防员的来访者会受到精神创伤，并因此而受到挫折。对将要步入治疗师角色的人来说，与我们的消防员保持良好的关系是一种道义上的责任。IFS 模型提醒我们，每个人都有真我和其他部分，包括不那么有利的部分。我们的责任首先是不造成伤害，其次才是帮助来访者的真我满足其需要。

这不安全

将被放逐者带入危险的环境是不明智且不道德的。当一个来访者感到不安全时，他的管理者会抗拒 IFS 治疗，担心这样会暴露太多脆弱之处。如果一个来访者与有虐待倾向的配偶或家庭成员生活在一起，我们会专注于触接来访者的真我，或至少触接她成熟的管理者，以改变这种环境。此外，一旦来访者变得更强大，不那么依赖他人，与之亲近的人即使并不危险或没有虐待倾向，也有可能做出极端的反应。基于这些原因，在与脆弱部分开展内在工作之前或期间，我们会评估来访者的外部环境，并根据需要促成某些改变。如有可能，我们也可以邀请家庭成员来帮助来访者的部分，正如我们将在第 14 章介绍家庭治疗时阐述的那样。

可能会有坏事发生

一些管理者花了数年的时间来抹去或消减照顾者部分认为不恰当的行为迹象。我们称这些部分为"父母型保护者"。为了安抚那些觉得自己不被爱、注定失败的被放逐者，这些管理者总是警惕性地避开这样的想法：那个施暴者从未爱过来访者。当愤怒的部分想要对质、揭露或切断与被放逐者或来访者依恋的人的联系时，管理者也会踩刹车。IFS 模型可以帮助管理者解决所有这些问题。

首先，一旦被放逐者信任来访者自身的真我，就会放弃对他人的依赖。我们会努力让来访者的真我成为所有部分的主要依恋对象。其次，来访者需要知道，他的康复并不取决于他是否、何时以及如何与施暴者对质，而是完全取决于他自己。太多的来访者被过早地鼓励去面对施暴者，他们的内在系统其实还没有准备好应对对方的反应，因此他们很容易因为被否认或反击而再次遭到情绪虐待。

虽然面对施暴者并不是治愈的必要条件，但来访者可能希望这样做。如果是这样的话，我们会建议他尽可能多花时间做内心准备，不管面对的情况如何，他的真我要能保持主导，他的部分应该感到安全。尽管这种方法对大部分来访者而言很有效，但有些来访者拥有一些部分（通常很年幼），这些部分会将自我关照与遗弃联系在一起。这些年幼的部分会在这样的过程中体验彻底的忽视，渴望得到救援。它们会固执地想要从别人那里得到爱，甚至在很长一段时间内拒绝与真我见面。我们需要认可它们的需求和经历，探索围绕着它们的保护者的恐惧，向它们保证自我关照并不会取代充满爱和安全感的关系，反而前者是后者的必备条件，由此哄劝它们关注真我。

我会被消灭

许多保护者认为，它们的整个存在不过是用来填充内在的某个角色。它们在自己的极端角色中待了太长时间，太过投入自己的任务，以至于没有意识到自己还有其他的才能和欲望。并且，如果它们的行为具有压迫性或破坏性，系统的其他部分可能会急于消除它们。因此，它们常常担心，一旦被放逐者不再需要它们的保护，它们将不复存在。我们（来访者的真我和治疗师）的工作是让保护者相信，我们欣赏它们做出的牺牲，不论它们扮演何种角色，我们都珍视它们。我们会问它们，将来你更希望做什么。如果它们不知道，我们会向它们保证，休息是一个好主意，总有有价值的新角色供它们选择。值得注意的是，通常情况下，保护者新选择的角色往往与之前扮演的角色相反。例如，批评者想成为"拉拉队队长"，那个让你躲藏起来的角色现在想帮助你走进人群，等等。

被放逐者是我的负担

大多数的保护者认为，被放逐者只不过是它们的负担。如果一个被放逐者很年幼——这种情况很常见，它的观点会与其年龄相符，包括"非此即彼"（要么我是好的，要么我是坏的）和"自我指向"（如果发生了什么事，那么应该是我的责任）的想法，这是孩子的特征。试图从认知上纠正年幼被放逐者的这些信念很少成功，但一旦真我靠近它并传达出爱意，它们就会敞开心扉接受其他观点。

来访者没有真我

管理者可能会长时间认为来访者没有真我。尽管与之争辩是一个很吸引人的选择，但最有效的办法是与部分直接介入，并对它们认为的风险保持好奇。如果真我出现了，最糟糕的情况会是什么？管理者们往往会担心自己不再被需要。而有些时候，管理者会以一种持续而彻底的空虚感来证明来访者没有真我。我们可以帮忙指出这一点，这个感到空虚的人充满了孩童时期有人缺席的体验，父母的忽视似乎给年幼的部分造成了一种持续的空缺、死寂或冷酷的感觉，特别强烈和难以承受。被放逐者的旧日体验体现了触目惊心的不安全依恋，但这并不意味着被放逐者是空虚的，事实恰恰与之相反。

如果来访者的真我出现，治疗师就会消失

承担了父母角色的年幼管理者在关系中经历过多次它们不应当承受的抛弃。有些部分会渴望外界的爱和支持，而另一些部分则倾向于保持谨慎，尽力自给自足。在我们最开始邀请这样的部分与真我建立联系时，渴望与外界有更多联结的部分往往会视之为治疗结束（治疗师将宣称治疗的成功与结束）的前奏，接受永远孤立无援的事实，希望继而被掐灭。而反对建立更多联结的部分在听到我们的提议（与真我建立联系）时，会将其理解为被抛弃的前奏。当我们建议与真我接触时，它们也会质疑我们的意图。这两种防御背后的顾虑都是可以理解的，因此耐心对于赢得信任而言尤为重要。

我将因自己造成的伤害而受到审判

不只消防员会造成破坏，苛刻、刻板、长期（往往对各方面）吹毛求疵的管理者也会让来访者在一生中付出高昂代价。有时，来访者的真我需要见证一种内在的真相，见证受伤的部分与造成伤害的部分之间的和解，其中前者需要让自己的经历被人看到，后者需要得到道歉和放下严酷角色的机会。有时，采访者还会有与外在他人修复关系的需要。在这一点上，没有什么比真我更重要的了，对于伤害者的道歉和受害者的回应而言，真我的勇气、清晰和开放必不可少。

改变会破坏系统的稳定性并引发痛苦

保护者害怕痛苦，它们将痛苦视为没完没了的悲伤和抑郁的入口。因此，它们常常竭尽全力地阻止、麻痹和避免痛苦。当保护系统不再抱有这种态度，而是允许真我陪伴和见证被放逐者时，痛苦很可能会是疗愈过程的一部分。当部分终于能够触接真我时，它们可能会感到悲伤，因为它们终于足够稳定和安全，从而可以体会自己的丧失。因此，在我们进行治疗的过程中，我们需要向管理者保证，悲伤是一种自然的疗愈方式，我们生而具有有益的悲伤（Scott，2016）。

结论

在我们发现并具体化目标部分（最好是管理者）之后，我们需要确保来访者的真我能够触接（能够感同身受），然后我们会促成目标部分与来访者真我之间的联系（建立关系），这样我们才能了解目标部分的动机（恐惧）。一旦来访者的真我与目标部分建立起联系，我们就能知道是什么驱动了后者的所作所为，并提出两个重要的建议：①我们可以解决这个部分的问题，这对于保护被放逐者而言是必不可少的；②我们可以以真我的形式，为被放逐者提供可靠的帮助。一旦保护者见到了来访者的真我，尽管在没有感受到更多诚意的情况下，它还是不愿相信真我，但它能感觉到有些不一样的东西进来了，这有可能帮助它解决实际问题（被放逐者的脆弱），而不是阻止它做该做的事。当保护者相信，我们能够理解它们顾虑的合理之处、它们疯狂背后的道理时，它们通常愿意冒险去尝试新的事物。

Internal Family Systems Therapy

第 11 章

改变保护者对立、极化的状态

直至目前，我们已经向大家描述了如何运用内在沟通帮助各个部分的过程。我们帮助被放逐者与真我建立关系，让它们感觉更好；我们也帮助保护者，让它们看到治愈的效果，推动它们进入新的角色。不过，我们最重要的一些工作与改变部分之间的关系有关。根据我们的经验，每位来访者身上都有对立、极化的部分，它们维持着与彼此对立的极端状态。在极化程度较低的系统中，部分在一个连续体上，更趋向于合作，没有那么需要得到单独关注；而在极化程度较高的系统中，陷入交战的部分需要得到很多关注。

负担带来对立极化

当某些事件让系统失去平衡时，它的成员往往会以彼此对立的方式，试图恢复平衡。父母反目成仇，手足成为对手，而那些有着共同目标、都想避免痛苦的部分，往往会采取相反的策略。然后，双方都害怕让步，因为这样会让自己输给对方。保罗·瓦茨拉维克（Paul Watzlawick）和他的同事用划船的比喻来描述这种对立、极化的状态。

> 为了稳定船身，两个水手正待在船的两侧：每当其中一人靠向船的一侧时，为了减轻他因为想稳定船身而造成的失衡，另一个人也必须更往自己这侧靠。可如果不是这两人要杂技般地想要稳定船身，这艘船本来就很稳定。

将这个比喻应用于内在系统时，我们可以说，两个水手都丢下了他们更喜欢的角色，选择了这样一种僵化、有限和极端的角色，以至于带来翻船的危险。当水手们彼此对立时，为了对抗对方的行为，每个人都不得不保持极端，而且只能根据对方的行动来行动。讽刺的是，双方所渴望的其实是一致的，都是安全和顺利地航行，但由于他们互不信任，似乎无法达成一致。他们需要一个第三方，权威受到双方认可的第三方——船长（真我），来帮助他们摆脱困境。一旦双方从对峙的约束中解脱出来，一旦每位水手都信任船长能引导他们驶向一条安全互惠的航线，他们就可以在船上自由活动，各司其职。

奎因身上的对立极化

我们可以基于奎因的情况做进一步的类比说明。奎因是一位年轻女性，她参加了我那个最后不了了之了的暴食症研究。尽管后来奎因搬出了父母家，并开始约会，但她身上还是有很多对立、极化的部分。比如，不论是在工作还是在家，总有一个声音不断催促她干活。每次只要奎因坐着不动，这个催促的部分就会骂她懒惰，提醒她还有许多事情需要处理。我引导奎因问那个催促的部分，如果它不再催促，不再让她那么疲乏不堪，它担心会发生什么。这个部分回答说，它担心奎因会变得抑郁而瘫在床上。的确，奎因也承认，每当她停下来的时候就会感到抑郁，她会连续好几天待在公寓里不出来，完全不接触工作和朋友。她说:"好像一旦我慢下来,抑郁就会抓住我。"

意识到过度工作与抑郁之间的关系后,奎因与抑郁的部分进行了交谈,对方抱怨过度努力的部分过于霸道。它说自己不得不抓住一切机会让奎因立即停下来,抑制她的活动。它只要一松手,过度努力的部分就会把她弄回去,用过度的忙碌掩盖所有悲伤的思绪和感受。也就是说,这两个部分都害怕对方的影响,从而陷入了对立的僵局。除非双方都确信对方会听从指令,否则任何一方都不可能退让。

奎因的另一位治疗师缺乏我们所说的系统意识,从而给了她这样一个常识性的建议:"与其搞得自己疲惫不堪,不如试着慢下来。"而这无意中站在了奎因抑郁部分的一边。相应地,她过度努力的部分为此变得更卖力了。当家人、朋友和治疗师不理解内在冲突的极化本质时,他们往往会错误地站在自认为最合理的一边。就像个体在家庭谈判中,或国家在国际谈判中一样,其实很多部分都不愿意做出单方面的改变,它们也不会信任站在其他立场上反对自己的部分。通过了解这些极端部分的关系背景,我们为有效的干预奠定了基础。

对立极化的迅速恶化

在对立极化中,即使很小的分歧也会迅速升级。奎因越是排斥她抑郁的部分,她就越发地感到抑郁和绝望。这个部分越是沮丧,过度努力的部分就越是想放逐它,反复如此。这种无处不在的循环是系统观的核心。我们可以让对立的部分相互认识,让它们听到它们对彼此的错误设想,强调它们无害的本意,说明每个部分的所作所为都是为了解决相同的潜在问题——我们可以通过这些方式帮助它们去极化。在这个案例中,抑郁的部分是一个6岁的孩子,它在保护一个又孤独又害怕的5岁孩子。抑郁的部分试图通过打压奎因,让她注意到这个5岁的孩子,而过度努力的部分则竭力让奎因远离这个5岁孩子孤身一人的恐惧,远离抑郁。

当奎因将过度努力的部分和抑郁的部分引见给对方时,它们温和了下来。

但在卸下自己的角色之前，它们需要确认的是，奎因的真我在照顾这个 5 岁的孩子。一旦这个 5 岁的孩子得到了曾经的小奎因所需的关注、影响力和资源，抑郁的部分和过度努力的部分就可以放松下来了。在 IFS 治疗中，我们旨在实现系统的平衡与和谐，这两个目标微妙而复杂地彼此关联在一起，平衡为和谐创造必要的条件。幸运的是，真我是一个能胜任此项工作的首领。当抑郁的部分（一个被放逐的保护者）和 5 岁的孩子（一个被放逐者）彼此区分到足以引起奎因的注意时，它们就能爬到她的膝上好好休息，相互偎依。它们关系的好转给奎因的生活带来了新的满足和活力。看到这一切，过度努力的部分停止了催逼，转而开始负责制定合理的目标，并战略性地实现这些目标。

对于 IFS 治疗师而言，来访者的内在世界和外在世界是一个大系统，该系统依据相同的原则运作，并响应相同的治疗技术。比如，奎因的内在家庭反映了她外在家庭的价值观和结构。随着父母逐渐独立于她，奎因的真我帮助她建立了更好的内在边界，并照顾她内在害怕失去父母的部分。一个层级上的变化并不必然为其他层级带来变化，但确实会摇撼系统各个层面的事物，并为有意义的改变创造机会。然而，如果来访者的外在环境一开始就不安全，那么我们建议谨慎行事。跨系统层级的改变可能会将来访者置于危险之中，因此在整个治疗过程中，请密切关注并处理外在的安全问题。如果来访者是安全的，那么我们有信心根据需要在系统层级间切换，从而进入他所选择的任何层级。

负担源自创伤

造成负担的不只是家庭动力和偏见。当人们（不论在是身体上、性上还是情感上）被拒绝、忽视、抛弃、震慑、惊吓或虐待时，他们受伤的部分很快会被禁锢、隔绝，他们的内在系统也会变得极化。我们遇到了许多受过创伤的来访者，他们让 IFS 的实践者认识到，重负、失衡与对立极化往往由创伤造成，这是非常典型的情况。当一个人类系统——无论是个人、家庭、社区，还是国家，遭受威胁或巨大的创伤时，这个系统会组织起来，保护自己的领导力和最脆弱的部分。比如，当一个国家威胁另一个国家时，受威胁的国家会将它的领导人转移到一个安全的地方。与此同时，平民将被送往避难所，军方将接管整个系统。如果这时领导人能保持冷静，在解决危机的同时给予鼓舞和安慰，公众对领导人可能会产生更深的信任。相比之下，无法阻止灾难性损失的领导人将丧失信誉，而军方可能会继续掌权。

内在家庭系统也以类似的方式运作。让我们考虑这样一个内在家庭，它包含的成员年龄不一，各自的脆弱程度也不同。在面临危险时，这个家庭会将真我和系统中最脆弱的部分转移到安全的地方，而保护者会向危险迈进。受过创伤的来访者让我们认识到，在创伤发生之前或期间，内在家庭中的真我会在不同程度上（取决于它们对危险程度的判断）脱离自身的身体感受——有时它会被完全推至身体之外，而一些年长的部分为了控制并保护系统，会采取战斗或逃跑反应：猛烈地回击或逃避，不论哪一种反应，只会让更脆弱的部分吓得发抖并被冻结在原地。这些在前线的保护者致力于将系统和真我遭受的恐惧和痛苦减到最小。

尽管做出了这些努力，内在家庭中最年幼、最脆弱的那些成员仍会深受创伤影响。它们会强烈地感受到伤害、遗弃和背叛。当受到的刺激足够强烈时，脆弱的部分会冻结在创伤时刻，经历如同电影《今天暂时停止》（*Groundhog Day*）那样，无数次重复体验创伤，包括其中所有的身体和情绪感受。如果真我能具身化，能通过身体进行表达并提供即时的帮助，系统会更信赖真我的领导，建立内在的力量，对抗走向极化的倾向。所有这些都有助于让受伤的部分免遭放逐，继续随着时间的流动前行。

尽管在危机中保持真我领导是理想的状态，但真我并不总能在这种时刻起领导作用。如果受害者是婴儿或儿童，情况将很大程度上取决于他周围人的反应。比如，如果孩子被带回安全的环境，得到安抚、爱，在他人帮助下理解和接受发生了什么，他的真我将保持在场，会用爱、抚慰和接纳来回应内在受伤的部分。在最好的情况下，孩子的经历会得到认可，而受伤的部分会自发地卸下负担。

然而，如果真我无力保护系统，事后也无法帮助部分，那么内在家庭就会对它失去信任，会对真我和受伤的部分过度保护。在这种情况下，就像家庭功能失效时，承担了父母角色的孩子进入主导状态一样，保护者将主导内在系统，让来访者很少或没有机会接触真我。

然而，如果得出这样的人没有真我的结论，那会是一个彻底的错误。IFS的准则是，所有人都有一个不会受到伤害的真我，它让我们保持好奇，直面各种崩溃时刻。即使真我与身体分离了，我们也可以确信真我的资源是存在的。如果这对读者来说难以理解，那么想想古人对日食的反应会有所帮助：当月亮遮住太阳时，人们担心太阳会永远消失。同样地，当真我在创伤之后处于日食状态时，我们害怕它会消失。这感觉就像我们在精神上失去家园，与生活脱节，又好像我们的精神迷失了，或者我们实质上已经死掉了，现在剩下的只是行尸走肉。在 IFS 治疗中，我们的目标是结束日食。

保护者变得对立极化

管理者压抑被放逐的情绪，消防员则通过分散注意力让人无视情绪。这两类保护者在保证来访者的安全以及维系生活的问题上，经常会对立。当我们注意到一个对立极化时，要和牵涉其中的部分交谈，发现它们是如何相互影响的。我们会问它们，如果它们停止争吵，让我们得以解决根本问题，它们会担心些什么，这些担忧归根结底往往是遗留的负担或被放逐者的痛苦。对立极化的部分可能是顽固的。表 11-1 列出了一些促使部分对立极化、钻牛角尖的因素，以及那些能帮助它们消停下来的因素。

表 11-1 为何保护者之间会对立极化，以及如何化解它们

为何保护者之间会对立极化
❑ 对立极化的保护者有一个共同的问题（它们有着脆弱的被放逐者），但在如何应对被放逐者这件事上，它们之间存在冲突
❑ 在一个方向走向极端的管理者会引发其他管理者或消防员在对立方向上的极端

（续）

我们如何帮助保护者化解冲突

- 当我们接纳并公正对待双方时，对立极化的保护者更有可能选择合作，化解矛盾
- 我们邀请部分会见彼此、看到它们的共通之处，并尝试让真我来照顾它们保护的被放逐者
- 如果它们愿意，我们会将它们介绍给第三方（来访者的真我），它能帮助它们解决问题
- 极度对立的保护者即使在会见真我之后，也需要双方同时放下干戈，因为它们不愿意冒险单方面倒戈
- 真我可以先与每一方建立可信赖的关系，再将它们聚在一起，有时候这种方式会更好

以下是一个与对立极化的保护者协商的例子。夏洛特今年38岁，在一家大型科技公司工作，时常加班加点工作。她因为感到抑郁前来接受治疗。

治疗师：你在哪方面感觉到自己抑郁？

夏洛特：我脑子里面很拥挤。

治疗师：你对自己拥挤的脑袋有什么感觉？

夏洛特：累。

治疗师：可以试着对它感到好奇吗？

夏洛特：我这么跟你说吧。我花太多精力在工作上了，我没有生活。

治疗师：你没有生活？

夏洛特：其实，真正的问题并不在于工作，而是看网飞（Netflix）到凌晨两点！

治疗师：看来你对于问题出在哪里有些不确定。

夏洛特：我确实从早上7点工作到晚上10点。

治疗师：我理解你说的"脑子里面很拥挤"是什么意思了。

[治疗师识别出了一组对立极化。]

夏洛特：我承认我应该早点下班，但有时候我就是做不到。如果我有更多的睡眠时间，偶尔工作到很晚也就不是问题了。

治疗师：所以你的一部分可以接受长时间的工作，但另一个部分想要你拥有更多的睡眠时间，不看电视。是这样吗？

[治疗师说出了对立极化的部分。]

夏洛特：我再也不能忍受继续这样工作了。我累坏了。我厌恶这样。

治疗师：那是那个不喜欢长时间工作的部分在表达。

夏洛特：我要做的就是直接注销有线频道。这样，我回家之后就没有其他选择，只能去睡觉了。

治疗师：这是另一个部分在说话。夏洛特，你注意到这两个部分了吗？

[治疗师并没有让它们继续争吵，而是向夏洛特发问，看她是否有足够的空间观察它们。]

夏洛特：应该注意到了。

治疗师：你对它们有什么感觉？

夏洛特：我很好奇我脑子里的这场斗争！

[听上去有足够的真我能量，可以继续向下推进。]

治疗师：你可以问问晚上看电视的部分，如果它停下来会怎样呢？

夏洛特：我从来没有休息过。

治疗师：好的。现在问问那个希望你一直加班加点工作的部分，如果它不再督促你，会发生什么？

夏洛特：我永远不会进步。

治疗师：然后呢？

夏洛特：那我会很失败。

治疗师：然后呢？

[治疗师在追踪，是怎样的一连串信念在影响努力工作的部分，这些信念最终会揭露出被放逐者。]

夏洛特：那我就毫无价值可言了！

治疗师：所以它是在保护你，让你不被一个觉得自己一无是处的部分伤害？

[治疗师没有试图再次确认来访者的无价值感，这是一种负担。为了消除负担，来访者的真我必须与被放逐者建立一种关系，这种关系稍后会出现。]

夏洛特：有时候应该是这样。

治疗师：如果我们能帮助那个觉得自己一无是处的部分，你还需要这么努力吗？

[现在，治疗师从被放逐者那里回到夏洛特保护者的极端行为上。]

夏洛特：大概不会。

治疗师：如果你不用那么努力工作，你还会看电视到那么晚吗？

夏洛特：我肯定不会。

治疗师：那么这两个部分能不能让你去帮助那个觉得自己一无是处的部分呢？

[治疗师请求部分准许自己去帮助被放逐者。]

夏洛特：我该怎么做呢？

治疗师：如果没有任何部分反对，我会做给你看。

夏洛特：我听到的是可以。

治疗师：你是在身体或周围的哪些地方注意到自己一无是处的感觉的？

夏洛特：它是一小块，在我的身体中央，离外界很远。

治疗师：你对它有什么感觉？

夏洛特：我想让它待在那儿——离得远一点。

治疗师：这是谁说的？

夏洛特：我觉得是努力工作的部分说的。

治疗师：是吗？

夏洛特：是的。

治疗师：努力工作的部分看到你了吗？

[治疗师与其说服努力工作的部分，让它相信让来访者真我帮助被放逐者是有好处的，还不如把努力工作的部分引荐给真我。]

夏洛特：没有。

治疗师：何不让它见见你？

夏洛特：好吧。

治疗师：它有什么反应？

夏洛特：它很惊讶。

治疗师：它愿意相信你吗？

夏洛特：也许吧。

治疗师：我们只需要它信任你，愿意你去尝试新事物。

[治疗师接纳努力工作的部分的谨慎和坚持尝试。]

夏洛特：好的。

治疗师：回到那一小块的事情吧。你现在对它的感觉如何？

夏洛特：我觉得我感觉到了友好。我想帮忙。

治疗师：让它知道。

夏洛特：它越来越大了。

治疗师：一切都好吧？

夏洛特：没事。它现在就像一颗豆子。也许是一个胚胎！

治疗师：接下来需要做什么呢？

[治疗师引领这个部分走向并触接真我。]

夏洛特：保护。

治疗师：那要怎么做呢？

[治疗师强化来访者真我的领导状态。]

夏洛特：我把它放在一个金光闪闪的球里。它喜欢那样。

治疗师：我们下次咨询能从这里开始吗？

夏洛特：好的。

夏洛特有一个部分工作时间太长，另一个部分则会在电视机前开小差，直到深夜。由于是过于用力工作的部分启动了这样一个循环，所以治疗师询问了它的恐惧。在回复中，来访者说出了被放逐者的负担：坚信自己一无是处，感觉自己毫无价值。一旦被放逐者的负担被说出来了，治疗师会主动提供帮助。值得注意的是，治疗师并没有和努力工作的部分谈论过度努力的缺点，也没有劝诫看电视的那个部分。因为在治疗师看来，这两个部分都会误将所有伴随的伤害看成一种必然的恶，而不认为夏洛特是被一些被放逐的情绪给压垮了。因此，治疗师会主动解决被放逐的情绪的问题。

一旦来访者同意帮助被放逐者，接下来就可以见证卸下负担这一步了，但在下周到来之前，夏洛特的保护者可能会觉得最好别让事情进展得这么快——在这种情况下，它们会设置障碍，治疗会慢下来一段时间。这个例子说明，对立极化的保护者总是被一些内在的东西（比如对某种情绪感受的恐惧）驱使，而这些内在的东西在其他人看来可能相当模糊。然而，当来访者谈到这一潜在动机时，它们会予以关注，尽管不是每次都很及时，但终究会合力应对。

内在的三角造成恶性循环

如何最佳地应对被放逐者原初的痛苦？在这个问题上，不同的保护者倾向于彼此对立。它们的模式化行为会陷入恶性循环，并随着时间的推移逐步恶化，将卷入其中的三种部分推向更严重的极端。比如，假设苏珊娜有一个认为自己不值得被爱的被放逐者（一个令人感到羞耻的信念）。作为回应，她内在的一个消防员会带她去酒吧狂饮。而在应对这种行为时，管理者会不断斥责她的软弱和放纵，为她不顾自己的身体和家庭所做的事而羞辱她，并敦促她动用一些意志力来阻断这种行为。她的家人和治疗师也想通过让她感到羞愧的方式促使她停下来。不幸的是，这一切来自内在和外在的令她感到羞辱的压力，只会让她透不过气的被放逐者感到更加绝望，而这个部分却能够影响和鼓动消防员，带她出去喝酒……情况便如此恶劣地循环往复。

保护者与被放逐者的关系问题 vs. 保护者的对立极化

极端的保护行为往往意味着存在被放逐的极度绝望、痛苦、恐惧和羞耻。也就是说，保护者的极端与被放逐者的脆弱是相应的。被放逐者的感受会激发保护者凶猛的分裂对策，这正是任何试图保持平衡的系统的自然倾向。由于每一种极端的对策都潜在地失衡，保护者们会尝试相互制衡。比如，一个工作狂（管理者）和一个酒鬼（消防员）可以保持平衡，尽管代价是冲突的恶化。管理者之间也会对立极化。比如，一个源自童年早期的管理者可能会极力成为一个听话的好孩子，而一个更年长的管理者则可能致力于取得经济成就——这需要更多地进行主导，更少服从。极端对立极化的行为引起的恶果，本质上是控制权抢夺战的副作用。极端保护者不断升级的策略就像两种见效快但互相干扰的药物，总是要求人们吃更高的剂量，最后危及来访者的生命。

当保护者挑彼此或它们所保护的被放逐者的刺时，我们很难区分情况到底是保护者的极化，还是保护者与被放逐者之间的关系的问题。可是，不同的情况对应不同的治疗策略，所以认识它们之间的差异是有益的。在处理保护者的对立极化时，我们需要面对三个部分（其中一个往往是隐藏起来的被放逐者），经历两个步骤。第一步是要求交战的双方都后退一步。第二步是，一旦它们同意这样（这可能需要时间），我们请来访者的真我接触被放逐者。而在另一种情况下，当我们处理的是一个保护者与一个被放逐者之间的问题时，我们面对的是两个部分，仅需一个过程。在这个过程中，我们会请保护者放松下来，后退一步，允许被放逐者前来与真我会面。如果我们误将被放逐者认成极化的保护者，还要求它后退一步稍事休息（就像我们要求保护者做的那样），期望从它下方再冒出一个被放逐者，我们就留下了让真正的被放逐者觉得自己不被需要的隐患。这个错误会引发一系列令人困惑的症状的恶化，从而让治疗变得缓慢。因此，对保护者的对立极化与保护者、被放逐者之间关系的问题做出区分非常重要。这一点可以通过一个具有揭示性的简单提问实现："你在保护谁？"如果这个部分说没保护谁，那它就是被放逐者。

解除对立极化：会议桌技术

我们通过促成极化部分之间的直接沟通来解除极化（见表 11-2）。尽管极化的部分知道对方的存在，还彼此抢夺对来访者的影响力，但它们可能从未直接交流过，它们很少意识到，它们保护的其实是同一个部分。而一旦它们彼此隔绝，它们对对方的偏见就会因为相互施加的极端行为被坐实。然而，在最终见到彼此时，它们往往能够化解长期的争端，并迅速发展出一种新的关系。

表 11-2　帮助僵持在对立局面的部分

- ❏ 我们可以帮助来访者的真我创造双方同时区分开来的局面
- ❏ 我们可以建议每个部分得到更多的一对一的帮助
- ❏ 我们可以让对立极化的部分反复见面，直到它们熟悉到足以在另一方面前不再那么极端
- ❏ 我们坚持不懈；我们坚持让这些部分参与进来
- ❏ 我们提供这样一种愿景：只要它们愿意倾听对方，就会找到前进的方向

因此，我们的目标是帮助各个部分真实地听到和看到对方。我们会运用一种叫作"会议桌"的方法达成这一目标。20多年前，米奇·罗斯（Michi Rose）发明了这一方法，她是我（理查德）研发 IFS 的早期合作者。我们会邀请所有与有待探讨的问题相关的部分和来访者的真我一同入席会议，真我是这场会议的裁判，保证谈话过程中各方相互尊重。在所有相关部分都来到（或靠近）会议桌之后，我们会引导来访者的真我以类似这样的陈述作为开场白："我知道你们都是为了参与其中的每一个部分好，但在如何实现这一点上，你们之间存在分歧。我可以帮你们，但首先，我希望你们倾听彼此。否则，你们之间的对立到头来只会让你们搬起石头砸自己的脚，自作自受——毕竟你们有着共同的目标，只是实现方法不同而已。我不知道你们是否认识到了这一点。我保证，我们能以一种让你们双方都满意的方式，来解决根本问题，也就是所有那些痛苦和脆弱。现在，让我们先听听你们每个人的想法。"真我也可以介绍每个部分的本性，以此开始会议。真我作为这个子系统中贩卖希望的店家，向部分解释，如果它们能相互理解，事情会好办得多。在许多情况下，哪怕真我只传达了一丁点类似的信息，极化的部分也可以与其交谈。

然而，如果两个部分中的一方甚至双方都很顽固，拒绝真诚地讨论问题，那么真我应该坚持让它们起码尊重和倾听对方。有时候，这些努力并不会立即产生效果，一次的会议无法解决任何问题。我们会建议每个部分多花些精力进行自我反思，或让它们多见几次面，多听听对方的想法，从而在对方面前表现得不那么极端。不论哪种方式对这对部分是最合适的，关键是要坚持不懈，让各个部分保持参与，并表达这样一种期望：相互的倾听无论如何终会有所助益。在接下来的这段对话中，治疗师坐在副驾驶的位置上，提出类似下列的问题，确保来访者的真我独立于其他部分。

- 大部分情况下谁说了算？
- 一直以来，是谁在帮助谁？
- 谁和谁有冲突？
- 谁最难过？

- 大家觉得今天最好发生些什么？

如果这些部分反馈说，仍然有一个部分是极端的，它需要一个新角色，那么真我可以与这个部分交谈，并请求其他部分协助维护已通过协商实现了的改变。如果问题出在两个部分的分歧上面，真我可以要求这两个部分面对面地交谈，其余的部分在一旁看着。当一个部分需要帮助时，真我会探索它需要什么样的帮助，并呼吁自愿帮助的部分帮助。如果来访者面临一个问题，真我会邀请大家设想并提出某种解决方案。如果来访者面临一个重要的决定，真我会召集大家讨论各个部分倾向的选项的利弊。倾听民意之后，真我会做出最后的决定，并询问那些提议没有受到"垂青"的部分，看看它们可能需要些什么。

在这些谈话之后，内部矛盾关系出现戏剧性逆转的情况并不罕见。比如，我（理查德）目睹过一个鄙视某年幼部分的管理者完全反转自己的行为，选择成为这个孩子的榜样和导师。为了监控各个部分的反应，并在团队运作的过程中识别任何正在生成的极化，真我也可以问以下问题。

- 谁对这次谈话感到失望？
- 谁倾向于干涉这个决定？
- 谁愿意坚持这个决定？
- 你们更喜欢以何种方式与彼此相处下去？

处理极化的 IFS 疗法适用于对个体、二元关系、三角关系或内在团体（也就是内在家庭）等所有范畴。在解决对立极化问题时，我们的首要目标是重新组织内在关系，让各个部分相互信任和帮助。当我们以这种方式帮助和支持一个内在家庭时，它往往可以自己做主并执行其功能，有时甚至连真我都没有意识到这一点。我见过这样的情况，真我召开会议，却发现相关部分已自行处理了这个问题，并开始推进其他问题的解决。据我的经验来看，大多数变化都发生在团体内部，没有真我的参与。对于来访者而言，这种内在的团体过程有很大的好处，因为一旦出现任何问题，所有资源都会被投入问题解决。换句话说，来访者可以培养一个功能良好的内在团队，这个团队的成员共享资源、共商大事，并像外在的健康系统那样，信任团队的领导力。

结论

保护者总是陷入对立和纷争。一个内在系统受到的创伤越大，其部分就越有可能对立、极化。保护者极化的现象是普遍存在的，它们标志着被放逐者的存在。我们的任务不是在任何对立极化的情境中判断谁对谁错，而是探索如果保护者们停下自己的工作，将会发生什么——这个问题会帮我们发现被放逐者。一旦我们找到了被放逐者，来访者的真我就可以主动伸出援手（即满足被放逐者的需要）。一旦被放逐者得到治愈，我们就可以期待对立极化会像阳光下的冰块一样融化。

Internal Family Systems Therapy

第 12 章

卸下被放逐者的负担

见证被放逐者的遭遇

一旦被放逐者感到与来访者的真我充分联结在一起，它往往会表露出来访者的一些遭遇，这些遭遇在某种意义上是创伤性的。如果这一过程没有自发地发生，我们会通过提问邀请这个部分这么做："这个部分想让你知道、体验什么，或当它体验到这些情绪、拾起这些信念时，你意识到发生了什么？"涌现出来的记忆可能会连来访者本人都感到惊讶，它们既有可能是单一的事件，其中包含羞辱、背叛或恐吓，又有可能是长期的虐待、剥削和忽视。其他人可能认为这些事情无关紧要，并非真的那么糟糕，或只能说明那个孩子实在过于敏感，而保护者可能把这些记忆缩减到最小，甚至将它们完全抛在脑后。不论被放逐者向来访者的真我表露的内容是什么，都会令孩子感到惊恐和痛苦。通过不评判、共情地见证被放逐者的遭遇，不论这个遭遇给孩子带来了多么沉重的信念（"我不值得被爱"），真我都能击碎它。

虽然在见证过程中，关怀（确认、关心、热心）是主要的治愈因素，但有些部分还需要大量的同理心的帮助。有了同理心，来访者就能够与这个部分感同身受。被放逐者对同理心（他人的感同身受）的需求往往令管理者感到头疼。当被放逐者开始与真我分享自己的感受时，若要保证焦虑的管理者不打断它，我们可能需要给它们更多的安抚和保证，确保被放逐者不会淹没来访者。

如前所述，如果一个被放逐者被困在过去的创伤时刻，我们会用"情景再现"（do-over）的方式改写过去的剧本。在这里，来访者的真我（和治疗师，如果部分希望治疗师参与的话）来到过去的特定时刻，做被放逐者当时需要别人为它做的事：比如约束一个成年人的行为，向其他人讲述，涵容这个部分，或是任何它可能要求的其他事情。有时被放逐者会要求以牙还牙地对待施暴者（"杀了他"），这会让其他部分感到紧张。但我们已经了解到，遵从被放逐者的心愿会带来好的结果。在这种创伤时刻，在情绪层面得到某种修正性改写之后，来访者对于过去的体验似乎得到了改变。尽管他没有忘记曾经发生了什么，但他的需求得到了认可和满足，他关于这段记忆的情绪效价发生了变化。因而被放逐者得以告别过去，来访者也不必再强迫性地回顾、思考或回避过去。当改写完毕，被放逐者准备好离开那个时空时，我们紧接着进入下一步——"带离创伤场景"（retrieval），在这个步骤中，真我将被放逐者带到当下，或如果它乐意的话，将其带入一个幻想世界。

绊脚石

尽管见证、情景再现和将被放逐者带离创伤场景的过程通常很顺利，但在一开始，保护者可能会反对回到过去并将被放逐者带离创伤场景的这个想法。它们对"改变过去"的设想或许会有更强烈的反应。这可能是因为在如何与过去建立联系这个问题上，我们的文化存在分歧。"撤销"的各种形式（比如，要是我当初……我早该……我当时为什么没……你当时为什么不……这不可能……我无法相信……我无法接受……）非常常见，我们几乎找不到不这么做的人——大家通常没有意识到自己在以这种方式回避悲伤。我们也听到过许多来访者神情绝望或疲惫地表示："我们无法改变过去！"

从 IFS 的角度来看，"不可改变的过去"这个概念对应的是记忆中的历史事实。事实可能铭刻在石器上，而记忆却包括对部分的理解和看法。那些被时间困住的部分被困在一个循环中，这个循环在行进的过程中会反复强化一些沉重的信念（"我很脆弱""我不值得被爱"）。保护者无法改变这一点，于是在勉强接受和疯狂逃避之间摇摆不定。IFS 的视角给出了一个更好的选择。正如部分不是它们的负担本身，它们也不是活在过去的生物。我们无须通过回避或否认部分的某个遭遇来缓解它的苦难。相反，我们可以让它感觉更好，遗忘过去。

否认者的命运

尽管我们提供了一种更好的选择，但内在的否定者可能还是会冥顽不灵。只要被放逐者还存在，否认就会是保护者军火库中的头号武器。而且，就像分裂一样，否认也是危险的。它将内在系统禁锢在幻想之中，在那些希望自己的故事被人听到的部分之中制造更大的恐慌，并无休止地侵蚀个体的外在社会网络。尽管否认者想做的是像巫师那样，用魔法驱散痛苦，但无法避免地，它们失败了。它们还总与其他认清了否认的代价的保护者保持对立关系。还有一些部分会担心，无论如何，主动改变过去都是否认事实和真相，是卑劣的。在这里，我们可以指出，真我在帮助被放逐者实现后者觉得本应发生的事情之前，会先见证实际发生了什么。事实上，IFS 治疗的过程是否定的反面。真我通过见证被放逐者的故事来接纳它的现实，然后真我帮助它重置自己的经验，给予它当时值得被给予的事物。通过这种方式，重置改变了来访者当下对过去的体验。

带离创伤场景之后，卸下负担

一旦被放逐者来到现在，真我就会问它是否还背负着负担。在 IFS 中，我们选择"背负"（carry）这个词是有用意的。因为尽管看上去负担如此深入皮肉地嵌进了来访者身体的 DNA，但无论如何，它们只是寄生物。如果被放逐者仍然背负着负担，我们会问，它们身体内部或外部的什么地方背负着它们（部分有它们自己的身体）。你会惊奇地发现，部分会准确地告诉你这个负担是什么以及位于何处。比如，这个部分可能会说，这个火球在我的肚子里，或是我的皮肤上有黏液，或者它是一个装满石头的背包。然后，真我会问这个部分，是否准备好了卸下它的负担。

如果没有部分反对卸下负担，我们可以将负担从来访者的系统中移送出去。请记住，所有与卸下负担有关的过程都是可以协商的。比如，如果某个部分还没有准备好将负担移出系统，它也可以把负担打包放在一个有封口的盒子里，把盒子塞进储藏室，这样随时可以取回来。根据我们的经验，如果见证发生在不止一次的会面中，部分往往是以这种方式来储藏负担的。完成上述步骤后，它们可能还需要得到更多的见证，才能真正意义上准备好彻底卸下负担。部分也可能会选择卸下一部分负担，在负担得到见证的同时，按百分比将它们送出体外或移出储藏室。

我们的主要目标是帮助部分卸下身体内外的负担，这会让它感觉更轻松，与真我的联系更紧密。最终，部分会决定何时以及如何卸下负担。而如果一个部分重拾了某个负担，那它总有不可小视的原因，需要我们的探索，这正是我们下面将要讨论的内容。有时候，被放逐者会说它已经主动卸下了负担（Geib，2017），也有些时候，被放逐者知道自己是多么地想卸下负担。一般来说，卸下负担的概念对于被放逐者而言是新奇的，它们喜欢得到一些这方面的帮助，所以我们会建议将负担移至光、土、气、水、火这些元素中的一种上。

无论以何种方式发生，以见证开始的过程以卸下负担作为终结。就像诅咒得到解除一样，卸下负担的被放逐者将感觉得到了转化和治愈。在我们看来，这种转化是可能的，因为在得到见证的过程中（本质上就是去除羞耻），被放逐者感到被认同，感到从束缚中解脱了出来，并得到了一个明智、善良的照顾者的爱。就像毕业典礼一样，卸下负担本身就是一种改变，同时也象征着一种成长，这种成长源自真我对保护者的善待和对被放逐者的见证。

卸下遗留负担与卸下个人负担之间的差别

当保护者意识到，遗留负担是继承而来的，并不关涉来访者的个人经验时，它们通常希望立即卸下它。正如我们在其他地方所讨论的，不愿卸下遗留负担往往意味着对其他家人的忠诚，有时是对家庭中表现最差的某个或某些人的忠诚。当这种忠诚出现时，我们会像探索任何线索那样去探索和解决它。遗留负担和个人负担之间的主要区别在于，背负遗留负担的部分没有经历负担所涉及的创伤，因而不存在需要得到见证或带离创伤场景的被放逐者，尽管那些背负着遗留负担的部分可能想得到这种帮助。

引入品质和天赋

负担会占据很大的身体空间，阻碍天赋发挥作用，取代宝贵的品质。因此，在卸下负担之后，我们会引导部分邀请它们想要或需要的任何天赋和品质回到体内。这些部分往往无须任何提示，就能说出那些能让它们感到充实、稳固和有活力，以及使其不再那么脆弱，防止它们再次背负负担的品质，比如爱、勇敢、有趣和关怀。

整合与调整

在被放逐者被治愈之后，我们会让来访者邀请所有的保护者过来看看它现在的样子。保护者往往会感到释然和愉快。但由于它们也有可能被冻结在过去，背负重担，它们可能会担心自己被抛弃，因为它们的角色不再被需要。如果情况是这样的话，我们会再次和它们确认，它们也是有价值的、被爱着的，我们也会请它们好好考虑，看它们想在这个系统中承担怎样的新角色。为了让它们放下原来的任务，实现全面的转变，我们需要给一些部分专门的治疗时间。这个重要的整合的步骤为卸下负担的过程画上了句号。表 12-1 对此进行了总结。

表 12-1　卸下负担的过程

1. **见证**：来访者的真我见证被放逐者想让它知道的经历。来访者可能愿意，也可能不愿意与治疗师分享这些经历。两种方式都可以
2. **情景再现**：如果被放逐者在过去需要帮助，来访者的真我会与被放逐者一起进入那个场景，说或做被放逐者在那时需要一个人为它说或做的事，从而改写这段经历
3. **带离创伤场景**：真我将被放逐者从过去带到现在，或带到某个安全的地方
4. **区分**：被放逐者将决定它卸下负担（身体感觉、长期而极端的感受状态、有害的信念）的方式并付诸实践
5. **引入**：被放逐者引入它以后想要的新品质
6. **整合**：来访者的真我让保护者意识到，被放逐者已经卸下了负担、感到被治愈了，然后询问它们，是否准备好找一份新工作——如果它们在这方面需要帮助，真我也乐意提供帮助

卸下负担之后的功课

卸下负担之后的时期至关重要。许多部分对这一巨大的变化感到不安，其中包括被带离创伤场景的被放逐者。系统需要时间进行调适。因此，每日（几乎与练习冥想的频次类似）进入系统观察被带离创伤场景部分的状态、安抚保护者非常重要。经过反复的试错，我们发现被放逐者通常相信真我，在三星期到一个月后，它会感觉自己与真我紧密相联。紧张的保护者常常会让来访者忘记这项功课，所以在下一节，我们会问来访者是否记得前往系统内查看，看看被放逐者过得怎么样，负担是否已然消失得无影无踪。

排除小故障

卸下负担后，负担可能还会回来。一般来说原因如下。

（1）这个部分感觉没有得到充分的见证。

（2）在负担被卸下的最初的几天里，这个部分感觉自己被真我抛弃了（通常是因为来访者进入系统查看它们）。

（3）保护者们受到了被卸下的负担的威胁，又把负担带了回来。

（4）其他部分可能承担着同样的负担，也需要一个被见证和卸下负担的

机会。

（5）在卸下负担不久后发生了一些可怕的事情，导致这个部分重新背上负担，回归到熟悉的状态。或其他部分认为，正是因为卸下了负担才发生了这件可怕的事，从而把负担带了回来。

（6）对于通过一个或多位前人潜移默化地继承来的遗留负担而言，除非这些来自他人的负担得到了真我的彻底见证和解放，否则它们会持续地影响对应的部分。

如果负担又回来了，我们会探索发生了些什么。保护者们通常担心负担返回意味着来访者真的受到了伤害。一旦我们解决了所有问题（这里可能需要不止一次的咨询），被放逐者的负担就会再次被卸下，而且为了确保它能保持这个状态，来访者需要时常查看它。

在神经科学中与卸下负担有关的因素

我的同事弗兰克·安德森（Frank Anderson，2013）率先在精神药理学中使用了 IFS。在我们与弗兰克合著的《IFS 技能实践手册》中，他猜想 IFS 中见证和卸下负担的过程，可能与一个神经学家称为"记忆再巩固"（memory reconsolidation）的过程相关——这是大脑可塑性的一种形式，埃克、提西克、胡利和奈美耶（Ecker, Ticic, Hulley, & Neimeyer, 2012）称之为"现存情绪记忆在突触层面发生的改变"（Anderson et al., 2017：127）。与记忆再巩固不同的是，认知行为疗法等采取的是对抗变化的策略，这种策略侧重于发展新的神经网络来对抗旧的神经网络。如手册所述，记忆再巩固包括四个阶段。第一步是"触接"（access）创伤性记忆。这对应着 IFS 中的发现、聚焦和具体化目标部分。第二步则是"重新激活"（reactivation），或者说扰动原本的情绪记忆网络，在突触的层面解放它。这对应着 IFS 中的部分不再掺和，即在这种情况下，各个部分为来访者的真我腾出空间。第三步是处理"错配"（mismatch），即"彻底否定对特定记忆的解读和意义"（Anderson et al., 2017：127）。在 IFS 中，这发生在见证与将被放逐者带离创伤场景的过程中。在最后一步，也就是第四步的"抹除"（erasure）中，来访者会采取新的视角来修正部分对创伤经历的理解。如果被放逐者能够卸下它们的负担，这就会实现。来访者之所以能够扔下这些包袱，是因为真我能从认同的、非创伤的角度看待部分的遭遇：并不是你坏，而是一件坏事发生在了你身上。

索尼娅与负责的幼儿

索尼娅今年 33 岁，是一位单身的女同性恋。索尼娅的母亲遭受过严重的性虐待，索尼娅是她唯一的孩子。在索尼娅的童年时期，她时常有自杀倾向。索尼娅的母亲带着女儿在美国西部四处流浪，她有时当服务员，有时因为失业而让她们母女俩陷入极度贫困。索尼娅的父亲是一位有创伤经历的退伍军人，吸食海洛因成瘾。索尼娅 3 岁时，他消失了，不过之后他还时不时地出现，直到她 8 岁那年，他和母女二人彻底断绝了关系，永远消失了。索尼娅逃离这一切的方式是上学。她很聪明，能和老师处好关系。除此之外，她还有一个深爱着她的姨妈（与她同名），姨妈总是定期和她的母亲在一起住一段时间。姨妈虽然酗酒，但她很关心索尼娅，也很有趣。

姨妈死于肝硬化后，15 岁的索尼娅迅速陷入酗酒的恶习。后来接受咨询时，索尼娅已经戒酒 4 年了，用她自己的话说就是，"混乱的运动和性行为"代替了饮酒。在这不沾酒的 4 年里，她接受了两年的 IFS 治疗，还没有过任何卸下负担的体验。

治疗师：你还记得我们上周是怎么结束的吗？我们在和一个 8 岁的孩子谈计划，她叫你不要沉湎于过去。你问她为什么，她说："这太过了，我不想这样。"

索尼娅：我最近没想这些事。

治疗师：那现在可以考虑吗？

索尼娅：可以。

治疗师：她和你在一起吗？

索尼娅：（笑起来）她就是我。她说情况像现在这样，就已经可以了。她喜欢我经常锻炼,而不是到处鬼鬼祟祟地找人做爱。

治疗师:好的。我也不希望我们做的任何事情会让你受不了,我很高兴她说出来了。如果我们能确保回到过去并不会让你受不了呢?这样你内在的每个部分都可以放松,都没必要这么极端。

[在 IFS 中,这种方式的邀请是关键,可以防止被放逐者压垮你。]

索尼娅:她不相信那是可能的。

治疗师:我知道,确认那是不是太过分并非她的责任。

索尼娅:她觉得你太疯狂了。

治疗师:即使她认为我很疯狂,但她还是愿意跟我说话,是吗?

索尼娅:当然。

治疗师:她觉得你现在多大了?

索尼娅:16 岁。

这种互动在与占主导地位的年幼管理者的谈判中很典型。它们害怕万一被放逐者被注意到了,它们会被压倒性的情绪淹没,它们没有意识到来访者的真我的存在,与其他保护者对立,且有所极化。在这个案例中,索尼娅类似真我的 8 岁管理者与解除了抑制的 16 岁部分对立,二者都在保护一个 3 岁的被放逐者。尽管索尼娅内在世界的形象看上去可能过于卡通化,令人难以置信,但这种情况其实并不罕见。

治疗师:这个 8 岁的部分是否愿意看着你的眼睛,以确认你能否帮助她,防止她在情绪上被那个 3 岁孩子压垮?

[眼神交流是一种帮助部分与来访者的真我进行实在接触的有效方式。]

索尼娅:她看见我了。

治疗师:她有什么反应?

[为了弄清这里的"我"是谁,治疗师会确认部分的反应。]

索尼娅:她说她担心其他一些部分。

治疗师:我们能帮助它们吗?

索尼娅:是的,没问题。

治疗师:你能见到它们吗?

索尼娅：我能。它们是一群在空中挥舞手臂的线条小人。它们说，如果我们回到我的童年，它们会不知道该怎么办。

治疗师：它们需要做什么吗？

索尼娅：它们好像是这么觉得的。

治疗师：你感觉它们怎么样？

[治疗师希望这些部分能花些时间和索尼娅的真我待在一起，这样它们也能放松下来。]

索尼娅：很抱歉。它们现在恐慌了起来。

治疗师：它们看到你了吗？还是感觉到你了？

索尼娅：一点点。

治疗师：是什么在妨碍它们更充分地注意你？

索尼娅：它们没有时间。不是。它们有些东西不想让你发现……哦！它们感到被憎恨……因为我感到被憎恨。它们害怕任何人发现这一点。它们担心你会评判我，然后走开。

治疗师：它们现在需要什么呢？

索尼娅：有一个部分叫它们别哭了，闭嘴。

治疗师：这个部分愿意让你来处理这一切吗？

索尼娅：它不情愿地答应了。好吧，它就是需要说出这些话。

治疗师：很好。现在你对这些恐慌的部分是什么样的感觉？

索尼娅：一种慈悲的感觉。

治疗师：它们需要你做什么？

索尼娅：我要告诉它们，我会帮助那个感到被憎恨的部分。

治疗师：有任何部分反对你吗？

索尼娅：如果我能做到，它们就安心了。

治疗师：好的。找到那个感到被憎恨的部分吧。

索尼娅：我正看着那个 3 岁的小孩。

治疗师：它看到你了吗？

索尼娅：天哪！一个小恶魔跳了起来。他到处挥舞着一把长柄干草耙。他说没有正义，就没有交易。

治疗师：你明白他说的是什么意思吗？

索尼娅：我觉得他害怕即使他把那个感到被憎恨的部分交给我，也不会有人主持公道。没有人会关心她（那个 3 岁的小孩）遭遇了什么，也没有人会为此付出代价。

治疗师：你说了什么呢？

索尼娅：我觉得他说得有道理。

治疗师：他想要正义？

[尽管治疗师可以让这个魔鬼般的家伙不再掺和，但来访者相信他不会掺和。所以她在他在场的情况下进入了内在系统。]

索尼娅：是的。

治疗师：他愿意做个让你们所有人都受益的交易吗？

索尼娅：他将身体靠在了他的草耙上。

治疗师：如果他让你去帮助那个被憎恨的部分，那么在此之后，你们俩就可以好好坐下来，从各个角度彻底讨论关于正义的一切。这样他就能获得你的所有注意力，他也能把所有注意力都放在正义的问题上。你们都不必担心这个 3 岁的孩子。

索尼娅：好的。他搭起了一张吊床。

治疗师：很好。你可以问问现在可否去帮助那个被憎恨的部分。

索尼娅：我又看到那个 3 岁的孩子了。

治疗师：你对她是什么样的感觉？

索尼娅：我想帮助她。

治疗师：她怎么回应你的？

索尼娅：她在看别处。

治疗师：她愿意注意你吗？

索尼娅：她觉得自己太没有吸引力了，不值得被看到。

[此处，这个部分正在走向"见证"，或者说，向索尼娅的真我展示她的遭遇——这是卸下负担的第一步。]

治疗师：她想让你知道更多吗？

[治疗师鼓励她坚持下去。]

索尼娅：她说没人会喜欢长得丑的孩子。

治疗师：你现在对她的感觉是怎样的？

[如果一个部分在自我贬低，我们要关注的是它与真我的关系，这样做会自动消解部分对自己的负面评判。]

索尼娅：我爱她。她并不丑。

治疗师：她能感觉到你的爱吗？

[我们想确认被放逐者是否感受到了自身与真我的联系。]

索尼娅：也许我离得太远了。

治疗师：可以靠近点吗？

索尼娅：啊！现在她爬到我的膝盖上了。但是她无法看我。

治疗师：接下来发生了些什么呢？

[治疗师听从索尼娅的真我。]

索尼娅：她想让我知道这一点：没有人爱她。她可有可无。

治疗师：她这是在说谁呢？

索尼娅：她腿上放着个布娃娃。她把它倒着拿着，还说只要它一抱怨，她就得打它。

治疗师：接下来发生了些什么呢？

索尼娅：她担心如果她不打它，它就会弄出各种噪声。我要把这个娃娃带走。

治疗师：接下来发生了些什么呢，索尼娅？

索尼娅：她离不开这个娃娃，但她觉得是因为这个娃娃，才没有人爱她。

[这个3岁的孩子透露了她的困境：她在保护一个娃娃，也因为母亲的忽视而责备这个娃娃。]

治疗师：你明白发生了什么吗？

索尼娅：我明白。我请求她，让我帮他们两个。但她怕我年龄不够大。

治疗师：在她眼里你有多大？

索尼娅：她在我腿上。我把她放下来，然后站起来，这样她就可以看到我已经很大了，我可以保护他们。

治疗师：告诉她，只要他们准备好了，你就可以带他们离开过去。

[治疗师之所以补充这一点，是因为她想让被放逐者知道最后会发生什么。那些被困在过去的部分往往完全没有意识到离开那里的可能性。]

索尼娅：她很乐意知道这一切。她想给我看几样东西。

治疗师：好的。如果你看明白了，记得告诉我。

[治疗师沉默了几分钟，而索尼娅闭着眼睛，见证了这个孩子和娃娃的经历。]

索尼娅：好了。

治疗师：她需要你的帮助吗？

索尼娅：现在她很担心她的妈妈和姨妈（前文讲述过索尼娅的姨妈的事）。

治疗师：谁应该照顾她们？

索尼娅：她想让我照顾她们……我也确实是这么做的。

[此处，索尼娅的真我在撤销、改写和重塑过去。]

治疗师：情况怎么样？

索尼娅：她和娃娃已经准备好和我一起离开了。

治疗师：好的。把她们带到现在吧……她们感觉怎么样？

[这是带离创伤场景。]

索尼娅：很不错。

治疗师：她们准备好卸下自己的负担了吗？

索尼娅：是的。

治疗师：一起放下还是各自放下？

索尼娅：一起。

治疗师：她们可以把它们卸入光、土、气、水或火中，以其他一些方式也行。

[这是卸下负担。]

索尼娅：她说没人会喜欢一个臭烘烘的小孩。所以她要在娃娃的肚脐眼上安一个固定开关，让臭味散出来。

治疗师：这样对这个娃娃来说可行吗？

索尼娅：可以。然后她会把那些臭味和其他负担给烧了。

治疗师：完成了之后跟我说一声。

索尼娅：好的。

治疗师：他们现在感觉怎么样？

索尼娅：现在这个娃娃的肚子是平的了！它看起来很高兴。我抱着它。而那个3岁的孩子在到处乱跑。

治疗师：既然现在他们已经没有负担了，那么他们有想引入什么东西进来吗？

索尼娅：玩！这个3岁的孩子想玩。娃娃想要被抱着。我就这么做。

治疗师：现在，他们愿意让我们去查看其他部分吗？

[这是整合被放逐者的转变与系统其他部分的过程的开端。]

索尼娅：可以。那个8岁的孩子说，你刚才做得很好！让我们看看你还能做些什么。

治疗师：如果你能照顾好每一个部分，这个8岁的孩子有其他更愿意做的事吗？

索尼娅：她还没准备好放弃她原来的工作，但她愿意看看我能做什么。

治疗师：那如果她准备好了放弃自己的工作呢？

[治疗师执着地强调这个重要的问题。]

索尼娅：她想骑她的自行车。

治疗师：如果她愿意的话，她用不着放弃自己的工作，她现在就可以骑着自行车转一转。

索尼娅：她觉得这个主意很不错。

治疗师：很好。现在让我们来看看那些一直在努力执行任务，以各种方式分散你注意力的部分。

索尼娅：我看到一个露台，有很多人在眨眼睛。它们也在看着我，看我能做什么。

治疗师：你对它们说了什么？

索尼娅：请看着我。

治疗师：在今天这次咨询结束之前，我们还需要注意什么吗？

索尼娅：如果我再次发火可怎么办？

[由于时间已经到了，治疗师在结束本次会谈时，可以运用直接介入而非内在沟通的方式，与相关的部分直接对话。]

治疗师：如果你真的这样了呢？

索尼娅：那我会恶化吗？

治疗师：你会吗？

索尼娅：不会。发火很正常。

[索尼娅的真我回来了。]

治疗师：我也这么觉得。

索尼娅与真我类似的 8 岁管理者曾帮助她在学校和工作中取得成就。当索尼娅不工作时，一群消防员会过来分散她的注意力，转移她的痛苦，挨挨挤挤地轮番上场。当索尼娅发现了被放逐的 3 岁保护者——她觉得自己该为那个被人憎恨的娃娃（被放逐者）负责，以及一些不希望治疗师看到这个娃娃的线条小人之后，索尼娅的真我能够回到过去进行干预，将 3 岁小孩和那个娃娃带到现在，并帮助他们卸下负担。这样一来，那个 8 岁孩子的压力也得到了解除。

结论

正如我们前面提到的，遗留负担与个人负担在几个方面有所不同。前者不涉及直接的个人经验，它们往往由保护者而非被放逐者背负，并且即使没有任何见证，来访者的系统仍有可能愿意卸下遗留负担。如果一位保护者不愿卸下遗留负担，那么症结往往在于他对其他家庭成员的忠诚。当出现这个问题时，来访者的真我可能会想解释这些年来事情是如何变化的。一旦保护者愿意将遗留负担从系统中释放出来，真我就可以邀请所有相关的保护者选择它们更喜欢的角色，这样一来，它们也可以实现转变。

与之相反的是，个人负担由被放逐者背负，它们通常希望真我见证它们的创伤经历，并帮助它们改写这些遭遇。在这个过程中，来访者的真我给予被放逐者认同和爱。一旦被放逐者觉得自己是值得被爱的，它就会卸下负担，转变为它们本身。卸下了负担的被放逐者会发现，它们并不是负担本身，它们也不属于过去。相反，它们活跃在当下，充分地自给自足。

Internal Family Systems Therapy

第 13 章

安全开展内在工作

每一位 IFS 治疗师都有可能陷入困境。陷入困境是：①所有治疗师必不可少的经历；②难以避免的，如果我们需要进行范式转换。正在学习 IFS 疗法的治疗师有时，甚至经常，撤退到觉得舒服的方法和技术上，这是可行的。学习是一个过程。我们强烈建议大家亲自体验 IFS 治疗，加入正在进行的朋辈督导小组，并在真我领导中心接受对于此疗法的正式培训（这个培训主要是经验式的）。在发展 IFS 疗法的过程中，我（理查德）也总是陷入困境。在某个时刻，我感到非常失落和绝望，只能求助于我的来访者，问她是否知道下一步该做什么，而她的部分给了我完美的计划。来访者的内在系统本身就具有治愈的智慧，是它们教会了我这个疗法，所以对于下一步该做什么，我们可以请教来访者，不用害怕。

安全接近被放逐者

当管理者允许真我更多地接触被放逐的部分时,消防员可能会增加行动。尽管消防员可能很危险,不过这种危险情有可原。当外在或内在的管理者否认、羞辱或强迫消防员时,消防员就会被激活,造成严重伤害的危险就会升级。当消防员做出反应时,我们会感到好奇。如果我们慈悲且执着,它们往往会表露它们的担忧,和它们所保护的部分承受的痛苦。一旦惯于制造羞耻的管理者冷静下来,意识到真我的存在,它们往往也会愿意谈判。最重要的是,消防员害怕希望但又需要希望。如果治疗师或来访者的真我给了消防员可信的希望——尤其是不仅能治愈被放逐者,而且能将它从特定的角色中解放出来的希望,它通常会平静下来。和管理者一样,消防员主要希望我们能提供一个可行的替代方案。但是只有等被放逐的痛苦得到了解除,大部分的消防员才会愿意改变角色。因此,当我们接近一个被放逐者时,我们对消防员的要求会伴随一个承诺:我们可以解除痛苦,我们离那一刻已经越来越近了。如果你愿意降低反应的强度,减少对其他部分(即被放逐者和管理者)的刺激,我们会更快地到达那一刻。

真我和消防员或管理者之间的互动,不同于真我与被放逐者之间的互动,消防员往往是冲动的,管理者往往是挑剔或令人透不过气的,而被放逐者需要感到更安全,与真我的联系更紧密。尽管我们也希望保护者感到安全和联结,但我们也想要解放它们,将它们转换到内在系统中有价值的新角色当中去。下面是一位来访者的真我与她主要的管理者协商角色转换的例子。

治疗师:那个白衣老太太会允许你帮助她保护的那个部分吗?

斯蒂芬妮:是的。她是个小女孩。

治疗师:你对那个小女孩有怎样的感觉?

[治疗师确认是否有任何部分与斯蒂芬妮的真我混合在一起。]

斯蒂芬妮:她看上去很孤独。我想让她高兴起来!

[治疗师不确定这是不是某个部分在表达,但通过她的声音和面部表情可

知,斯蒂芬妮有足够的真我能量继续下去。]

治疗师:问她你能不能再靠近一点。如果她同意的话,看看你能接近到什么程度,同时不会感到被淹没。

[在接下来长时间的停顿中,治疗师耐心等待。]

斯蒂芬妮:一开始她怕我,也不回答我。所以最后我只是说,我是来照顾你的,随即坐在她的旁边。然后她来到我的腿上。

在这一关键时刻,斯蒂芬妮的真我显然处于领导地位,知道该怎么做。值得注意的是,治疗师在引导斯蒂芬妮接近小女孩之前,先征求到了老太太的许可。在 IFS 治疗中,我们会处理关系网络中所有部分的需求,因为部分无法孤立地做出改变。多年来,这位老妇人一直在批评这个小女孩,想要让她有所提升,让她不再那么脆弱。当然,她的批评让小女孩觉得自己更糟、更脆弱,达到了相反的效果。反过来,当小女孩感觉更糟时,老太太也会加大批评的力度来保护她。来访者的真我通过给予被放逐者关怀和关爱,介入了这一在管理者和被放逐者之间极为普遍的恶性循环。

行动过快

为了确保来访者在离开治疗室之前与极端部分没有相互掺和,治疗师应通过与来访者的真我对话的方式来结束每次会谈(特指在使用直接介入或内在沟通这两种技术时)。有时候,系统中处于高度极化的某个部分会不愿放弃控制权,拒绝让真我(或至少是一个称职的管理者)回归。坚持掺和的某个部分可能会在会谈结束时变得愤怒,或只想尽快离开治疗室。同样地,它也可能是一个曾遭放逐的部分,害怕被再次放逐。在一次会面结束时,如果来访者仍然与某个极端部分混合在一起,这并不必然是危险的。然而如果可能的话,治疗师应该询问这个部分,它为什么想继续保持控制,并讨论其理由的现实性。在任何情况下,对于来访者而言,与其陷入权力斗争,不如让某个部分掌权。胁迫一个掺和的部分放弃控制权的尝试往往难以奏效。

当一个保护者掌权并不愿与来访者区分开时，我们会为扰乱了它而道歉（如果这是恰当的），并承诺未来一定与它协商。如果一个被放逐者并不愿与来访者区分开，我们会保证，我们的治疗会尽心尽力地帮助它尽快脱离被放逐的状态；如果它愿意与来访者有所区分（哪怕只分开一点点），真我便能够获得力量，这个过程也会变得更快。当我们表达我们意识到了这些部分的恐惧或痛苦，并尊重它们的需要时，我们展示的是一种真我领导的状态。当部分倾听我们的保证时，哪怕它仍然极端，大权在握，它也可能再给治疗师一次机会。我们需要记住，有些部分只有在表现出它们能够掌控一切之后，才愿意表露它们的真实感受。另外也请记住，许多被放逐者害怕与来访者相区分，哪怕只分开一点点也不行，因为它们相信这会让保护者钻空子，从而再次把它们关起来。

如果治疗师与来访者内在系统之间的关系是脆弱的，或者刺激与来访者混合在一起的极端部分，治疗师自身的部分也混合在一起，那么会有来访者感到绝望和被背叛的风险，这会导致严重的后果。在应对危机时，经历过某种自我毁灭的部分可能会威胁或暗示自己会实施这类行为。消防员通过代价沉重的行为（如暴食、割伤自己、滥用药物或酒精、极端的性行为、偷窃、自杀）来忽视和回避疼痛。如果治疗师能为这种行为背后的观点辩护，对消防员的意图表示赞同，那么来访者也会变得不那么害怕这些部分。如果在治疗过程中，治疗师意识到自己反应过激的部分与他自身混合在一起，那他应该尝试尽快向来访者道歉（在真我领导的状态下）。

从 IFS 的角度来看，极端行为是为了保护而非毁灭真我。与此同时，极端行为的后果却包括消极的生理影响。管理者羞辱来访者的失控，消防员通过极端的行为进一步分散注意力——任何行为都会加剧内在的紧张。我们不会忽视或小看危险的举动。相反，在我们看来，它们是线索，是引导我们找到极化和被放逐者，从而缓解压力的机会。这不排除通过住院治疗来保护来访者安全的措施。但如果让消防员知道，住院治疗是一种暂时的休息，是为了争取更多的时间，让来访者的真我更好地处理情绪痛苦的策略，那么住院治疗会取得更好的效果。

IFS 治疗师普遍陷入的困境

治疗师的不安全感

缺乏安全感是初学者面临的最大问题之一。如果没有亲历或见证 IFS 疗法，你很难对它有信心，因为它展示了一种与主流文化相反的视角。在信心满满的治疗师面前，来访者的保护者会放松下来。相反，当治疗师缺乏自信时，它们会感到警惕。来访者不会（也不应该）为那些不确定自己在做什么的人，敞开通往他们内在世界的大门。正如我们在前文中建议的那样，当你对 IFS 疗法感到怀疑时，最好的选择是亲自体验一下。你可以在 www.selfleadership.org 网站的目录中找到 IFS 治疗师，也可以阅读我们的治疗师技能培训手册（Anderson et al，2017）。

内在世界如此深不可测，充满令人惊奇之处，即使是经验丰富的治疗师，也时常陷入困境。频繁闪现的令人惊叹的创造力，以及其他许多鼓舞人心的时刻，使得 IFS 治疗中的每一位参与者都非比寻常地投入其中。与此同时，对没有经验的人来说，这个过程的不可预测性可能是一个挑战，这对于那些需要掌控全局或想成为专家的治疗师而言尤其如此。当我们陷入困境但仍能保持真我能量时，我们会更自由地向来访者的真我寻求帮助，而这样的举动往往会让困境不再那么难以克服。对真我能量的信心可能是 IFS 老师和督导师带给初学者的最重要的品质。如果我们一开始就认定，来访者需要我们为之提供他们自身所缺乏的东西，那么建立对真我能量的信心将是最难的功课。

正如经验能培养自信，经验也能培养灵活性。我们在本书中列出的步骤，是一些指导方针，而非规则。在 IFS 中，我们旨在不带偏见或立场地进入来访者的内在系统，在必要时出面领导，但主要是跟随。我们旨在对来访者的内在系统的生态保持敏感。根据我们的经验，当我们表现出灵活性并乐于放弃控制权时，来访者的保护者会放松下来，我们也会赢得它们的尊重（这是唯一一种不怒自威的权威形式）。一旦我们受到来访者的内在系统的欢迎，我们就获得了陪同它们进行有趣的内在探索的特权。对于保持灵活性，我们唯一的警告在于，来访者感到害怕的保护者可能会让我们无功而返。如果我们感觉某次会谈始终无法达成短期治疗目标，我们要向来访者的真我确认，如果我们的直觉是正确的，把注意力集中在这位保护者身上，让它放心：我们不会未经其允许就贸然进入，也请它更直接地表达自己的担忧。

治疗遭受过严重创伤、内在极化的来访者可能会相当复杂，但同样地，哪怕某些错误诱发了极端的反应，来访者的真我和治疗师的真我之间的紧密联结也可以帮助治疗师迷途知返。一般来说，正是由于治疗师自身感到害怕的保护者，让错误变得危险。在关系危机中与来访者保持联结可以稳固治疗关系。从这个意义上说，我们可以借用富兰克林·D. 罗斯福（Franklin D. Roosevelt）的一句话：治疗师唯一需要恐惧的，就是恐惧本身。比如，如果一位真我领导的治疗师过早激活了一个被放逐者，他可以通过倾听和道歉，让来访者的这个部分平静下来。但如果一个恐惧或防御的部分掌控了治疗师，那么来访者会感到被抛弃，他的保护者的反应也会升级。

我们的观点是，如果我们在实践中保持足够的生态敏感性，那么 IFS 是相当安全的，但如果治疗师的部分和来访者的部分卷入某种相互刺激的循环，则可能会有危险。总的来说，我们会犯很多错误，所以我们建议你先做任何害怕犯错的部分的工作。当治疗师能持续做风暴中心岿然不动的"我"时，引发对内外矛盾加剧的恐惧会急剧减轻，错误会转变为道歉和修复的机会，大多数来访者会怀着感激和宽慰的心情，接受道歉和修复。对于许多来访者而言，这将是他们第一次经历道歉。

治疗师在 IFS 中的职责

许多 IFS 初学者，尤其是那些被告知治疗师需要对改变负责的人，害怕相信来访者的真我。此外，许多治疗师会努力提供来访者可能缺乏的任何东西，无论是洞察力、良好的理解力，还是一个足够好的依恋对象。这种努力意味着掌舵。当我们带着某种动机努力工作时，我们会在无意中挑起与来访者的保护者的权力斗争，这时来访者的反应通常被视为消极的移情或阻抗。在 IFS 的表述中，引起负面移情的治疗师通常由内在专家或照顾他人的治疗师部分领导，他们会过快地暴露了来访者的被放逐者，忽视了来自管理者的反馈——它们尤其不喜欢被告知该如何思考、感受或行动。

因此，相比信任来访者真我的治疗师，作为专家的治疗师部分会遇到更多的阻力。每天练习保持好奇、信任和少费力（少做事），能让我们在来访者身上找到健康的源泉，这是非常有益的。在开始一次会谈之前，我会确认的第一件事是，我是否有很强的立场或紧迫感？随着会谈的展开，我是不是太费力了？我的真我可能很想治愈来访者，但它并不总是关注结果。

为了对抗治疗师过于费力的普遍倾向，我们鼓励初学者有意识地、快速地从权威式语言转向探索性表述。当我们在 IFS 治疗中扮演专家时，我们就破坏了主要的治疗目标，即让来访者的部分学会信任和仰赖来访者的真我。只要来访者的真我是可触接的，治疗师的作用就只是帮助所有部分和彼此分化开来，并意识到它们什么时候混合在了一起。如果你问来访者发生了什么，你会惊讶于它们懂得竟然那么多。

检测部分

来访者的一些行为往往表明保护者是与之混合的，比如来访者看起来困惑；说她无法感到好奇，或是不知道如何与部分建立联系；声称她再也看不到自己的部分；开始理性思考她的问题或内在经历；或就过去一周展开冗长而详细的讨论。有时出现的问题确实需要立即引起注意，但保护者往往会以微妙的方式干扰治疗。即使对于极端或令人分心的话题，保护者也能让自己的表述听起来合情合理、有说服力。这并不是在诽谤它们，它们只是擅长自己的工作。

初学 IFS 的治疗师往往面临着上当的风险，他要么相信那些让人跑偏的部分，要么会被拉拢到极端的一方，与另一方争论其行为。站队肯定会引起问题。相比之下，一位经验丰富的 IFS 治疗师对部分有一个高度发展的"部分探测器"（parts detector）。通过留意它们的语调、姿势和内容的极端程度等线索，有经验的 IFS 治疗师能识别出保护者掺和且真我不处于主导地位的情况。如果我们怀疑，缺乏进展是由于保护者微妙的干扰，我们会让来访者自己检查一下。一旦某个保护者被检测到，我们可以邀请来访者的真我通过内在沟通的方式与它互动，我们也可以直接与它交流。

当 IFS 新手治疗师积累起经验，并坚持使用 IFS 时，他们能做到不与保护者争论。保护者的活动水平与它对风险的评估和对现状被颠覆的恐惧相称，尽管这可能是糟糕的。和感到害怕的保护者争吵只会让它们变得更极端，这与和一个秉持极端立场的人吵架没什么两样。当一个保护者试图通过转移注意力或其他方式掩盖其他部分时，我们会忽略它极端又多余的表述，转而询问它有哪些需要：为什么正好是现在，它需要干预？如果它不愿说出原因，我们可以告诉它，我们所能推测的两种最常见的恐惧是被被放逐者的情绪淹没，以及让保护者失去工作。其中一个往往直指保护者的心事。如果情况不是这样的，那说明对话本身很可能会让保护者敞开心扉，说出它自己真正关心的问题。

也许最让新手感到困惑的现象是类似真我的部分，这种部分往往是一个管理者，却可以看上去像真我（看着通常也符合来访者当下的年龄），但它的关怀和友善却包含一个动机，即要把被放逐者抛在脑后。类似真我的部分通常认为它们是真我，以取悦他人——包括作为治疗师的你，它们尤其会通过遵从自认为你想要的一切，来达到顺利完成一次会谈且不让被放逐者被发现的目的。

类似真我的部分在内在系统控场时，我们可以发现以下两点线索：①尽管来访者表现出了明显的真我能量，但治疗却没有进展；②被放逐者拒绝与真我（实则为与真我相似的部分）互动或受其安抚。如果来访者是视觉型的，我们可以通过一个简单的问题区分真我和与之类似的部分：你是直接感受到与这些部分在一起呢，还是能看到自己与它们待在一起。由于真我是意识之本，当真我引领整个内在世界时，我们往往看不到自己。我们会直接与我们的部分同在，那种感受就像我们与家人或朋友同在餐桌上一样。相反，当一个类似真我的部分主导内在时，我们会看到一个与自身相似的部分在与其他部分互动。

未充分探索某个部分受到的限制

许多初学者会混淆部分与部分承担的角色。因为部分相信，由于它们描述自身和彼此的极端言辞，治疗师可能会觉得某些部分有缺陷、不可救药或蓄意捣乱。即使是经验丰富的 IFS 治疗师，也有可能因此被诱导，去指点那些制造了很多麻烦的部分。但当我们自身的治疗师部分评判来访者的保护者时，我们就陷入了某种徒劳而折腾的权力斗争。事实上，保护者并不欣赏自己的极端角色，如果没有各种各样的束缚，它们会很乐意改变自己。

当我们试图帮助一个部分摆脱其限制，而它仍然保持极端时，我们可能会感到沮丧，会陷入管理者的行为模式，因此我们强调：耐心会有回报。牢牢把握这样一个知识经验：进展发生在限制解除之后。有时候，我们消除了一个被放逐者的极端特性，将它带离创伤场景，解除它的负担，最后却发现，另一个保护者正在兢兢业业地掩护另一个不同的被放逐者。或是我们发现来访者外部生活中的某个人或某件事正在再次激活他的保护者。但有时候我们会发现，阻碍进步的罪魁祸首其实是我们自己身上未被注意到的部分。关于 IFS 如何应对治疗僵局的更多信息，可参阅我（MS）、帕姆·克罗斯（Pam Krause）和拉里·罗森伯格（Larry Rosenberg）合著的《内在家庭系统治疗的创新和阐述》（Sweezy & Ziskind，2016）一书的第 1 章。

在遇上来访者的管理者和消防员设置的看似无穷无尽的路障时，许多缺乏经验的 IFS 治疗师会变得尤其不耐烦。但请你记住，对许多来访者的内在系统来说，暴露被放逐者是一个可怕的提议。除非它们的管理者确信四周安全，否则它们决不会打开那扇门。甚至有时候，当我们相信管理者的所有恐惧都已被克服时，我们还会发现被隐藏的恐惧。最常被隐藏的恐惧与以下几个方面有关：①令人害怕的消防员被激活（性行为、愤怒、自杀）；②消防员或极端的管理者一旦暴怒，会切断与外部家庭成员之间的联系；③被放逐者将揭露的秘密。此外，管理者往往需要与治疗师建立稳固的关系，因为它们有自己的被放逐感，一旦被放逐者的负担被卸下，管理者的这种感觉就会出现。

缺乏耐心总会使治疗过程延长。实际上，在影响来访者的保护者这件事上，治疗师的不耐烦可能是最难以启齿的（因而也是被隐藏的）限制。马克·吐温说过："习惯就是习惯，你不能把它从楼梯上扔下去，而是要一步一步地慢慢哄下来。"管理者很害怕，它们习惯于谨小慎微，我们必须一次一小步地把它们从高处哄下来。

未协同来访者的外在现实

IFS 打开了通向一扇通往内在世界的奇妙的大门，这个世界激起了许多初学者的兴趣，以至于他们有时会忽略来访者外在的束缚和资源。如果治疗师从未受过与外在系统打交道的训练，那么尤其可能出现这样的情况。但即使是家庭治疗师，也有可能会受到诱惑，想与来访者一同进入内在，关上门，不管外面的狂风暴雨。

我们强烈建议你探索来访者超越环境限制的能力，比如家庭或除此之外的其他环境。当我们与来访者进行头脑风暴，讨论哪些部分应该参与治疗时，我们必须注意的是，不要与那些想否认外在限制的部分——不论是我们的部分还是来访者的，串通一气。如果来访者的一个部分不想在治疗室谈及特定的某个人，或不想谈论某段外在的关系，我们会先与这部分谈话，了解它的忧虑。此处更紧要的一点在于，忽略外在限制可能会使我们付出很高的代价。若我们能考虑到所有层面的限制和资源，IFS 的疗程会更短、更安全，也更有效。因受训背景或天性而不愿与来访者外在他人工作的治疗师，应该参加夫妻和/或家庭治疗培训，帮助自身害怕对双人或团体进行高强度治疗的任何部分，或让擅长外在系统工作的临床治疗师参与进来。

治疗师的部分

我们在此描述的治疗师陷入的困境，都与治疗师的部分的干扰有关。在 IFS 中，了解你自己意味着了解你的部分。我们鼓励 IFS 受训者不断地与自己的部分一起工作。这可能意味着寻找一位 IFS 治疗师或督导师，接受

IFS 训练，加入朋辈督导小组，或运用 IFS 技能培训手册进行一些自我探索（Anderson et al., 2017）。自我探索方式可以包括冥想或某些富有表现力的艺术形式，如绘画、雕塑、舞蹈或写作。许多学习 IFS 的治疗师会如常推进他们的探索过程，直到陷入困境之时，再找治疗师咨询，或接受更高强度的治疗。

如果你正在接受 IFS 治疗，而且由于生活中的某个问题，你陷入了僵局或感到特别动荡，那么在治疗之前、期间和之后，你都要与你的部分保持联系。即使在你鼓励你的来访者运用他们检测部分的技能时，你也要对自己的部分保持觉察。他们在一周中觉察自己部分的能力既会赋能于他们，也有益于你。此外，房间技术（在这种技术中，来访者调动视觉想象，将目标部分置于一个安全的房间中，与系统中的其他部分隔离开来）对我们的内在系统和来访者都是有帮助的。当我们的某个部分被激活时，为了更好地触接真我，我们可以把这个部分放入一个房间，问它为何难受，并从真我那里了解什么才能使它停止扰动。最后，你要记住，你的很多个案其实是出色的老师。东方的精神传统告诉我们，当学生准备好了，老师就会在那里。作为治疗师，我们每天都和老师坐在一起，我们要做的就是做好准备。

收来访者入院

当来访者外部环境中的冲突升级，超出来访者或治疗师的控制，或当消防员将来访者带入严重的危险而不愿放手时，治疗师和来访者可能都会考虑短期住院（Krause et al., 2016）。住院治疗的目标之一，是从外在的对立极化中脱身，得到一个喘息的机会，从而在不必担心危险的消防员被其他人触发的情况下，处理被放逐者的问题。一旦消防员被触发，医疗单位会提供保护。

住院治疗的另一个目标在于，尽可能提供一个安全、滋养的住院环境，让来访者进行内在工作。不幸的是，许多精神医疗单位并不安全，它们对消防员症状的反应是过度用药、胁迫，以及用病理化的眼光看待消防员的活动。

这会加剧来访者的恐惧，削弱其力量，并加剧其与外在家庭的对立极化。此外，医院也会吓到那些被胁迫、虐待过的来访者，毕竟医院可以全权使用各种权威手段。由于这些原因，我们应当事先考虑住院治疗的后果，尽力找到一个与 IFS 疗法兼容的方案。如果你认为住院是必要的，那么你可以通过直接介入的方式告诉抗拒这个提议的害怕的保护者，你并不是在惩罚它。相反，你知道这个部分在试图通过自己的方式帮助来访者。但首先，你需要让来访者安全地活下来，这样你才有机会证明，除了死亡，还有其他更好的选择。

认可部分的本性

IFS 实践中的最后一个潜在障碍涉及我们与各个部分之间的关系。我们对部分的看法决定了我们与之相处的方式。将部分视为咨询中的共同造物、短暂的精神状态或他人的内在表征，会让我们与它们的关系不同于我们与他人的关系，而这反过来会影响我们理解变化的方式。如果部分和人一样，那么当它们觉得自己不值得被爱时，也会陷入情绪和时间的困境。它们为什么会改变？起码在 IFS 的实践中，答案是明确的：当它们得到倾听、理解和认可时，它们就会改变。一个孤独而愤怒的青少年部分不会因为被管理、控制或放逐而感觉良好或表现更佳。它很可能会想要说出受伤的感觉。它可能需要了解世界运作的方式。它当然也需要与真我以及内在系统中的其他部分建立联系。当我们将某个部分视为内在的少年、孩童或一个 25 岁的孤独的年轻人时，要满足它对认可、归属感和安全感的需求并不难。如果我们把部分看作一种精神状态，或内在对象之类的抽象概念，情况就会难以处理得多。

我们都是各种内在人物的集合，这种想法并不符合西方的科学传统。所以如果你仍然难以接受多元心灵的观点，要知道你并不是个例（Schwartz & Falconer, 2017）。视部分为抽象概念的危险在于，这样做容易低估它们，也无法充分回应它们的需求。如果你难以在概念上认同，部分是人这个观点，那么只要你像对待人一样对待它们，你还是有机会成功运用 IFS 治疗的。关键在于，要像尊重一个人一样尊重来访者的部分。

结论

在治疗的过程中，我们治疗师总会遇到内在的困境和可怕的瞬间。在感到不确定或惊慌时，你会听到一些部分游说你，劝你放弃 IFS 疗法，回归用起来感觉最舒服、最顺手的方法。对于刚开始学习 IFS 的人，我们强烈推荐 IFS 初阶水平的培训（关于 IFS 培训的所有信息，包括名为 IFS 循环体和 IFS 连续体的在线项目情况，可参见真我领导中心的网站 www.selfleadership.org）。为了充分理解 IFS 的内涵，我们建议你关注自己的部分，并与正在探索 IFS 疗法以及熟练运用 IFS 疗法的治疗师群体保持联系。当我们面对（治疗师的或来访者的）极端的部分或走入死胡同时，我们拥有的试金石总是真我，既包括来访者的真我，也包括我们自己的真我。只要我们处于真我领导状态，来访者的智慧早晚会涌现。IFS 疗法是一种真正意义上的真我之间的协作。

第三部分

Internal Family Systems Therapy

伴侣、家庭及更大的系统中的 IFS 治疗

Internal Family Systems Therapy

第 14 章

IFS 模型的家庭观

在接下来的几章中,我们将重点从个人内在系统转向家庭、伴侣和更大的团体。让我们从这些系统层级共有的限制开始讲起。我们的内在系统往往由来自家庭的负担构成,而家庭负担又由我们的文化和民族负担构成。负担驱使人类系统以一种极端、不断恶化的模式组织起来,我们可以非常清晰地在心灵中看到这种模式的存在:一些成员因为自身的脆弱性而被放逐,而其他成员则扮演着保护系统的角色,要么主动出击(管理者),要么被动反应(消防员)。

例如,许多曾经的美国中产家庭今天所面临的近乎贫困的现实,是个人主义和物质主义这些极端负担的产物,几十年来,它们一直推动着美国的政治发展。当一位单亲家长为了维持生计不得不做两份工作,而她的孩子对她的缺席产生消极反应时,她可能会因为过于紧绷而无法获得真我能量。此外,如果她在工作中面临种族或性别歧视,她愤怒或恐惧的保护者可能会进一步加重她孩子的负担，等等。以这样的方式，一个系统的负担造成了结构上的不均衡，而结构上的失衡又会造成负担，这会进一步限制和拖累它的子系统。

社会负担作为一种遗留负担，会渗入并参与家庭的结构化，在家庭层面造成限制和不均衡。与个体一样，家庭也会因为直接的经验而积累负担。家庭成员也可以被划分为类似的被放逐者、管理者和消防员，通过与个体类似的限制绑定这些角色，也因为相同的负担不得不保持这些角色。由于我们旨在将所有的系统参与者从极端角色中解放出来，这样它们就可以选择自己更喜欢且有价值的角色，并与其他部分和谐共处，因此我们运用与理解个体一样的概念图式来理解家庭。

在 IFS 治疗中，我们的目标是触接真我，释放被困在极端角色中的部分（对于个人而言）和个体（对于家庭而言）。在第 2 章中，我们探讨了个体功能的四个相互影响的维度：发展、领导、平衡、和谐，它们与所有层级的系统同样息息相关。在这一章中，让我们考虑外在家庭系统的这四个维度。根据我们的目标设定，家庭的发展指其在特定历史现实下的成长和演变。领导指对系统及其成员负责的角色，这个角色会分配给最有能力承担责任的人。家庭或任何其他系统的平衡指相互划定边界，并在系统内公平地分配资源、责任和影响力。和谐指的是系统内的关系品质，包括那些常用于描述一个功能良好的家庭的词，如凝聚力、灵活性、有效沟通、关怀、支持、合作和低冲突。平衡带来和谐，和谐促进平衡。

发展

一个儿童的发展是在历史事件的背景下进行的，如大规模的自然或人为灾害（如地震、战争和种族屠杀）和个人灾难（如父母在过马路时被车撞死或父母精神失常等）。这些事件给个人和家庭带来了极端情感和扭曲信念的负担。

心理动力学疗法一直强调儿童的早期发展。在某种意义上，家庭疗法也是围绕这一重心发展起来的。因此，即使往好了说，大多数家庭治疗方法在探索家庭历史方面也是含糊的。在家庭治疗的全盛时期，一些治疗师思考过家庭的生命周期（Carter & McGoldrick，1989），但总的来说，以系统为导向的家庭治疗学派关注的是当下，并借助生物学和机械学的隐喻思考问题。他们认为，如果一台机器坏了，我们修理它的方法在于知道是什么坏了，而不是知道它是如何坏的。同理，他们关注的是一个家庭当前的动态以及这个系统如何运行，而不是它们如何发展至今。从这个角度看，个人历史在很大程度上是无关紧要的。与之相反，从 IFS 的角度来看，承受负担的系统不断将现在和过去混为一谈，这使得历史与治疗高度相关。尤其是在 IFS 治疗过程的后期，见证历史对大部分来访者的恢复起着重要的作用。

环境（可持续的 vs. 限制性的）对发展的影响

人类系统需要一个可持续的环境，才能利用与生俱来的资源发展自身。处于"婴儿期"和"儿童期"的个体、家庭和组织系统都很脆弱。领导需要时间来建立威信，赢得信赖，并使系统形成一个共同的愿景。同时，系统内成员需要寻找自己喜欢的角色。为了茁壮生长，家庭成员需要一个界限明确，影响力、责任和资源均衡释放的系统。在这样一种滋养、安全、无拘无束的环境中，系统对于自身发展的方向和节奏有着自发的智慧。相反，在充满限制、危险的环境中发展起来的系统难逃失衡的命运。危险激发保护，可保护者不是成熟的领导，随着时间的推移，它们会走向极端。正如我们在本书中所阐述的那样，由保护者统治的系统本质上是失衡的，也不可能和谐。

不过，对于"在一个受限的环境中度过一个关键时期会破坏甚至严重削弱系统的健康潜能"这样的观点，我们也不赞成。在成长过程中，不管一个人经受虐待、忽视、疾病或剥夺等各种限制的时间点有多早，他仍然拥有一个完整、充分胜任的真我，只是相比那些没有遭遇这些可怕限制的人，他的真我更容易被保护者掩盖。此外，人类系统不需要通过接二连三的阶段来实现真我领导，错过某个阶段的人也不需要返回完成这个阶段，才能通过所有剩下的阶段，进而达到健康和成熟。

此外，健康的发展并不一定需要很多时间或外部干预。有了真我领导，任何人类系统都可以被重新组织，并在其存在的任何阶段健康发展。根据我们的经验，一旦有效的领导力开始以平衡与和谐的节奏取代正在失灵的循环，系统就会迅速愈合。不过，为了释放有效的领导力，我们的来访者必须关注他们累积的负担，比如极端的信念，势不可当的或是冻结的感受状态。正是由于这些负担的存在，历史保留了它的影响力，阻断了健康的发展，破坏了组织的平衡。家庭正像个体一样，它们由于创伤的经验背负负担，也承受着被遗留下来的负担。

创伤与个体发展

我们两个人都曾广泛地对遭遇过各种童年虐待的成年人展开治疗，我们的来访者让我们意识到，创伤，尤其是童年时期的创伤，对人类系统的伤害。创伤给系统的发展造成了两个方面的巨大限制：一是系统中脆弱的部分被冻结在恐惧或羞耻的状态中，通常是被冻结在遭受创伤的时刻；二是领导力的限制，父母可能因为冲动（如施暴）、强迫（如依赖药物）、不公（如偏袒某个孩子）或过于被动（如抑郁），而放弃他们的养育角色，败坏他们的领导信誉，并丧失他们的影响力。

我们发现，一个人在逆境中增强力量的能力与他获得真我领导的能力是相称的。当保护者失去对真我的信任而取而代之时，真我领导力会被废弃，平衡会丧失，和谐会变得遥不可及。但如果在整个创伤过程中，真我仍然可用，并为系统中最脆弱的部分带来保护和安慰，那么对真我领导的信任和尊重就会与日俱增，内在的平衡与和谐也会得到促进。IFS疗法的一个首要目标就是培养这种领导力，这样一来，生活中不可避免的挑战和危险就会激发力量，而不是磨灭信心。

从个体发展到家庭发展

创伤的消极影响和真我领导的积极影响可以从个体推论到家庭。无论是对家庭还是对个体而言，至少在一定程度上，真我的领导力决定了创伤的影响。如果创伤涉及身体上的危险或伤害，而父母能够保持真我领导的状态，有效地处理伤害，保护家庭，他们就会得到家人的尊重和信任。同样地，如果创伤与令人痛苦的丧失有关，而父母能陪在家人身边，给予安慰和滋养，他们的地位就会提高。

但如果父母被悲伤、恐惧或痛苦击垮，放弃领导地位，否认孩子的感受或者对其置若罔闻，他们就会失去信任和尊重。当父母放弃领导地位时，孩子（通常是年龄最大的那个）会介入，承担整个家庭的责任，保护、安慰和养育如孩子一般的或失控的父母，以及"嗷嗷待哺"的兄弟姐妹。在应付自己内在被遗弃的孩子、试图控制手足的消防员部分爆发的冲动行为时，这个被"化身为父母"（parentified）的孩子被迫发展出肌肉发达、备受推崇的管理者，它们包揽着过多的权力，承受着过多的指责。一个家庭如果没有一位胜任的、多少保持着真我领导力的成年的父亲或母亲，它的处境就会非常危险。

领导

为了维持平衡，达到和谐状态，一个家庭需要有效的领导者。有效的领导者所具有的品质丰富而复杂。在许多关于家庭治疗的文献上，研究者都将注意力放在了父母的管教作用上，并帮助父母减轻揪住孩子不放的劲，从而使他们的孩子得以发展。不过，有效的领导者的品质还包括其他很多方面。

- 公平分配资源、责任和影响力。
- 所有家庭成员都需要学习、发展、感受与彼此的联系，以及感到被珍视，领导者应保证有爱的关注，提供信息和保护隐私，以满足这些需要。
- 营造这样一种氛围，在这里，忧虑的感受不会被放逐，从而让需要和分歧得到尽情表达，错误得到承认，问题得到识别，梦想得到分享。

- 赢得所有成员的尊重和信任，让对立极化的家庭成员体验到其调解的公正和明智。
- 支持家庭成员的发展，包括确保基本的物质满足和安全的家庭环境。同样地，家庭成员需要感受到关心，在受伤或家庭决策不顺意时得到安慰，被鼓励追寻自己喜欢的角色和愿景。
- 与家庭以外的系统建立联系，包括维护家庭的愿景与需要，与其他系统建立和谐、可持续的关系。这需要做到不失真地、即时地解读来自其他系统的反馈，密切关注反馈可能反映了怎样的家庭结构或价值方面的问题和特性。
- 树立个人榜样，这意味着过平衡、和谐的生活，同时满足更大系统的需求。个人榜样需要领导至少一定程度上敞开心扉，愿意表露成就背后的辛酸。
- 保持家庭的共同愿景。有效的领导者的最后这个方面特别复杂。通常而言，至少在某种程度上，和谐的家庭有着共享的身份感：一系列彼此依存的价值观和目标，让每个成员感到彼此联系，有方向感。一个有效的家庭领导者对其个人生活有个人的愿景，同时她会帮助家庭成员找到他们的愿景，引导家庭讨论，找到这些愿景的共通之处，将它们汇合在一起。

一个共同的愿景

父母把自己的个人理想强加于子女，这种情况非常普遍，而这种理想往往来自他们的负担。例如，许多父母将遗留负担以强有力的梦想的形式抛给孩子，这些梦想与他们自认为让父母失望的地方有关，或源于他们文化中的极端价值观。遗留负担会给人强加僵硬而压抑的期望，它几乎没有给差异与成长留下空间。另外，当家庭的领导者对家庭的共有经历没有愿景或兴趣时，家庭成员往往会感到被孤立和失落。就像那些一心想要聚敛财富的人一样，感到失落的人更有可能步入这种危险：将美国的个人主义和物质主义引向只为个人利益的极端。

与僵硬、强加的期望或完全没有期望的问题相反，共享的家庭愿景是灵活的、利他的，并能依据成员的兴趣和才能进行调整。超越个人利益的目标和使命可以培养一种意义感，通常还有一种归属感。不过，纯粹自我牺牲的理念也可能放逐自私自利的部分。所以平衡是关键，家庭愿景需要平衡利他主义和个人回报。

常见的领导问题

大多数家庭都具备实现有远见、平衡、和谐的领导状态的必要资源。家庭领导者的真我知道如何成为一个好的依恋对象。对真我的限制会导致以下几种有问题的领导风格。

荒废的领导状态

有时，一个家庭的领导者负担过重，无法处理家庭内外的各种要求，他们要么压根不分权委责，要么没有可以任命的人选。在美国过去这几十年里，富人与其他人经济实力的差距显著地扩大，以至于许多父母必须同时做两份工作。那些被养家糊口的压力压垮的父母很有可能在抑郁中崩溃，并屈从于各种消防员的行为。

其他可能的对领导者的限制包括受伤、疾病或内在（或外在）的对立极化，这些限制都有可能导致抑郁或悲伤的情绪。无论是负担过重的领导者还是无能的领导者，他们都有可能放弃某些方面的领导角色。废弃的领导状态会让家庭成员感到害怕，他们可能以各种方式做出反应，包括付诸行动或躯体化症状，以促使领导者重新进入状态。最终，废弃的领导状态会形成一种真空，迫使不胜任或不适合这项任务的人感到不得不上任。

极化的领导状态

在一些家庭中，领导者并不是负担过重，而是两极分化。例如，一个家长对孩子们很是顺从，以此来对抗另一位家长的严厉，双方都感觉自己是被一步步逼入日渐极端的境地的，但也都宁愿不要如此极端。两极分化的领导状态会影响整个系统，引起各种各样的扰动，并导致各种联合与对立扩展至整个系统。

失信的领导状态

一些家庭的领导者会失去家庭成员的信任和尊重。例如，在危急时刻，领导者可能没有保护家庭或者表现得自私。领导者也可能酗酒、外遇、施暴，或在重要问题上对家人撒谎。即使在此之后，领导者表现出了有效的技能，家庭成员也可能退缩或公然反抗之。为了挽回名誉，领导者必须停止破坏性行为，向家人承认错误、道歉并做出补偿。然而很多时候，失信于家人的领导者会采取相反的策略：否认，假装什么事都没发生，并期望家庭成员也这样做。

偏私的领导状态

偏爱自己、某个家人或某部分家人的领导会造成不和与失衡。为了防止潜在的反叛，偏私的领导者常试图限制家人获取外部反馈或进行内部往来。偏私的领导者可能会否认他们的偏见，通过指控其他人的偏见来掩盖他们的行为，或试图证明在某种外部威胁、更宏大的原则或传统，如宗教或父权制的"正当规则"面前，他们的偏见是必要的。

有效的领导

这个标题让我们看到了领导力的一个重要方面。处于真我领导状态的领导者敏于接收环境中其他系统的反馈，他们会毫不迟疑、毫无偏见地解读这些信息，在家人消化反馈的同时促成开放的沟通过程。美国的陪审团制度将决策权移交给知情的公民，与美国的陪审团制度相似，处于真我领导状态的领导者会信任系统每个成员的真我，后者会得到信息，也具有自由沟通的能力。处于真我领导状态的领导者也是具有系统观的思考者。他们会根据家人在关系网中的状态和内在状态来解读反馈。例如，当孩子在学校考试不及格时，父母通常会尝试督促孩子或帮助他们做作业。但要想行之有效，家长在决定如何反应之前，首先必须评估孩子各个层级的系统，他们不仅要把注意力放在家庭系统上，还要观察孩子与同伴、老师的关系，看看其中是否存在任何造成限制的失衡、对立极化和领导障碍。帮助父母在情境中思考问题是家庭治疗师的主要工作之一。

荒废、极化、失信或偏私的领导状态会妨碍一个系统获得健全的反馈。荒废职权的领导者可能会感到负担过重，从而难以觉察到任何反馈（设想一下抑郁或躁狂的父母）。这些荒废职权的领导者很可能否认或忽视那些让他们感到挫败的反馈。偏私的领导者可能会过分强调支持他们立场的反馈，歪曲或否认其他一切。在关于系统表现和环境响应的反馈被忽略、延迟、扭曲、拒绝或简单化地解读时，系统是不能做出有效的反应并自我纠错的。

家庭内部的交流也是如此。荒废职权的领导者无法有效地缓和对立极化的状态；偏私的领导者会抹除那些挑战他们观点的信息，或提出令人不安的话题，包括秘密；失信的领导者则会压制那些可能突显他们失败的讨论。当其中任何一种情况导致沟通受阻时，家庭成员可能仍然不知道他们的行为是如何相互影响的。当一个系统的成员不知道自身行为的真正代价时，对立极化和极端主义就会盛行。一旦对立的部分有机会从真我的角度谈论真实的需求和意图，我们会惊讶于那些令人无力的、长期存在的冲突减少或消失的速度有多快。

在任何系统中，这四种领导状态（荒废、极化、失信和偏私）都会制造问题。更复杂的是，它们很少单独出现，因为它们会彼此传染，其中一个会助长另一个。例如，当一个系统的领导者荒废职权，把权力移交给不止一个人时，这些人往往会在如何最好地继续下去的问题上倾向于两极分化。而如果所有的责任都落在一个不胜任的个体身上，那么不可避免地，系统中的其他部分也会与这个人相对立。

平衡

为了保持健康，人类系统需要平衡。实现平衡所涉及的关键变量是影响力、资源、责任和边界，这些都受到负担的影响。

需要平衡的变量

在一个家庭中，影响力指的是谁在财务、教育、人居地理和生活的其他方面做重大决定，以及谁负责分配资源和责任。家庭的资源包括物质（食物、住所、衣物、金钱）、休闲时间、滋养、注意力和指导。资源还包括来自父母的赞扬和与朋友的联系。家庭内部的责任包括养育子女、创造收入、发展和维护核心家庭之外的关系和利益，以及组织和维护家庭。

边界是关于什么或谁包含在系统之中或排除在系统之外。在一些系统中，边界相对容易定义和达成一致。例如，一辆汽车包括所有一起行驶的部件。如果我们把喇叭拿掉，它就不再是汽车系统的一部分了。而如果我们把它放回去，它就又一次在这辆汽车系统的范畴之内。人类系统的边界并不总是那么清晰，这可能会导致定义上的对立极化（比如，你可以设想一下再婚家庭）。

四十多年前，结构主义家庭治疗师假设，健康家庭与其自身和其他子系统之间有着明确的边界（Minuchin，1974）。"明确的边界"（我们称之为平衡的边界）被定义为这样一种存在，它既允许适当地接触其他子系统，也保护了一个家庭系统免受妨碍其发展的事物的侵扰。有问题的边界要么过于模糊，允许太多来自其他系统的接触，要么过于明晰，允许的接触太少。因此，在人类系统中，边界是关于谁可以接触谁、如何接触的规则。当每个成员都是他们为了发展而需要的子系统的一部分，并且每个子系统的边界在解除和维持之间保持平衡时，家庭的功能会发挥到最佳。

和谐

平衡描述的是上面列出的四个变量（资源、责任、影响力和边界）的平衡，而和谐在这里用来描述系统内关系的其他品质。人们用许多术语，如有凝聚力、灵活、有效沟通、关怀、支持、合作和低冲突，来描述功能良好的家庭所具有的关系。

在一个和谐的家庭中，成员们享受他们的角色，或至少理解和感恩他们角色的贡献。这样的家庭往往受到一个共同愿景——一种大家都理解并重视的理想的引领。此外，家庭成员尊重彼此在愿景和风格上的差异，并试图找到个人愿景和家庭愿景之间的适配之处。成员之间的竞争可能存在，但出于家庭总体的关怀，以及对维护系统福祉的承诺和对他们所处的更大的系统生态的承诺，这种竞争会有所缓和。

此外，由于失败的个体不会因为地位或角色的丧失而受到威胁，所以竞争也不会由恐惧驱动。由于所有家庭成员彼此关心，也理解和支持更大的家庭愿景，所以他们都愿意牺牲一些个人资源和目标。由于交流是直接的、自发的、诚恳的，所以冲突可以解决，不平衡的状态可以逐渐恢复平衡。和谐的家庭是高度可持续的。一旦人们感受到了这种共有的和谐，在失去它时，人们就会努力地重新获得它，否则会体验到因失去它而产生的丧失感。

极化和纠缠

在 IFS 治疗中，我们帮助来访者个体识别掺和的保护者以及极化的保护者，它们往往近在眼前，稍后就会出现，我们还帮助他们识别被保护的被放逐者。在家庭当中，我们也是这样做的。正如家庭治疗理论家们早就观察到的那样，极化、纠缠、割裂和化身父母的孩子是问题家庭的特征。在下文中，我们将描述以两个人为核心的家庭冲突与亲密关系的常见模式。当然，这种模式也可能包含与家庭内其他成员的各种联盟。

极化

在最初几次家庭会谈中，最容易出现的问题往往是两个处于管理者角色的家庭成员之间，或管理者和消防员之间的对立极化。这种对立极化可能会模糊一个家庭多年甚至几代人的关键感受和核心话题。正如我们将在下一章中展示的那样，IFS 治疗师可以运用像帮助部分那样的方法，帮助家庭成员摆脱他们刻板的角色。

纠缠

根据系统平衡的原则，疏远的、充满冲突的（对立极化的）关系往往伴随着纠缠、过度亲密的关系。最常见的一种情况是，父母长期处于冲突状态，其中一方与某一个孩子的关系过于亲密，过于依赖这个孩子。也可能相反，父母双方都可能过度关注孩子，借助孩子安全地分散注意力。对立极化，也就是保护者之间的冲突，会使得每个人内在的被放逐者都处于刺痛、受伤的状态，无人照看。由于这些父母还不具有真我领导能力，无法成为自己被放逐者的主要照顾人，他们的保护者可能会引来其他人照顾他们，或使他们借助工作和酒精等事物来使自己分心。而打破这种代际（父母－孩子）关系的唯一持久的方法，是帮助父母成为自身被放逐者的主要照顾者，这样一来，他们的孩子就不再需要扮演这个角色。

常见的亲子间的纠缠关系始于父母的内在系统，最后扩展到整个家庭系统。达蒙是一位父亲，他很早以前就学会了放逐自己脆弱的年幼部分，任由它们潦倒、渴求外界关注——从需要他妻子的关注开始。但是他妻子的保护者们也放逐了她的脆弱部分，因而无法容忍它们的渴求。当达蒙的保护者意识到他不断被拒绝时，它们让他离开了他的妻子，而这让他的被放逐者更加渴求联结与安慰。于是，它们转向了他的女儿——她正渴望得到父亲的关注。

我们看到在这个例子中，父亲吸引他女儿的管理者来滋养他的被放逐者，这意味着他把责任和照顾的负担抛给了她。这让他的妻子更加疏远了他和他们的女儿，反过来又使女儿的年幼部分感到被父母抛弃——尽管两人抛弃的方式不同。在以后的生活中，女儿的年幼部分又会重复这个模式，希望由她的孩子来照顾自己。父母和孩子的角色对调，一个成年人的被放逐者依附在孩子被围困的年幼管理者身上，这种模式就像染色体一样，代代相传。

被抛弃，连同一无是处和恐惧的感觉，通常会激发另外三种形式的纠缠。第一种是受伤的年幼部分试图进入并变成另一个人。这些年幼部分旨在通过模仿别人的表情和行为，来获得别人的力量、活力、自信或任何它们觉得自己缺乏的品质。本质上，它们相当于霸占了一个受尊敬的人的身份。虽然在短期内，这种殖民化努力可能会带来慰藉，但这种边界充分开放的状态会让负担转移，并在内在引发关于"我"与他人的界限置于何处的困惑。

第二种由被遗弃感发展出来的纠缠在于，被放逐者从小就背负着自己一无是处的负担，与虐待或总是拒绝它们的成年人生活在一起，绝望地寻求相似他人的认可或保护。当它们认为这样的人是一个潜在的救赎者时，它们就会执着地依恋对方，愿意为了得到它的认同、情感或保护而做任何事情（Schwartz，2008）。

第三种纠缠的形式源于对创伤的恐惧。动荡的事件，如失去父母或失去孩子，会制造出被放逐者，它们会陷在丧失时刻。为了避免承受更多的丧失感，这个人的管理者会变得过度保护，过度与其他家庭成员纠缠在一起。这种纠缠也可能源于非常现实的恐惧。生活在危险地区的孩子除了上学外，通常不被允许出家门，而且他们还背负着担心父母安全的重压。和有暴力倾向的父亲生活在一起的孩子往往会与母亲联合起来，保护彼此。有时，旨在保护的纠缠是生存所必需的，但代价依然沉重。

家庭内部的极化和纠缠

一般来说，当我们观察整个家庭的对立极化时，我们会发现，保护性联盟常常围绕着两个有冲突的人联合起来。我们也会看到，秘密会加剧家庭冲突、稳固联盟。妈妈有一个同性恋爱人；爸爸是诱惑学生的教授；爷爷猥亵孙女；妈妈整日酗酒，三次试图自杀；17岁的阿尔贝托晚上会爬出窗户，和那些开飞车、带枪的朋友们一起狂欢；15岁的克里西去年怀孕了，把孩子送给了别人收养；雷叔叔曾经是瑞秋阿姨；精神分裂的佩特拉姨妈无家可归；伯祖父艾德杀了他的妻子，将在监狱里度过余生。家庭里的秘密会让人情绪沸腾，这会威胁到被放逐者或一个曾掌控内在世界的潜伏的消防员的解放，有时会造成非常糟糕的后果。因此，家族的管理者们会压制这个话题，家人要么与管理者合作压制，要么与消防员一道分散注意力，由此形成保护联盟。

***

米德尔顿一家：在一个极化国家的极化家庭

让我们来看看一个美国白人家庭所承受的遗留负担。阿拉娜和彼得·米德尔顿将种族主义、父权制、个人主义和物质主义的负担带入了他们的伴侣关系。他们通过驱除婚姻中不满的部分，努力保持积极的态度，来维系婚姻的和平。他们把女儿布丽姬特送到一所昂贵的私立学校，这样她就能和"合适的那类"（right kind）孩子交往，也就是白人孩子。彼得的工作使得他们能够加入一个乡村俱乐部，该俱乐部专为盎格鲁－撒克逊白人新教家庭提供服务，因此布丽姬特能在俱乐部的泳池里度过夏天，全家人也可以和"自己的同类"（own kind）一起外出吃饭。政治上，他们认为对环境的担忧被夸大了，他们对政府开支的感觉很大程度上基于他们的信念，认为接受福利援助和医疗补助的人在剥削他们这样的纳税人。彼得是个地道的推销员。他相信要让东西看起来真的很好，这个理念被他从销售生涯推演至个人生活，使他相信那些足够卖力的人对潜在的买家来说是不可抗拒的。他认为失败源于个人的错误，这让他在困难时期非常容易感到羞愧。

当彼得失去了销售工作后，全家人靠阿拉娜当护士的工资勉强维持生活，他们的婚姻陷入了危机。阿拉娜一向讨厌既要做全职工作又要做家务，但她的管理者隐藏了这种不满，毕竟彼得挣的钱是她的两倍。她即便已经到了服用抗抑郁药的地步，也没有将不满表达出来。虽然彼得一直愿意出门采购，但他从来没有参与过家务，哪怕现在他整天一个人在家，他仍然不做任何家务。阿拉娜怀恨在心的部分使她对做爱丧失了兴趣，而彼得的某个部分对他们的性生活极其失望。他们都放逐了这些部分，没有意识到他们的性关系和伴侣关系中基于性别的责任失衡之间存在关联。此外，一旦他们再也无法负担赋予他们社会外壳的乡村俱乐部和他们女儿的私立中学，再也无法为自己保持无可挑剔的表象，他们的脆弱和羞耻感就会刺激他们的消防员，火速加剧对立冲突。

当表象屈服于现实时，一个家庭所有世代的成员的内在都会冒出消防员，我们将看到诸如婚外情、酗酒、吸毒、进食障碍等行为。布丽姬特一直知道她父母的关系很紧张。现在，看着他们彼此抨击、打斗然后陷入冷战，她既感到担心，又希望他们离婚。以前，不论在家还是学校，她都是一个"模范孩子"。升入公立高中后，她开始周末和"野孩子"出去疯跑，喝酒喝到几乎要晕过去。尽管阿拉娜和彼得没有注意到她喝酒，但一个关心布丽姬特的朋友告诉了学校的辅导员，辅导员让米德尔顿一家去看 IFS 治疗师。

这家人带着许多抱怨来到治疗室。彼得觉得自己很失败，阿拉娜觉得自己被压垮了、被轻视了，而布丽姬特则在努力让父母开心的表演部分和蔑视父母的叛逆部分之间挣扎，左右为难。突然有了相互倾听的机会，这一家人意识到，彼得的批评者斥责他是一个没法保住工作的败类，并不比那些懒人（穷人或有色人种）强多少，他被教导要鄙视别人。阿拉娜的批评者攻击她吃得太多，超重，一脸倦容，还没有性兴趣。布丽姬特的批评者是一个痛恨她的完美主义者，因为她最后进了一所在父母看来低人一等的学校，和不被父母肯定的孩子混在一块。这些好意的管理者需要得到帮助，因为它们让米德尔顿家的每一个人都感到自己不够好、沮丧和绝望——这正是这些美国的遗留负担发挥作用的一种常见方式。

结论

因为系统相互嵌套，在 IFS 家庭治疗中，我们看到了与我们在个体内在看到的一样的三元结构。在应对危险的过程中，个体的内在和家庭内部都会发展出管理者、消防员和被放逐者。最后落入这些角色的家庭成员会像部分或政党那样，对立极化并形成联盟。在一个负担沉重、对立极化的家庭里，我们会发现发展被阻断了，还会看到系统的失衡与不和谐，以及荒废、极化、失信、偏私的领导状态。然而，每位家庭成员都有一个真我，在真我的影响下，家庭可以实现和谐共处。治疗师对家庭展开的工作类似于对个体的工作：了解每个成员的部分，保持真我领导的状态，引导家庭成员触接真我。我们将在下一章阐述 IFS 的家庭治疗。

Internal Family Systems Therapy

第 15 章

在 IFS 家庭治疗中解除限制

家庭倾向于谨慎地接受治疗。一些家庭成员会感到内疚，害怕因为问题而被指责，另一些人则对问题和治疗的需要感到愤怒。而对于信任治疗师，所有人都感到惶恐：如果隐藏的情感和话题被揭露出来，他们会被评判吗？就像对内在家庭一样，我们对外在家庭展开工作的第一步，是与系统的管理者建立联系。为了防止不幸的事情被揭露出来，管理者往往会以最保守的方式来定义家庭的问题，并用各色的手段来控制讨论，将焦点从被放逐的话题上移开。

例如，家庭中的管理者可能会在没那么具有威胁性的问题上对立极化，如管教孩子，而不是注意到父亲很少在家，他们也可能会关注父亲的外表，以免讨论到家中长期的权力失衡。但不论他们使用什么策略，当争吵白热化，或是一个青少年最终说"不"，戳破了原本的禁忌时，管理者的制裁就会瓦解。制裁的瓦解会开启另一个循环，其中消防员介入进来，负责转移注意力，管理者对消防员做出负面反应。在经历这些权力斗争和症状时，家庭成员仍然无法意识到他们的动机和他们角色的作用。

成为传递希望的人

在整个IFS治疗过程中，我们是传递希望的人，我们会承诺，一旦极端的情感和扭曲的信念得到检视，它们就会失去效力，然后我们就可以很轻松地卸下它们。我们也会推销慢下来、尝试新事物的好处。但即使认为值得为改变冒一下险，我们也会建立沟通准则并注意安全。当一个家庭成员高度认同一个破坏性的消防员，或认同一个背负着如父权制等有毒负担的管理者时，我们会向他提出质疑。为了做到有效和有益，对他的质疑必须受到真我的领导，这意味着我们批判的部分必须平静下来，并以一颗开放的心领导自己。一个受到真我领导的质疑过程会运用部分的表述，它不会带来羞辱，还会提供明确的步骤，来改变糟糕或一无是处的感觉——这是产生问题行为的根本原因。

引入部分的表述

正如下面的案例中呈现的，IFS治疗师会在家庭会谈的早期引入部分的表述。我们可以用一种自然的、几乎察觉不到的方式来做到这一点：用部分的表述去复述每位家人对家庭当前问题的反应。因为大多数人时不时会谈论部分（例如，一部分的我想出去吃午饭，而另一部分的我想待在家里），他们很少反对以这种方式复述他们的话。当引入部分的概念时，我们也可以询问家庭成员，对于目前呈现出来的问题，以及彼此的关系，他们扮演着怎样的角色。在此基础上需要注意的是，对一个系统层级的干预会影响其他系统层级，所以我们的探索可以扩展到其他系统层级，触及其他层级的限制，比如家庭环境方面的问题、家庭内部的对立极化、资源和责任的失衡以及个人负担或遗留负担。下面是一个在探索家庭互动时引入部分表述的例子。因为19岁的女儿玛丽莲总是暴食然后催吐，所以这一家人前来接受治疗。哈里是玛丽莲的父亲。

哈里：看到玛丽莲暴饮暴食的时候，我的感受很复杂。她不得不这样对待自己，我为她感到难过，但我也想打她。

治疗师：所以你的一个部分为她感到难过，另一个部分又很生气。是这样吗？

一旦我们引入部分的表述，许多家庭成员很快也会采用这种方式来谈论他们的感受和想法。采用这种表述可能有许多原因。第一，将问题行为归属于家庭成员的某个部分有助于他们感到好奇而非评判（"我想知道为什么会这样"）；第二，从直觉上来说，改变一个人某个部分的行为听着比改变整个人更现实；第三，极端的部分其实就是负担着不可能完成之任务的部分。一旦来访者接受我们的观点，认同一个人有很多个部分，他们也会在直觉上知道，除了这些不喜欢的部分，我们肯定还有更多的部分。当马丁·路德·金（Martin Luther King）说出下面这段话时，他抓住了这一思想的精髓："宽恕并不意味着忽视已经做过的事，或给邪恶的行为贴上虚假的标签。相反，这意味着邪恶的行为不再是关系的阻碍。而且我们必须认识到，这些既是近邻又是敌人的恶行，这些伤人的事情，并没有充分表现出一个人的本性。即使在我们最大的敌人身上，也能发现良善的一面。"

部分的表述并不要求家庭成员忽略或重建他们做过的伤害彼此的事情，这可能会削弱受伤的感受，促成未到时机的宽恕。实际上，部分的表述可以引导家庭将有害的行为视为保护性部分（通常年轻）的行为，并让所有人相信，每个人都远不止一个部分。仅通过运用部分的表述，治疗师就能帮助他们以不同的方式看待彼此和自己。谈论部分对家庭和个体来说都很重要。

探测部分并提升真我领导力

充当家庭的"部分探测器"是我们工作的一个重要方面。为了实现这项功能，当我们注意到一个部分在掌控全局时，我们会让它停下来（我们会事先获得这样做的许可），这样家庭成员就可以进入系统，倾听他们的部分。倾听是与它们分化开来（未混合）的第一步。一旦某个部分至少部分地区别于其他部分，来访者的真我就可以为它表达。帮助来访者从真我的角度讲述自己的部分，是 IFS 伴侣、家庭和团队治疗的一大特色，就像让家庭成员在彼此倾听和讨论有争议的问题时保持真我能量一样。如果我们这样做了，那么家庭关系往往会自行开始重组。作为家庭的部分探测器，至关重要的是，我们必须做到准确和公平，这意味着 IFS 家庭治疗师必须不断地与自己的部分保持分化，帮助自己的部分。

预先安排有效的沟通

为了在家庭中促进部分分化开来，推进和谐与真我领导的状态，我们需要帮助家庭成员为部分而不是从部分的角度说话。由于这可能会是一个挑战，我们会事先获得许可（"在我发现你能运用为部分说话的能力时，我可以介入吗"）。此外，我们会承诺处理家人之间相互指责和羞辱的情况，并且为了避免这个过程推进得太快，在任何干预开始前，我们会邀请家庭成员表达他们的恐惧（他们保护性部分的恐惧）。表 15-1 总结了促进有效沟通的方式。

表 15-1　如何促进有效沟通

请家庭成员做到：
1. 觉察和倾听他们的部分
2. 为部分说话，而非从部分的角度说话
3. 在干预之前，探索他们部分的恐惧
4. 让他们的真我领导整个讨论

安抚家庭的管理者

在讨论了在 IFS 治疗中如何表达之后，我们会与家庭的管理者深入沟通，他们往往需要一些帮助才能信任治疗过程。我们保持真我领导的状态，真诚地好奇、共情、接纳、滋养、自信和直接，对于那些担心我们是否会喜欢和关心他们的家庭管理者，我们会尊重他们，同他们沟通。为此，我们可以鼓励家庭成员讨论他们在接受治疗时的感受。我们要表达出自己理解他们不情愿与陌生人探讨令人尴尬的话题的心境，并向他们保证，我们不会评判他们。我们会强调，我们知道如何推进这个过程。我们会表达自己的信心，即我们能够共同解决这个问题。表15-2 总结了如何安抚家庭的管理者。

表 15-2　如何安抚家庭的管理者

- 鼓励家庭成员讨论接受治疗时的感受
- 理解他们与陌生人探讨令人尴尬的话题时，不情愿是情理之中的
- 保证他们不会受到评判
- 强调你知道如何推进治疗过程
- 表现出自己的信心——你相信你和他们可以一起解决问题

最后，我们会以管理者需要的细致程度，和他们讨论他们对 IFS 方法的担忧，以及治疗所用的规则、策略。在我们消除家庭管理者疑虑的活动中，我们接纳一家人只愿关注眼前某个问题的期望，这个问题往往是他们一开始愿意讨论的唯一问题。在听取对这个问题的描述时，我们开始有机会评估限制这个家庭的任何其他可能因素，其中也许包括创伤性历史事件，或导致各种冲突的失衡的领导状态。表15-3 呈现了如何寻找可能隐含制约的方面。

表 15-3　寻找对发展、领导、平衡与和谐的限制

1. **发展**：是否存在大规模的历史事件，从自然或人为灾难（如地震、种族屠杀）到个人灾难（如父母在过马路时被车撞死，一个青少年患上精神疾病），让家庭背负极端的情感和扭曲的信念
2. **领导**：父母是否因冲动（如暴力）、强迫（如物质依赖）、偏私的行为（如偏爱某个孩子）或情绪崩溃（如抑郁）等情况而荒废领导力
3. **平衡**：有极端的信念（负担）导致家庭放逐了一些成员（如简阿姨曾是吉姆叔叔），或不公平地分配资源（如将男孩的需要放在第一位）吗
4. **和谐**：失衡是否引发了利益冲突，从而妨碍了系统走向和谐的自然趋势

选择关注的层面

开始对外部家庭的治疗时，我们有许多系统层面可以选择（个体内在、

核心家庭、大家族、工作、学校、社区或文化）。正如我们在个体治疗中所做的那样，我们会邀请家庭成员选择最先需要关注的层面。如果他们要求得到帮助来达成某种共同决定，我们可以像下面的例子展示的这样，提供选项。

治疗师：到目前为止，我们已经听到了你们每个人身上造成玛丽莲进食问题，并把你们带到这里来的相关部分。关于你们体内这些部分是如何运作的，我们已经谈到了一些内容。但你们家庭内部的关系以及家庭之外的生活也很重要。你们觉得最大的限制在什么地方？如果你们能想好治疗从哪里入手，那就再好不过了。

格蕾丝：你能举个例子吗？

治疗师：好的。比如说，哈里有一个感到沮丧的部分，会被玛丽莲的暴食的部分激活。但他也提到了工作上的很多压力，所以也许我们可以谈谈，他的工作是如何影响他那个沮丧的部分的。另外，我们可以讨论家庭责任的平衡会如何影响每个人的部分。或许，我们也可以谈谈玛丽莲与朋友、同伴的互动，如何影响她在内在批判自己的部分。又或许，我们还可以谈谈这个家庭有多在意完美的表象。

格蕾丝：嗯，哈里有时候下班回家，脾气很大。请注意，我不是在责怪他，我知道他压力很大。每当他这个样子的时候，我就离得远远的。

治疗师：大家愿意从这个地方开始吗？

就这样，这个家庭选择了首先关注的层面。他们可能选择对立极化的家庭关系、家庭领导状态的问题，也可能选择一些来自外部的冲击。无论他们选择什么，我们总可以同时谈论多个层面，并根据需要切换到不同的层面。

在不同层面之间切换

IFS 家庭治疗具有高度的协作性和流畅性。系统之间同步，系统与子系统并行运作，意味着 A 与 B 建立联系的方式类似于他和内在任何类似于 B 的部分建立联系的方式。比如，在格蕾丝难过的时候，哈里的一个部分对待她的方式与其对待自己悲伤部分的方式类似：它感到烦躁，用不耐烦、批评的声音给她建议。由于系统是并行运行的，并且相互影响，所以如果哈里能滋养他自己的被放逐者，那么他会对他妻子的被放逐者更加耐心和仁慈，哪怕他对她难过的部分缺乏耐心和仁慈的情况从未在治疗中被直接处理，我们也能看到这样的效果。同理，如果他能在妻子的难过的部分面前保持真我领导的状态，他也会更好地照顾自己难过的部分。

在 IFS 中，由于我们将整个世界看作一个子系统相互嵌套的大系统，我们可以在不中断交流的情况下在内在和外在之间切换，以及再次返回原处。家庭关系在外部层面的变化，会影响家庭成员的内在状态，反之亦然。我们可以关注一个层面，同时观察其他层面的变化。这并不是说，一个系统层面的转变必然导致另一个系统层面同步的变化，而是说，不同层面的系统以不可预测的方式相互影响，因此我们要关注当下看上去干预最有效且保持着生态敏感性的层面，同时密切关注这个层面的变化如何影响其他层面。不论我们是在外部层面解决了一个问题，还是主要关注每个家庭成员的内在系统，在这两个层面，关系都可能发生巨变。

一个家庭成员对另一个家庭成员的影响的排序

在我们倾听那个把这个家庭送入治疗室的问题时，我们会意识到家里的谁在这个问题中扮演了怎样的角色，我们会探索他们占主导的部分如何相互影响。比如，玛丽莲的父亲哈里有一个部分会时不时痛斥玛丽莲的进食问题。这种做法会刺激玛丽莲狂乱而烦躁的部分。事情以这样的顺序发展：哈里生气了，玛丽莲感到受伤和羞愧，玛丽莲内在的管理者在批评她，她受伤的部分感觉变得更糟，而她暴食的消防员为了转移她的注意力，为了不让她感到羞耻和糟糕，开始疯狂地发挥作用。这个过程当然也让哈里更加难过。治疗师开始与哈里和玛丽莲一起破解这个序列。

治疗师：当你注意到在你对玛丽莲生气之后，她看上去很疯狂时，你有什么样的感觉？

哈里：我很担心，也很难过，因为我知道接下来会发生什么。她会开始吃东西。

玛丽莲：我非常清楚他什么时候又要生我的气，因为他会变得沉默。

治疗师：当你爸爸沉默下来的时候，你内心发生了什么？

玛丽莲：我害怕他对我一顿责骂。但我知道我无法阻止这一切。

治疗师：然后呢？

玛丽莲：我确实经常落到暴食的地步。但他看不到在他大喊大叫之后我的内心发生了什么。我告诉自己，我是这个世界上有史以来最糟糕的人，最软弱、最自私、最恶心。

在引出了玛丽莲和她父亲之间的这段对话之后，治疗师问格蕾丝，当她的丈夫很沮丧而玛丽莲看似焦虑的时候，她是什么反应。格蕾丝可以识别出三个被他们之间的互动激活的部分：一个部分和哈里一样，也对玛丽莲的进食障碍感到愤怒；一个部分由于哈里的脾气，认为玛丽莲是受害者；第三个部分总是通过改变话题，试图平息家里任何形式的公开冲突。

造成遗留负担的循环

家庭的管理者是一股强大的力量，他能够多年支配和驱逐家庭成员的各个部分。此外，在家庭中变得有影响力的人际互动容易引发一个内部循环，在这个循环中，管理者经常放逐内在脆弱、受伤的部分。这些互动经常发生在父母和孩子之间，但也可能发生在兄弟姐妹之间，孩子和老师之间，或任何其他相关的个体之间。当这种被放逐的痛苦冲破意识时，消防员会反应过来，分散注意力。这个循环会因为不断反复、不断强化，引发许多症状行为，从而让家人不得不接受治疗。极端情感和信念的代际传递是一种非常普遍的家庭现象，我们称之为遗留负担。下文的两个场景说明了这种负担。

在第一个场景中，玛丽莲母亲的管理者放逐了她内心悲伤、艰苦、愤怒的部分，与此同时，也拒绝了玛丽莲内心悲伤、艰苦、愤怒的部分。随着玛丽莲被放逐的年幼部分看上去越来越绝望地寻求救赎，她有进食障碍的消防员变得更加激动，这又会鼓动她母亲负责批评的管理者提高嗓门。这种情况很典型。当被放逐的部分进入意识时，消防员会通过各种各样的事情来分散注意力，从花大量时间看电视、吃糖果、解离，到莫名其妙地生气，等等。然后，父母的管理者会因为孩子的消防员行为，而让孩子感到羞耻，孩子的管理者也会内在地效仿它们，羞辱她自己的消防员。所有这些羞辱都让这个孩子的被放逐者感到更加羞耻，而她的消防员也会更使劲地分散注意力，从而引来内外在管理者更多的羞辱，如此反复。

通过这样的方式，父母的自我拒绝和自我否定在孩子内在引发了一连串的自我拒绝，引起更多的消防员来分散注意力。比如，当玛丽莲的大学室友告诉她父母玛丽莲患有暴食症时，从学校回到家中的玛丽莲的惊慌失措的管理者立即加大了控制消防员暴食的力度。与此同时，她的母亲抱怨，玛丽莲的进食障碍正在伤她父母的心，而她的父亲则在保护玛丽莲和试图用暴食症对身体的坏处恐吓她之间摇摆不定。在内外的双重压力下，玛丽莲从在学校每周暴食三次，变成了在家每天暴食三次。

从玛丽莲家庭的历史来看，它似乎一直都运转良好：一家人经常一起吃饭，一起庆祝节日，父母也满足玛丽莲所有的物质需求。尽管如此，玛丽莲说她整个童年都是悲伤和孤独的。在她的体验中，她觉得自己不是父母要的那个孩子。当她表达出某种负面情绪时，比如感到难过、孤独或力不从心时，她的父亲就会把话题转到积极向上的方面去，以表明他无法忍受这些，而她的母亲则会反过来向她讲述自己艰难的童年。他们似乎不堪其扰，对玛丽莲的焦虑感到丢脸，同时为她的兄弟马丁在高中篮球上的成功激动不已。

玛丽莲的管理者注意到了这一切，并内在地复制了她父母的不满。为了分散注意力和安慰玛丽莲，其他的保护者开始暴食然后呕吐。在高中时，玛丽莲悄悄地与这些部分的活动做斗争，她知道说出来只会让父母的反应加剧她内在的矛盾。但是，当她因为暴食症从大学被遣送回家时，她的秘密暴露了。她的父母一边批评她，一边掐架，而她暴食的消防员"超速狂飙"。面对家庭中这种消极反应的旋涡，治疗师要做的第一项工作，就是说服每个人的保护者冷静下来。

第二种将负担传递给后代的常见方式是，父母的被放逐者向家里的孩子寻求照顾。在这种情况下，孩子的管理者（化身父母的年幼部分）通过放逐自己脆弱而年幼的部分——正是那些需要并仍在渴求父母的部分，来保护父母。一旦这些部分因自己的需要而被放逐，它们会感到羞耻、愤怒、孤独和悲伤，这促使消防员分散注意力，而这会让管理者难堪，它们会加倍用力地施行控制和抑制，从而进一步孤立孩子难受的被放逐者，如此反复。

为了说明这一过程，我们可以继续看看玛丽莲的例子，对她而言，维护父母的婚姻是她一贯的职责。在她5岁的时候，父母的关系一度失和，把她当作中间人。她在不同的房间里穿来穿去，来回传递父母之间的信息。虽然她感觉到父母都在向她招手，要她站在自己这边，但她认为他们都很脆弱、艰难。她不顾一切地想让他们和好，让他们开心起来，她的管理者在传信时，尽可能软化他们的措辞，并尽其所能地缓和或防御进一步的冲突。所有这一切只是强化了玛丽莲的年幼管理者的一个信念，即她的需要对她的父母来说，实在是太多了。在看到玛丽莲的管理者需要从照顾她父母的工作中解脱出来之后，治疗师优先引导格蕾丝和哈里确认关于玛丽莲的共同目标，并在养育子女的工作中团结一致。

治疗师：（对哈里说）听起来，你难过的部分对那个不忍看到玛丽莲受苦的部分有反应。那个部分感觉怎么样？

哈里：无助。

治疗师：如果那个部分有兴趣尝试新事物，我可以告诉你如何帮助它。

一旦家庭成员认识到他们无力改变他人，并愿意尝试新事物，我们就有机会说，如果你有兴趣的话，我可以帮忙。这时，家庭里的一个或多个管理者可能会表示担忧。我们只需要真诚而直接地处理每一种担忧。

哈里：你说的帮助是什么意思？

治疗师：帮助它信任你。你感兴趣吗？

哈里：我愿意做任何事情来帮助玛丽莲。但我不认为我是主要问题。

治疗师：我理解。但是家人之间是相互影响的，所以我认为可以说，这个问题牵涉到你们每个人的一些部分。我们已经讨论了玛丽莲和格蕾丝的一些部分，也会帮助那些部分。现在我就是在问你。

哈里：但你这是在说，是我的部分让玛丽莲生病了？

治疗师：不是的。只是当你难过的部分发作时，玛丽莲更难应对她暴食症的部分，让那个部分安全地尝试新事物。

哈里：好的。我想帮这个忙。但我需要做什么呢？

通过这种方式，治疗师正在实现我们所说的 U 型转弯（U-turn），即我们帮助每个家庭成员将他们的注意力从改变对方收回到自己的系统上。

平息管理者的恐惧，识别家庭的真我

在 IFS 家庭治疗中，每个家庭成员的管理者都会有同样的问题：它们会被要求在对方面前做什么？安全吗？治疗师会调整表述，以平息这些恐惧。

治疗师：存在很多了解你内在部分的方式。你们每个人都可以找到自己觉得舒适的一种。比如哈里，我可以向你展示，现在如何与你难过又丧气的部分取得联系。或者我可以扮演一个角色，直接和那个部分对话。没有所谓唯一正确的途径。我们只是想让你和那个部分互相了解和信任。

哈里：有时候我觉得我太了解那个部分了！

治疗师：我可以理解有时候看上去是这样的。但你掌控它的情况，与你在这里与它说话、为它说话是有区别的。

哈里：好的。但你是在说，我现在要在大家看着我的情况下和它说话？

治疗师：如果你的部分觉得让玛丽莲和格蕾丝看着没问题的话，她们可以留下来。如果这些部分不愿意，她们可以去等候室。

哈里：就在现在这一刻，我觉得她们可以留下来。但如果我改变主意了呢？

治疗师：这是个好问题。如果我们一开始让她们留在这里，然后你改变主意了，那我随时可以请她们去外面等。我们以后总有机会互相认识各自的部分。每个人都有他们只愿私下谈论的事情。你必须自己做决定，其他人也一样。

请注意，在这场谈判中，治疗师自信、不指责、乐观、能够安抚人心，并且很放松（比如不控制）。他的目标是同时平息在场的每个家庭成员的管理者的恐惧。他的工作是把真我领导引入这个领导力干涸的家庭系统。由于哈里愿意了解他的难过、丧气的部分，治疗师将继续对这个部分展开工作，他的妻子和女儿会见证这个过程。如果他还没有准备好面对自己的这个部分，治疗师也可以和格蕾丝或玛丽莲谈谈她们所受的限制，以及做出改变的意愿。当每一个家人听到其他人承认自己在这个问题中扮演了某种角色，并表示出至少一些意愿去帮助他们的保护者做出改变时，他们自己的管理者就会更放心，这使得他们更常处于真我领导状态。

认同改变的目标

一旦在治疗早期，在场的家庭成员（当时玛丽莲的哥哥马丁正在旅行，后来才参加治疗）识别了一个或多个对玛丽莲的暴食症有反应的部分，治疗师就会追踪这些部分之间的互动。因为从长远来看，管理者永远不会成功，所以像"那么，当那个难过、批判的部分掌控你的时候，会发生什么"这样的问题，往往会引出一些故事，这些故事表明管理者的努力是多么徒劳，或实际上它们是如何把事情变得更糟的。这样的事实得到承认之后，治疗师可以问，是不是每个人都对一个不一样的结果感兴趣。

治疗师：（对哈里说）当你意识到玛丽莲暴饮暴食时，你难过又丧气的那个部分会对自己说什么？

哈里：我必须阻止她。

治疗师：当你听到玛丽莲的自我批评的部分，也就是激发她暴食的那个部分，听上去很像你难过又丧气的这个部分时，你感到惊讶吗？

哈里：我很难过。我知道这个部分让她感觉更糟糕了。但我似乎停不下来。我讨厌无能为力的感觉，我就是受不了看到她那样对自己。

治疗师：你想不带评判地让她知道你在乎她吗？

哈里：当然！我要是有更多的耐心就好了……

治疗师：所以你希望你那个难过的家伙冷静下来，但你不知道如何帮助它。对吗？

哈里：是的。

治疗师：你想试试帮助它吗？

为未来创造一个共同的愿景

这些问题引导家庭成员描述他们更喜欢如何共处，并帮助他们设想一个他们更喜欢的未来，这反过来又会安抚他们极化的保护者，帮助消除极化。人类系统巧妙的领导力会促成一种共同的愿景的产生，有助于让大家看到希望，建立合作。

治疗师：（对哈里说）如果你难过的那个部分不干涉，你和玛丽莲的关系可能是怎样的？

哈里：我可以和她谈论她的生活。这并不是说她要告诉我所有的事情，或必须一直和我说话，但我想再次了解她。我希望有机会履行我的职责，能时不时地从父亲的角度给她一些建议。

在这次会谈中，正如我们所看到的，哈里愿意承认他的部分与这个问题有关。不过有时候情况并不是这样的，因为某个家庭成员可能坚持认为，只有其他人的部分需要改变。与其与之争论，不如问问这个部分，它坚持让其他人改变的努力是否成功过。一旦这个部分承认，这个方式经常是无效的，甚至会让情况更糟，导致事与愿违，我们就可以询问这个部分，是否愿意尝试一些新事物。只要它相信我们会把"真正的问题"（即其他人的部分）放在心上，它通常会同意暂停改变他人的尝试。有了这个约定，我们可以引导家庭成员关注他们自身受到困扰的部分。表 15-4 列出了为家庭创建共同愿景的关键步骤。

表 15-4　创建关于改变的共同愿景

1. 请所有的家庭成员设想他们的理想未来
2. 询问什么可能限制每个人创造这个未来（比如请他们注意自己负责保护或被放逐的部分）
3. 如果一个家庭成员希望另一个家庭成员改变，问问一直以来尝试改变家庭成员这个策略是否有效
4. 假设改变彼此确实行不通，那就问问他们，是否愿意尝试帮助他们自己的部分

留意变化带来的影响

随着时间的推移，玛丽莲与父亲的关系逐渐缓和，她母亲的部分也有所响应。尽管母女俩的关系有时变得亲密，有时疏远，但她们双方都害怕失去对方，每个人都有一些部分感觉受到了家庭动力变化带来的威胁。这是一种常见的情况，在家庭治疗中，当变化发生时，我们会请每一位成员注意他们的部分是如何反应的。

治疗师：格蕾丝，如果玛丽莲和哈里接下来走得更近，这对你来说怎么样？

格蕾丝：我会感到放心。我不会再夹在他们两个中间，这样对他们来说也更健康。

治疗师：你有一些部分不想夹在中间，想以对他们最好的方式行事。这很有意义。很多时候，你也与玛丽莲关系亲密。你所有的部分都得到被倾听的机会了吗？

格蕾丝：你是说，我有可能反对他们走得更近吗？

治疗师：不是。只是有些部分可能对变化有不一样的感觉。

格蕾丝：（停顿了一下）嗯，有一个部分为玛丽莲的成长感到难过。

治疗师：这再正常不过了。我也有这样围着孩子们转的部分，说不定哈里也有这样一个部分。说不定玛丽莲的一些部分也对自己的成长有所感触。

对于即将发生的改变，除了与其他家人确认他们的内在响应，我们也要让付诸改变的成员倾听他们的所有部分。

治疗师：玛丽莲，你的部分里有担心和爸爸的关系变好的部分吗？

玛丽莲：嗯……有一个部分担心这种情况不会持续。这部分告诉我，如果我让他靠近自己的话，他又会变得刻薄。

治疗师：有没有担心你妈妈的反应的部分？

玛丽莲：嗯……有的。我有一个部分总是在担心她。我受不了她难过，我也不知道她是否真的接受我和爸爸走得很近。

除了运用部分的表述，提出旨在揭示失衡和负担的问题之外，我们还有一些有用的技术，可以帮助我们在一次家庭治疗期间，聚焦于一个家庭成员的内在系统，或帮助对立极化的家庭成员与极端的部分分化开来，更常处于真我领导状态。

极化家庭成员之间的停战谈判

任何时候，我们在帮助部分不再掺和时，也在帮助家庭成员获得真我领导力，而这是 IFS 治疗的主要目标。假设一个家庭想要处理冲突关系。此处有一个能够帮助极度极化的部分不再掺和的办法。治疗师可以面对面地摆放两把椅子，方便对立极化的两个部分对话。当来访者的其他部分弹出来时，治疗师会暂停对话，让它们回到内在，倾听现在被激活的部分在说些什么。在此之后，治疗师会请来访者为自己的部分说话，而不是从部分的角度说话。一旦被激活的部分认识到这种交流模式的优点，它们会对真我和真我领导力更感兴趣。此外，由于"风格"——更确切地说是部分的顽固程度，往往是比内容更要命的症结所在，所以当来访者获得真我领导力时，问题往往会很快得到解决。当每个人的部分都得到倾听和理解时，解决办法就会浮现。

哈里：（对玛丽莲说）你只在自己想要什么东西的时候，才会跟我说话。你一直窝在你的房间里，天知道你在做些什么事，而我却只能忍受这一切！

玛丽莲：而你只知道控制我。我不和你说话，因为我就是不喜欢你——

治疗师：（打断玛丽莲）好了，我要暂停一下你们这一阴一阳的调调，这样你们两个都可以回到内在，先与你们的部分待在一起。当你们觉得能为它们说话、心也更开放时，再告诉我。

玛丽莲：（安静很长一段时间后）好了，我回来了。

哈里：我也是。

治疗师：在我们回到你们的对话之前，先回到你们的内在，问问那些刚刚在说它们真正想或需要什么的部分。它们为什么要出来控场？它们在保护谁？

玛丽莲：好的。

治疗师：准备好为你的部分说话了吗？

玛丽莲：（对她父亲说）每当你抱怨我老待在房间里时，我生气的部分就开始发飙。对此我也感觉很不好，但我为自己的样子感到羞耻，所以我不愿出门。当你唠叨我的时候，我只会感觉更糟。我还有另一个更年幼的部分，它觉得你把我看成一个败类。每当你对我的问题发表意见时，那个部分就会感到害怕，而愤怒的部分就会发起火来。

哈里：对不起……刚刚和你吵的，是我难过的部分。我又让它走了。它只是很担心你，不顾一切地想让你迈过这道坎。当你躲在自己的房间里时，整个房子都显得空荡荡的，而我知道你在那里，很痛苦。这让我很不舒服。我觉得自己是个失败的父亲。

在这里，玛丽莲和她父亲各自的保护者，达成了休战协议，两个人之间、管理者与管理者之间的对立被去除了。他的管理者在控制，而她的管理者在退缩。在他们真我的领导下，他们可以为这些部分以及其他部分说话，包括那些被保护的部分，他们可以让对方瞥见他们防护墙背后的东西。当他们感到更安全，允许他们脆弱的部分出来时，他们将能够更享受彼此的存在。一旦家庭成员愿意为他们的被放逐者说话，他们的保护者就会放松下来，对话的气氛就会改变，新的可能性就会出现。

在其他家庭成员在场的情况下，对某个家庭成员的部分展开工作

根据一家人想要着手的方面，治疗师可以让玛丽莲回到内在，联系她退缩的管理者，可以让哈里倾听他难过的部分，也可以让格蕾丝倾听她害怕冲突的部分。一般来说，家庭成员至少需要用一次会谈的时间来处理他们的部分。有时我们会暂停家庭治疗，单独约谈某个家庭成员几次。有时我们会让一家人聚在一起，然后邀请所有的家庭成员轮流关注他们的部分。有时，只

有一个人在探索内在，其他人在一旁观看。在对玛丽莲及其家人的治疗中，治疗师就依次与家庭成员进行了交流。

对于给谁这类关注，虽然家庭成员会尽可能地参与决定，但治疗师需要注意平衡，将一个家庭成员受到关注时可能引发的各种感受放在心上。比如，对某个人的关注可能会被其他家庭成员理解为存在某个问题的证据，或治疗师的偏爱：她是最受困扰的那一个吗？他是最受喜爱的那一个吗？为了避免这样的解读，我们会向他们表明，帮助自己内在部分的人是在勇敢地帮助整个家庭，我们会有时间为每个人提供同等机会的。

对于如何关注一个家庭成员的内在系统，根据每个家庭成员感觉最舒服的方式，我们可以做出许多不同的选择。当着其他人的面进入自己的内在——如果这个家庭成员愿意的话，会打开新的关系维度。在一旁观看的家庭成员在听到某个部分背后的故事时，往往会对这个成员身上自己不喜欢的部分产生共情，他们对这个成员的看法也可能会有巨大的转变。比如，当玛丽莲、马丁和格蕾丝意识到，哈里难过的部分只有12岁，还陷在哈里父亲因癌症去世的时刻时，他们马上意识到，要让他从感到有责任拯救他人的负担中解脱出来。他们的接纳和友善最终帮助这个悲伤、挫败的小男孩摆脱了过去，卸下了负担，改变了他在哈里的家庭以及内在世界中的角色。

观察者的角色

我们希望作为观察者的家庭成员与他们反应性的部分区分开来，并以真我的态度对待那些曾让自己变得脆弱的家庭成员。尽管强大的真我领导力是个好兆头，预示着家庭成员能够怀着慈悲之心相互见证，但我们无法预测观察者身上的哪些部分会被激活。比如，如果格蕾丝与对哈里感到愤怒的部分混合在一起，她将很难怀着开放的心态，倾听他难受的那个部分，她反而可能会攻击哈里。这种反应自然会让哈里不愿再透露任何东西。为了将这种风险降到最低，我们会让一家人提前做内在检查，看看谁可能被激活，然后提前将那些部分区分开来。观察之后，我们也会回来查看它们。如果我们在一开始就发现了反应性的部分，而它们又无法被区分开来，我们就知道可能会出问题，以及为了避免损害，需要解决问题。

如果所有家庭成员都愿意遵守这样一个规则，即在会谈期间或之外，每个人都可以谈论自己的部分，但不能评论其他人的部分，那么他们在向其他家庭成员暴露自己的部分时，往往会感到更安全。这条规则有助于防止任何成员利用他人分享的敏感信息。我们禁止这样的表达："我知道你里面有一个乖巧的小男孩，让这个愤怒的部分从我面前滚开，我要和那个小男孩说话。"我们鼓励这样的表达："当你生气的时候，我有一个部分会感到害怕，我需要一分钟去帮助它。"当家庭艰难地维持真我领导状态时，这条规则尤为重要。如果 A 的部分想要 B 的部分改变，B 的这个部分只会变得更加极端。如果存在足够的真我领导力，这个规则就不那么重要了，因为 A 的真我会帮助 A 容易反应过激的部分，B 的真我会帮助 B 的脆弱部分，A 的真我也会帮助 B 的脆弱部分。

预期后果

我们可以预见的是处于被观察状态的家庭成员会有的脆弱性。在这些曾经伤害过他，还可能会再次伤害他的人面前，他暴露了非常隐私的个人信息。即便会谈看上去很顺利，这个人的管理者也会保持高度警惕，而一旦觉察到任何观察者表现出一丝批评的迹象，他就会猛烈地回击。我们会和一家人一起设想这种情况，并提前达成明确的共识。为了回报这位家人分享的勇气和意愿，大家将给他空间，不论在会谈之中还是之后，对发生的任何事情都保持客观与友善。表 15-5 列出了给作为观察者的家庭成员事先的协议。

表 15-5　当某位家庭成员愿意让另一位家庭成员观看时，提前让家庭成员做好如下准备

- ❏ 这位家庭成员说的所有事情都需要保密
- ❏ 其他家庭成员如果想提到他说的任何事情，需要提前征得对方的同意
- ❏ 为了对他用于呈露脆弱一面的钦佩，其他家庭成员愿意
- ❏ 默默倾听内在批评或反应的部分
- ❏ 在治疗会谈晚些时候，为这些部分说话，在治疗过程中和结束之后，都要把呈露脆弱之人对空间和客观善意的需要放在首位
- ❏ 如果这很困难，请寻求治疗师的帮助

自由选择

进入内在是一项亲密而微妙的活动。我们会让所有人完全自由地选择，决定他们是否想被家里其他人观察。如果我们知道某个需要隐私的家庭成员不会主动要求被观察，或我们猜测某个家庭成员将无法与易于反应的部分区分开来，我们就会自行做出决定，私下展开内在探索。要做到这一点，我们要么请其他家庭成员坐在等候室，要么专门安排一次单独的会面。

如果一个家庭成员选择私下探索他的内在系统，如果他愿意，我们也可以邀请他告诉其他成员后来发生了什么，从而促成这个家庭里的成员生发对彼此的共情和理解。不过有些时候，即使是这种程度的流露，也太过危险，因此他必须拥有完全保密的自由。如果他决定透露，他和治疗师可以提前讨论，在家庭会谈中透露哪些内容让他觉得安全，也让他以后不会后悔。

结论

IFS治疗师通过解除限制帮助家庭重建。由于我们相信，在任何系统中，足量的真我都会让疗愈发生，因此，我们的目标在于找到并解除对真我能量的限制。所有的系统都寻求平衡，并试图自我修正。在保护者不够成熟的自我修正的努力中，我们就能看到这一点。然而，它们稳定系统的方式，以掩藏伤害和加剧对立极化为代价。与之相反，当部分与真我建立联系时，它们之间的冲突就会逐渐减弱，系统会再次回到平衡状态。

Internal Family Systems Therapy

第 16 章

在 IFS 家庭治疗中卸下负担

在一个家庭成员的内在系统的层面工作时，我们不仅要解决家庭管理者的问题，还要解决该成员内在管理者的问题，这些管理者正在为这个个体工作。这些部分可能会担心暴露脆弱的被放逐者或令人难堪的消防员。虽然在个体治疗中，我们经常询问管理者恐惧什么，但在家庭治疗中，当其他人觉得某个家庭成员正在接受一些个人治疗时，这个人的管理者要暴露各种不受家庭待见的部分，可能会变得特别脆弱和敏感。

卸下遗留负担

有时，不受待见的部分就是那些极端的保护者，它们可能背负着遗留负担。例如，我们在第 15 章中介绍的玛丽莲的母亲格蕾丝，从记事起就感觉母亲一直在伤害她，对她各种批评和挑剔。格蕾丝的母亲将玛丽莲的进食障碍归咎于格蕾丝。当格蕾丝进入自己的内在时，她发现她的母亲不仅仅是节假日偶尔登门的访客和每周打来的电话里的声音，在格蕾丝的内在系统中，母亲也占据着一席之地。在家人的注视下，治疗师帮助格蕾丝警惕的部分相信真我，由此得以更多地了解那个看上去和听起来都像她母亲的部分。

治疗师：格蕾丝，问问你内在那个看上去和听起来都像你母亲的人，它是不是你的一个部分。

格蕾丝：我得到的回答是"算是吧"。

治疗师：好的。它的能量有百分之多少属于你，百分之多少属于你母亲？

格蕾丝：百分之八十属于她。

治疗师：你有哪个部分反对把那不属于你的百分之八十卸下来吗？

格蕾丝：哪怕我动一下这样的念头，这个像母亲的部分都会很生气。她说我母亲已经尽到了她的职责，而这是我的职责。

治疗师：我明白了。你对此有何回应？

格蕾丝：似乎我所有的部分都不愿让我母亲承担这一切。

治疗师：你对它们说了什么？

格蕾丝：也许背负她自身的负能量能够促使她寻求帮助——我从来没能帮助过她。

治疗师：那接下来怎么做呢？

格蕾丝：我告诉这个部分，我的母亲也有一个更高的真我。带着这种负面能量到处跑、模仿她，似乎对我母亲没有任何好处。

治疗师：这个部分有什么反应？

格蕾丝：她在点头。

治疗师：那接下来怎么做呢？

格蕾丝：她想要释放这些能量，但她担心这样背叛了母亲。我向她保证，我们不必把这些能量送回我母亲那里。我们可以就此放下它……现在她准备好了。

治疗师：好的。她想怎样放下呢？

格蕾丝：我们准备一起把它扔进大海。

治疗师：做完了告诉我。

[格蕾丝闭着眼睛，平静地坐了一会儿。]

格蕾丝：好了。

治疗师：这个部分现在怎么样了？

格蕾丝：哦，她转变了！她是我大约 6 岁时候的样子。

治疗师：你对她的感觉是怎样的？

格蕾丝：她在我的怀里。

治疗师：她还有负担吗？

格蕾丝：是的。那个百分之二十属于她。

治疗师：她想让你知道什么？

格蕾丝：她只是想让我知道，这是一份孤独的工作。她问我能否一并放下这份工作。

治疗师：你说了什么呢？

格蕾丝：我说"哦，好的！我们再也不需要它了"。

治疗师：那她想做什么呢？

格蕾丝：她只是想和我待在一起玩。

会谈结束时，格蕾丝问自己的内在，是否有人反对她和母亲面对面谈话。由于没有任何部分反对，她那周就带她母亲去吃了午饭，并询问她关于自己童年的事。在格蕾丝的鼓励下，她的母亲谈起了她与格蕾丝父亲的婚姻生活。当格蕾丝的父亲心情好的时候，他很有魅力，也很幽默；当他心情不好的时候——这是常事，他会变得尖刻而挑剔。她还问格蕾丝，她的养育方式是不是太挑剔了，这让格蕾丝感到惊讶。格蕾丝说她的方式非常挑剔和伤人，接着她谈到她自己的母亲也是这么严苛。虽然这样一个来自自己曾害怕的亲人的深思熟虑的回答，远非理所当然，但格蕾丝在赴约时带着好奇心，也相信自己已经准备好应对可能发生的任何事情。与母亲共进午餐之后，格蕾丝的部分对她的真我领导力有了更多的信心。

负担的形成与演变

如果我们过去的某个沉重事件，在家庭当下的问题中起了重要作用，我们可以探询问题的起因及其历史。此外，无论何时，每当极端的部分出现在家庭会谈中时，我们都可以询问它们的感觉和信念是如何形成的。

治疗师：（对格蕾丝说）你说你有一个部分担心玛丽莲死于暴食症。你的生活中发生过什么事情，让你形成了这种恐惧？

哈里：我不知道这是否有关，但在玛丽莲出生之前，格蕾丝经历过一次流产和一次死产。我们俩的精力都被这些事情耗尽了。可有了玛丽莲之后，这一切都过去了。

听到哈里说这些（格蕾丝保持沉默），治疗师向他们征求继续谈论这个话题的许可。当双方都同意后，他邀请他们检查自己的内在，留意被那些经历影响的部分。在他们回顾自己的经历时，哈里发现了一个通过遗忘来处理丧失的保护性部分。这个部分使他在许多危难时刻遗弃了格蕾丝。格蕾丝则找到了一个感到被遗弃的部分，这个部分认为这种被遗弃的感觉证实了它的邪恶和不值得被爱，也找到了因为被哈里遗弃而感到愤怒的其他部分。

尤其对于那两次流产的经历，格蕾丝有一个内在的批评者，它说她有毒，她的任何孩子都注定会意外夭折。所以在玛丽莲小时候得哮喘时，尽管症状很轻，但这个部分令人窒息的警示依然让格蕾丝感到恐慌。令她懊恼的是，她发现还有个一部分在面对这些恐慌时，会偏爱她更小的、身体健壮的孩子马丁，而疏远玛丽莲。在意识到这一切之后，格蕾丝和哈里要求单独进行几次治疗，去见证他们的被放逐者，哀悼它们的丧失，并卸下它们的负担。再次回到家庭会谈时，他们变得很想了解自己压抑的悲伤和彼此间的疏远如何影响了玛丽莲和马丁。

这个家庭的经历很好地说明了负担是如何导致失衡，并对家庭的发展产生负面影响的。两个背负着沉重的童年负担的人步入婚姻，而在面对共同的危机时，他们的反应是彼此疏离。他们继而恶化到荒废领导状态，把悲伤放逐到孩子那里，无法直接与彼此沟通，过度担心孩子的健康，无法均衡地给予孩子们积极关注和爱。

平衡与失衡

在治疗中，如果一个家庭感到足够安全，愿意处理被放逐的事件和感受，那么治疗师可以询问家庭成员关于平衡的问题。大家可参阅表 16-1 中的问题示例，其中探讨了一个家庭如何应对平衡和失衡的影响。问问题本身就是一种有益的干预，因为来访者一旦顺利让他们理智的叙事的部分退后一步，治疗师的问题就会引出真我的元视角，从这个视角出发，来访者可以更慈悲地看待负担和失衡，同时发现先前并不清晰的解决方案。与此同时，问问题往往会将我们引向一些被放逐的主题，这可能会惊吓到家庭的管理者。如果一个家庭成员公开或隐秘地表达了对讨论某种失衡的恐惧，我们会放慢速度，先关注这种恐惧。一旦家庭成员处于真我领导状态，能够公开地探讨恐惧，恐惧就会消失。

表 16-1　评估平衡程度

在家庭中评估平衡程度的问题
- ❑ 家庭平常如何做决定？尤其是，谁在投入？谁拥有最终决定权
- ❑ 谁有最多的空闲时间、钱、关注、朋友等？谁最少？这种分配状态是如何形成的
- ❑ 谁在家庭中负有最大的责任？谁的责任最小？这种分配状态是如何形成的
- ❑ 谁和谁最亲近
- ❑ 谁和谁最疏远
- ❑ 谁对谁最有保护欲
- ❑ 两个家庭成员能在没有第三方干预的情况下起冲突吗

评估失衡对家庭影响的问题
- ❑ 失衡如何影响你的每一个部分
- ❑ 如果你在这方面更平衡，会发生什么呢
- ❑ 有任何部分不敢讨论这种失衡吗？它们最害怕什么
- ❑ 有感觉上更好的方式吗
- ❑ 有任何部分反对你更好地处理这些事情吗
- ❑ 还有什么在阻止你更好地处理这些事情吗

负担造成失衡

家庭资源和责任分配的失衡往往源于极端的信念（负担），有时候，这种负担可以追溯到几代人以前的文化传承。当我们从研究这个家庭的历史和传

统入手时，谈话会自然地流淌到家庭中的失衡的影响。例如，在家庭和文化中，父权制的遗留负担以这样的形式留存：父子会比母女获得更多的影响力和资源，承担更少的家务责任。家庭中的某一类人（如男性、最聪明的人、最病弱的人、个子最高的人、最健壮的人等）天生更应该获得资源，这是一种信念，而非事实。这样的信念带来失衡，最后给家庭带来沉重的负担。如果我们注意到某种失衡，我们可以询问直接造成这种失衡的负担是什么。

治疗师：（对哈里说）"男人在家里的时候就该享有更多的自由时间"——你是从哪里得到这种信念的呢？

哈里：在我家就是这样的。我想我就是照着这点学的。

我们可以让家庭中的父母描述他们是从怎样的家庭和社区文化中成长起来的。或者，我们可以让所有家庭成员试着觉察然后列举目前仍存在于家中的遗留负担。

哈里：我父亲从不让我休息。不论我在学校表现得有多好，他都从不赞扬我。他总提醒我我不够好。

治疗师：他背负着完美主义的负担。玛丽莲，你觉得你爸爸继承了这个负担吗？

玛丽莲：我认为是的！也许并不完全一样，因为爸爸有时会称赞我。但我仍然觉得自己怎么都不够好，哪怕他说了一些好听的话，我还是觉得自己让他失望了。

治疗师：那你继承了这种完美主义吗？

玛丽莲：嗯，我只会批评我的父母或我自己。我确实也会评判自己脑子里的一些人。不过我对自己比对其他人更苛刻。

治疗师：批评的部分就是这样。很显然，你内在的完美主义者对你父母很苛刻，也对自己以及你脑子里的其他人很苛刻。（转向格蕾丝和马丁）哈里家族的完美主义对你们俩有什么影响？

格蕾丝："我们不将就！"我不止一次听到他妈妈说这样的话！我不想成为那个拉低他们标准的人。

马丁：天哪，我也有点被说中了。我喜欢做到最好。我的教练有点像一个父亲。他可以很强硬，但我知道他欣赏我坚持到底的劲头。

虽然一开始，马丁只能看到完美主义的传承带来的好处，但当玛丽莲质疑他时，他承认，他更喜欢从教练和父亲那里接收积极而非消极的反馈。当格蕾丝温和地建议他，不必为了他们的爱而这么用力时，他看着地板。

哈里：你看上去挺伤心的，小家伙。

马丁：是的。我不知道为什么。

治疗师：你可以探索一下为什么吗？

马丁：可以。

治疗师：他们应该留下还是离开？

马丁：他们可以留下来。

治疗师：好的。你可以进去了，马丁，关注你悲伤的感觉。你对它有什么感觉？

马丁：困惑。

治疗师：它想让你知道什么？

马丁：如果我不努力成为最好的，那我会是谁呢？

治疗师：你明白这是什么意思吗？

马丁：是的。

治疗师：你想知道你是谁吗？

马丁：我热爱打篮球。

治疗师：你有足够的空间容纳所有的部分，包括你作为篮球运动员的部分。对于不作为某个部分存在的马丁，也有他的空间。

马丁：（看看围着他的家人）好的。

当马丁与他完美主义的篮球运动员部分区分开来时，他发现了一个年幼的部分，这个部分相信，他只有表现到最好，才能得到爱。在此之后，大家在白板上列出完美主义对他们每个人的影响。在他们交谈的过程中，他们猜想完美主义是何时以及如何根植在了哈里的原生家庭中：他们提到，20 世纪，哈里的祖父母身为犹太移民，经历了重重艰难与拒斥。最后，他们计划在一个星光熠熠的夏夜，在自家的院子里举行一个仪式，来卸下这个共同的负担，并缅怀他们的先人。

秘密的负担

在对一个家庭展开工作时,如果你觉得好像缺少了某块拼图,我们建议你先等家庭的管理者放松下来,再询问那些在家庭中发酵为秘密的一些事件。正如我们已经说明的,秘密会给系统带来负担,家庭的秘密可能会像幽灵一样,潜伏在治疗会谈当中。玛丽莲的家庭中,有许多关于无人哀悼的丧失的例子。我们可以列举一长串让家庭成员们心情沉重的共同的秘密,其中包括战争和自然灾害、言语和身体虐待、夫妻分居、物质和酒精滥用问题、忽视、遗弃、致残的疾病、精神疾病、自杀,以及各种在治疗师眼里无碍,但对家人而言有意义的其他事件。一旦某个沉重的事件被揭露出来,我们都要获得家人的许可之后再去谈论它。我们可能会发现,就像部分被冻结在受到创伤的时刻那样,整个家庭都感到被冻结在过去某个困难的时刻。

移民迁出与迁入

绝大部分家庭都继承了与主流文化一致的价值观或思考方式,当这些传承不再适合家庭当前的情况时,它们就会成为负担。对于孩子在新文化中长大的移民家庭来说,这是一个常见的难题。此外,迁出原居地后的移民家庭失去了原来的社群和人际关系,而迁入新居所的移民家庭,往往会遭遇深刻的偏见。为了识别背井离乡和在新文化中重新安置带来的限制,我们会询问移民家庭其价值观发生了何种改变,以及家庭如何应对这种变化。

物质负担

高压的工作、危险的社区、贫困、歧视、残疾人或老年人的特殊需要等物质负担会妨碍领导力发挥作用,消耗家庭资源。它们可能导致极端的想法或感受,并由于其本身的特性而造成限制。在探讨物质负担对家庭的影响时,我们会讨论家庭成员如何相互支持,以及如何获得社区资源。

劳拉的故事

让我们通过举另外一个例子来结束本章，这个例子阐明了我们在上文中提到的许多观点。劳拉大学时开始接受心理治疗，不久便邀请她的母亲达西和妹妹莫莉一起参加治疗。在劳拉 11 岁时，她的父亲因一场车祸去世，一种新的家庭动态由此浮现出来。她的母亲达西继续工作，但始终郁郁寡欢。达西对荒废自己的领导角色感到内疚，但她在家的时候还是几乎什么都不做，而劳拉担负起责任，成了化身家长的孩子。劳拉要确保她 8 岁的妹妹莫莉能吃好饭去上学，就这样，她进入角色，并扛起了过重的担子。她还要打扫房间、给母亲准备购物清单、做饭……所有这些都扰乱了她的成长轨迹，并促生了一些很是愤怒、看不惯达西的消防员。在劳拉的愤怒面前，莫莉由于担心母亲进一步抑郁崩溃，总护着达西。在对彼此失望的状态下，在她们脆弱的部分冻结在劳拉父亲去世的时刻的情况下，每个人都背负着没有得到表达的悲伤、孤独和绝望。父母的死亡往往会将一个家庭系统抛入持久的失衡状态，造成一种慢性的对立分化、同盟、纠缠和整体的不和谐，这些内容构成了家庭治疗这道料理的基本食材。

在劳拉大学期间，她开始对芬太尼（一种止痛药）成瘾，她在街上买到了这个。尽管她住在家里，但她的母亲和妹妹并不知道她在吸毒，因为她大部分时间都不待在家。在目睹了几个朋友因吸毒过量死亡后，劳拉参加了一个治疗活动，这个活动的初衷是帮助瘾君子直面自己成瘾的事实。在这个活动中，她承认自己有毒瘾，承认自己对此无能为力，也考虑了继续吸毒的利弊。虽然在离开这个活动时，她决心戒毒，但她仍然害怕驱使她吸毒的那种痛苦情绪。一位正在接受 IFS 治疗的大学朋友力劝劳拉尝试这种疗法。

在前两次治疗中，劳拉描述了自己与家人生活在一起的情况，她说这样做是为了省钱。她说她经常和母亲吵架，她母亲总是尽可能地独自待在自己的房间。与此同时，莫莉一刻不停地担心着达西，抱怨胃痛，经常旷课，学习成绩也受到了影响。达西对这一危机的被动反应进一步激怒了劳拉，而这又进一步促使莫莉护着达西。听完劳拉的故事之后，治疗师觉得，他可以通过帮助整个家庭来最有效地帮助劳拉，所以他建议进行家庭治疗。劳拉同意了，但有一个前提，她有毒瘾的事不能公开。因此，他们决定劳拉继续接受个人治疗，而家庭治疗将专注于她们的家庭关系。

与劳拉的一次单独会谈

在个体治疗中，劳拉发现她成瘾的部分在生她的气，不愿和她说话，所以治疗师直接与成瘾的部分对话，劳拉则在一旁听着。

治疗师：我们能和你对芬太尼成瘾的部分谈谈吗？

劳拉：我觉得他不愿意说话。他被关在笼子里，很生气。他想出去，想再去吸毒。

治疗师：我可以直接跟他说话吗？

劳拉：好的。

治疗师：那你成为那个对芬太尼成瘾的部分，让他说话。你在那里吗？

劳拉：不在——这是他说的。

治疗师：如果你不再让她嗨起来，你担心会发生什么？

劳拉：我什么都不怕。我喜欢嗨，那是一种很棒的感觉。我迫不及待地想再次吸毒。

治疗师：好的。谢谢你告诉我们。我现在要和劳拉谈谈。劳拉，你在吗？

劳拉：在。

治疗师：你觉得需要发生什么？

劳拉：他必须待在笼子里。

治疗师：好的。在我们继续进行家庭治疗期间，我们可以把他留在那里。但我们会回到他身边。等到他相信他不必那样帮助你，他可以做更喜欢做的事情时，你就可以放他出来了。

劳拉：他在嘲笑你。

治疗师：他不相信你将不再需要吸毒吗？

劳拉：是的。

治疗师：好吧。我们会在感觉情况不一样了之后回来。

劳拉：好的。

与劳拉家人的一次会谈

尽管治疗师很快就意识到了劳拉的家庭存在结构性问题，但他还是想从了解她们的角色开始。所以他请劳拉和她的母亲对彼此谈谈她们的关系。没过几分钟，劳拉就开始训斥达西。治疗师要求暂停治疗，并请三位家庭成员都集中注意力，体会自己的感受。达西说，面对劳拉的愤怒，她感到无助又内疚，很想跑出去。

治疗师：也就是说，你的一个部分想逃开，另一个部分感到无能为力，还有一个部分告诉你，你是个坏妈妈，是吗？

达西：是的。

治疗师：当你跟劳拉说话的时候，通常是哪个部分在掌控你？

达西：我想是无能为力的那个吧。我只是坐在这里，接受她的斥责，尽管在家里，我有时会走开。

治疗师：（对劳拉说）当你妈妈那样闭门不见的时候，你心里有什么感受？

劳拉：我非常生气。她真是没心没肺！我只想摇一摇她。她在发呆。

莫莉：你为什么要对妈妈这么刻薄？

治疗师：好的，我们再暂停一下。劳拉，你想把你妈妈从抑郁状态拉出来，这是合情合理的，我们以后再详细谈这一点。现在，我想让你把注意力集中在你愤怒的那个部分上，问问它在保护什么。莫莉，你也一样。

经过几次尝试后，劳拉终于能够倾听她愤怒的保护者的声音，知道了她在保护谁/什么。她向治疗师表明了她发现了什么。

治疗师：太好了。在我们继续之前，检查一下你们的心是否仍是开放的，如果是，你就可以为这些部分说话，而不是从它们的角度出发说话。

劳拉：（语气柔和）好的。妈妈，在你那么消沉的时候，我内心的一个部分会感到绝望和恐慌，就好像我们都会死掉一样。那个愤怒的部分对我说了很多话，比如"她应该是家长"。但它只是想让你帮我一把，因为我要窒息了。

达西：我理解你为什么会感到恐慌和愤怒，这么多年来，是你将这个家维持到了今天。我也希望自己能有所改变。我一直都知道，我的状态在伤害你。但我就是不能把自己从洞里拖出来。而这种内疚只是让我陷得更深。我想让你知道，我有多抱歉。

劳拉：（做了个鬼脸）对不起也不算数。

治疗师：（对达西说）你愿意和那些把你困在洞里的部分协作吗？如果你愿意的话，我会帮助你。你会感觉好一些，而劳拉和莫莉也就不用再照顾你了。

达西：我当然愿意。我只是不知道该怎么做。自从比尔死后，我已经尝试了各种办法。

治疗师：我理解。我能帮你的。

这次会谈展示了 IFS 家庭治疗的许多特点。首先，治疗师并不指导家庭成员怎样改变自己，而是邀请他们关注自己的内在，倾听那些驱动其失能模式的部分。然后，治疗师让他们从自己的角度为这些部分说话，而不是让这些部分直接说话，后者是他们往常彼此交流的方式。接下来，治疗师会请每个家庭成员找出他们的保护者在保护谁（被放逐者）。最后，他会请他们为这些被放逐者说话。一旦有人替被放逐者说话，家庭会谈的气氛就会缓和下来，因为家庭成员的真我开始出现，保护者也会放下武器。这时，治疗师的主要任务是在他们为部分说话时，使他们持续处在真我能量之中。

在整个过程中，治疗师都是一个传递希望的人。他负责把希望传送给那些感到绝望的顽固的保护者，让每个人慢下来，培育更多的耐心。治疗师之所以能够做到这一点，是因为他相信 IFS 能够帮助每个家庭成员。在一些情况下，如果家庭成员明显可以在见证的过程中保持一定的真我能量，那么治疗师也会请一个家庭成员进入自己的内在，在其他人的关注下，对自己的各种部分展开直接的探索。这对于作为目击者的家庭成员和说话的人来说，都是一种强烈的体验。

达西的突破

在随后的治疗中，达西自愿在劳拉和莫莉的注视下进行了几次运用内在沟通方法的个体治疗。当达西走到她绝望部分的下方时，她发现一个吓坏了的小女孩正在看着她父亲打她母亲。达西 5 岁孩子的部分知道，她和她母亲都无力阻止她父亲。就在那一瞬间，达西学会了不再对"生活可能会有所不同"抱有希望——这是她的保护者破门而入，把她从绝望中解救出来的方式。她也意识到，为何劳拉的愤怒会那么彻底地让她退缩。当她把那个 5 岁的部分带回现在，并卸下她的负担之后，达西睁开她的眼睛看着她的女儿们，二话不说地来到劳拉面前，抱住了她。她们紧紧地拥抱在一起，仿佛她们终于跨过了一道鸿沟。起初，莫莉耐心地等着轮到她抱妈妈，但看着她们一直抱在一起，她干脆也加入了她们。当她们三个最后不再拥抱时，达西告诉女儿们，在遇到比尔之前，她是多么地封闭自己。那个 5 岁小女孩的部分依恋地将他的身体力量作为外部保护者，也依恋他的慷慨仁慈。比尔是第一个没有吓到她的人。当他去世时，这个 5 岁的小女孩失去了至亲，而她的保护者们曾经对这段感情持保留态度，现在它们发誓，再也不要让她感到有任何希望，再也不要让她费任何力气去改善生活。

在回应这些涌现出来的内容时，劳拉说她愤怒的那个部分现在感到悲伤，而莫莉承认她有一个部分本想停止刚才的治疗来保护她母亲，但现在她很高兴自己没这样做。虽然治疗师在后来的治疗中的确帮助了两个女孩，但达西的突破让这个家庭的结构发生了一些重要的变化。她的保护者们退后了许多（虽然并非完全撤退），这让她能更主动地张开怀抱。她对劳拉有了新的兴趣，也能提醒莫莉不要再照顾她了。

当真我开始成为一个内在或外在的领导者时，家庭成员中的极端保护者往往会很快放松下来。仅仅是了解母亲消沉背后的揪心故事，就帮助劳拉卸下了大部分愤怒，并为她打开了一扇大门，让她得到了她渴望的、一种新的与母亲的亲密关系。当达西变得更主动时，劳拉和莫莉放下了大部分对她和对家庭的责任。最后，莫利再也不需要在劳拉面前保护达西，她也可以尽情享受与她们二人的亲密相处了。当然，一次治疗并没有完全治愈达西的被放逐者，也不能完全解放她的保护者。治疗师对未来的起起落落了然于心，而那些也的确发生了。当达西的保护者再次强势起来时，没有人惊慌失措，因为她们明白正在发生什么。

成瘾的部分准备"找份新工作"

在达西取得突破的那次治疗后,劳拉在一次个体治疗中回到了她成瘾的那个部分那里。他仍然待在监狱里,但看上去更放松了。

劳拉:他看到我感觉好多了,如果他可以做到的话,他想找点别的事做。
治疗师:如果我们帮助那个父亲去世的女孩走出来,他能去做点别的事吗?
劳拉:他说,到时候就知道了。
治疗师:如果他能把吸食芬太尼换成做点别的事情,他会想换成什么呢?
劳拉:他有点想帮我找份工作。

在劳拉的被放逐者卸下负担后,她把对芬太尼成瘾的部分从"监狱"释放了出来,他也确实在引导劳拉寻找自己的事业,尽管时不时地,他还是会问劳拉,想不想嗨一下,因为他很想念那种感觉。我们曾与许多像劳拉这样、被各种各样的瘾困住的来访者工作过,其中包括(但不限于)对毒品、酒精、食物和锻炼的各种极端滥用。我们发现,这些难以克制的行为给病人带来了解脱,让他们暂忘痛苦、孤独、羞耻和恐惧。在我们看来,所有这些瘾最让人上瘾的部分是解脱。一旦被放逐者卸下负担,与来访者的真我形成一种持久的关系,它们将由此稳定而持续地解脱。消防员会意识到它们的工作过时了,无法克制的冲动也会大大减弱。关于这一点,一些想要停止成瘾行为的来访者自己能够做到,而另一些人则需要支持性团体和医疗干预的帮助。

* * *

结论

劳拉家庭的主要限制源自每个家庭成员内在的、背负负担的部分。另外,在许多家庭中,外部限制也存在,如生活在危险的社区,过度工作,或是需要应对种族主义、厌女、恐同性恋和恐跨性别者。有时,在内在的变化能够持续进行之前,这些外在的限制也需要在治疗中得到关注。

正如我们在本书中阐述的，人类系统——部分、个人、家庭、社区和文化相互嵌套，相互镜映，相互作用。所有的系统都会在某些时候受到伤害，因此所有的系统都面临着产生负担的风险，这些负担可能代代相传。与此同时，所有的系统都在寻求平衡，尝试自我纠正。当对立的部分与真我建立了联系时，它们会消停下来，系统会恢复平衡。真我是我们所有人自我复原的机制。

Internal Family Systems Therapy

第 17 章

IFS 疗法用于伴侣治疗

"伴侣治疗是一种双人治疗"这种说法,仅仅意味着治疗室里坐着两个来访者。当我们考虑到心灵复合、多元的特性,考虑到每个个体都有一个包含部分的内在系统时,我们会发现,在任何的冲突模式中,都可能有多个部分卷入其中。因此,伴侣治疗与个体和家庭治疗一样,在相同的潜在心灵结构中潜行,也适合运用同样的 IFS 概念和技术。IFS 伴侣治疗既可以是一种独立的形式,又可以作为家庭治疗的一个部分,专为父母开展一些会谈。本章旨在概述这一治疗技术,并说明在家庭治疗过程中,我们如何会见身为父母的伴侣。

回溯伴侣之间的互动

在 IFS 伴侣治疗中,我们首先会回溯伴侣之间的互动,以呈现他们你来我往地形成冲突的循环过程。下面是一个例子。

治疗师向伴侣 A：当你感到生气时，你生气的部分会做什么？

伴侣 A：大吼大叫。

治疗师向伴侣 B：你熟悉她大吼大叫的部分吗？

伴侣 B：熟悉。

治疗师向伴侣 B：当她朝你大吼大叫的时候，你觉察到内在发生什么没有？

伴侣 B：我也会生起气来。

治疗师向伴侣 B：那你生气的部分会做什么呢？

伴侣 B：他会吼回去。

治疗师向伴侣 A：当他生气的部分吼回来时，你心里会发生什么？

伴侣 A：我变得麻木，然后闭嘴。

治疗师向伴侣 B：她不再说话之后，你会做什么？

伴侣 B：我觉得我会生闷气。

在这样展开呈现了这一循环之后，治疗师得到了做一些重要的事情的机会：①指出双方的需求都没有得到满足；②邀请伴侣听取治疗师的观点，向他们介绍保护性部分的概念；③指出在保护性部分所有的努力背后，是它们脆弱的、未被满足的得到认可和爱的需要——对此，治疗师可以邀请伴侣带着好奇心去理解（Herbine-Blank et al., 2016）。

当伴侣与真我而非保护部分联系在一起时，他们会记得为何他们一开始就彼此联系在一起，他们敞开心扉的讨论也有助于修复关系和解决问题。因此，我们的工作是帮助他们具身体现自己的真我，而不是为了解决他们的问题，提供任何建议或解释。因为只有在他们的被放逐者被治愈之后，保护者才能放松下来，允许真我出现。我们也会通过各种典型的 IFS 方法，帮助他们接触被放逐者，卸下被放逐者的负担。尤其是在开始阶段，"我们的目标是将他们的注意力从伴侣转向自身"（Herbine-Blank et al., 2016：40）。

为部分说话，而不是让部分说话

下面的内容选自一对伴侣在治疗中期的一段长对话，他们有两个正在上学的孩子。这些内容展示了：①家庭成员如何见证彼此探索内在的过程；②家庭成员为自己的部分说话，而非让部分说话的力量。在这次治疗中，菲尔先说了话。一开始，他直接让自己的保护者表达，这个保护者想吓唬他的丈夫蒂莫，好让他回去工作。为了照顾孩子，蒂莫已经待在家里好几年了。菲尔在讲话，蒂莫听着，而我们引导他们的部分不再掺和，这样他们就能为自己的部分说话，并以真我的状态倾听（Herbine-Blank et al.，2016；Schwartz，2008）。

菲尔：大概两周前，蒂莫告诉我他改变主意了，他不想回去工作。我很清楚，他要是继续待在家里，就会继续抑郁和烦躁，而我也会跟着受罪。所以当然了，一整周我们都在朝对方大吼大叫，有一天晚上，我实在是连饭都没法吃完就离桌了。我直接走出了房子，直到所有人都睡了之后才回家。这对我来说很痛苦，我不知道我还能不能继续这样下去。

蒂莫：那你想走就走吧。

治疗师：行了，你们再这样说下去，我感觉我都像在放羊了——乱哄哄的一大群。我想说的是，只要我注意到你们中的任何一个人在直接让某个部分说话，我就会叫停，让你们都进入自己的内在，然后原来在讲话的人回来之后，要为那个部分讲话。这样可以吗？我希望你们现在就开始。

［治疗师没处理他们说话的内容，而是提醒菲尔和蒂莫，他们要做的是让部分与自己区分开来，然后为它们说话。］

蒂莫：可以。

菲尔：好的。我试试看。

治疗师：好的。菲尔，注意你刚才在说话的这个部分。它让你为它说话吗？还有蒂莫，注意你刚才回嘴的那个部分，它的防御性很强。如果你们与部分区分时需要帮助，请告诉我。

［他们都闭上眼睛，当他们进入内在时，眼神明显柔和起来。］

菲尔：我胸口这儿有一个慌乱的部分，它想强迫你回去工作。在它下面，我发现了一个脆弱的部分，你一生气他就变得很害怕。

蒂莫：你这样说话听起来舒服了些。我知道我的愤怒让你很难受，我会想办法的。我希望你能明白的是，我的愤怒和在家带孩子没太大关系。与它更相关的是有时候我觉得你没有听我说话。还有，每当你威胁说要离开时，这直接戳到了我父亲弃我不顾的痛处。当我第一次倾听内心的声音时，我注意到了那个反击你的部分。但随后，我发现了一个年幼的部分，在你这么威胁的时候，它非常害怕。

[他们都在真我的状态下，为自己的部分说了话，但现在菲尔的愤怒又跳了回来。]

菲尔：我听到，我的威胁吓到你了，但我想你没有意识到，你在家的时候有多糟糕。你在家的时候，你好像一直在审视我的一举一动，而且你动不动就会生气，好像你就是在找地方撒气一样。既然我知道会发生什么，当然也就想离你远点。如果我一直这样对你，那么即使你离开我，我也不会怪你。如果你继续这个样子的话，那么的确，我们也过不下去了。

治疗师：好了菲尔，现在我要打断你了，因为我听着又是那个生气的部分在说话。你再花点时间进入内在，在你的身体里面或周围找到它。

[治疗师决定对菲尔生气的部分做一些工作，因为它一直在干扰对话。]

菲尔：我生气了。它在我的胸口。

治疗师：你对这个生气的部分有什么感觉？

[在 IFS 治疗中，这是我们用于检测部分的基本问题。]

菲尔：感激！我不容易生气，也不常生气。它的出现使我感觉松了一口气。

治疗师：好吧。让生气的那个部分知道，你很感激它能出现，带来改变。

[此处，治疗师侧重于认同菲尔愤怒的保护者。在 IFS 治疗中，我们欢迎保护者，而不是控制或驱逐它们。这时，菲尔正盯着他的右边，沉默了一会儿。]

菲尔：自以为是的部分也在这儿。

[注意，当他愤怒的保护者因为得到认可而放松下来，菲尔意识到了另一个重要的部分。]

治疗师：你在身体哪个地方找到了这个自以为是的部分？

菲尔：（指着他的胸口）对我来说，一切都从这个地方开始。我的心在跳动……

治疗师：告诉你愤怒和自以为是的部分，你想听到它们的声音。然后问它们可否信任你，让你为它们说话。如果可以，那么哪怕你和蒂莫聊那些敏感的内容，你也可以敞开自己的心扉。

[治疗师关注着菲尔和他部分之间的关系，提醒菲尔帮助它们区分开来。]

菲尔：这个挺有用的，它让我把心打开了。好了。

治疗师：好的，让我们再试一次，这一次，你要为你的部分说话。

菲尔与部分区分开来

菲尔：（看着蒂莫）我可以为我的部分说话。只要我们是在交换意见，我就不必羞辱你。我也不必指责你不顾后果或不体贴人。我只是感到受伤、害怕、难过。

治疗师：很好，菲尔，你在为那个受伤、害怕和难过的部分说话。

菲尔：我想念我们在一起的时光。当我们中伤对方的时候，我的一个部分感到很难过，另一个部分想要责备你。但我觉得这样不完全合理。对于让你回去工作这件事，我其实真的很矛盾，因为如果你工作了的话，我就得多照顾孩子。所以工作并不是主要问题。事情也不仅仅是你的愤怒让我感到害怕。每次因为我们吵架，我躲在办公室的时候，我都会一直想你。

治疗师：菲尔，谢谢你。蒂莫，听到这番话，你刚才是什么感觉呢？

[治疗师现在回过头来，了解蒂莫的部分。]

蒂莫：活过来的感觉。他也挺脆弱的。这些话让我的血压降了下来，让我再次爱上了他。

家庭成员来接受治疗时，倾向于让那些固执又自以为是的部分直接说话，这些部分会采取强制立场，随时准备与对方的保护者陷入冲突。虽然在会谈一开始，菲尔威胁要离婚，但一旦这个保护者放松下来，就能表达出脆弱和关心，蒂莫也随之放下了不屑一顾的态度。这说明，这个过程的重点不是学习沟通技巧，而是让部分信任真我领导的对话。在他们重新建立了联系与安全感之后，蒂莫提出了一个根本问题。

在伴侣之间来回挪动

蒂莫：说实话，如果你不躲到你的办公室，我的心情会好很多。还有，如果你愿意像现在这样听我说话的话……

菲尔：我知道你在说什么。但我想的不一样。每次只要我回避，你就紧跟上来。我会找个办法，让你离我近点，但不那么喋喋不休。

蒂莫：我也想这样！其实我也不喜欢自己那么聒噪，但如果我不那样，你就飘走了，好像不在场了一样。

菲尔：所以你觉得，当你感觉我们沟通不了的时候，你唯一能做的，就是追着我说个没完？

治疗师：菲尔，你会飘走吗？

[治疗师插话，让菲尔对他的行为感到好奇。菲尔叹了口气，看着治疗师。]

菲尔：嗯，是的，我们可以谈谈这个。就我的观点来说，蒂莫有些黏人。我们的风格不一样。这个有办法解决吗？我想我们需要的只是一种能相互协商的空间——要凑多近，你才觉得近，而对我来说也不算太近？你知道吗，我在工作上投入了很多时间和精力，我们有两个孩子，所以休息时间对我来说很重要。我需要阅读和弹吉他，在我做这些的时候，我不想与任何人互动。可这三件在我看来是完全正常的事情——阅读、弹吉他和工作，被他看作我要离开他，我不在场的表现。

治疗师：蒂莫，你觉得是这么回事吗？

[治疗师回到蒂莫那里，去了解他的想法。除非我们面对的是一位来访者，否则我们会在治疗过程中往来于几个来访者之间，检测他们的真我能量，并说明他们保护者之间的相互作用模式。]

蒂莫：这是菲尔版本的故事。

治疗师：那个不屑一顾的部分又出来了。如果它能够后退一步一会儿，你会有什么感觉？

[再次觉察到蒂莫的保护者，治疗师引导他对它的动机产生好奇。]

蒂莫：当我听到他以这种方式，把事情拎得这么干干净净的……好吧，我感到受伤。

治疗师：因为它好像不那么准确？

蒂莫：看起来很准确，但不完整。当然，阅读很重要，弹吉他也很棒——

我喜欢听他弹吉他，他的工作对我们的家庭也至关重要。（转向菲尔）我觉得我挺支持你工作的。但你总是在忙那些事情的时候，我真的很愤恨。我想要更多的你。我想被包括在内。我怎么说才能让你明白呢？你说得好像一切都再简单不过了。

治疗师：所以当你感觉被菲尔回避或疏远时，你会感到受伤，然后一个愤怒的部分会追着他不放？

[再次强调，治疗师没有让双方围绕他们所讲的内容互动，而是引导他们觉察自己的部分。]

蒂莫：是的。我生一会儿气会舒服些。当我感觉很无力的时候，我的气自然而然地就涌上来了。

治疗师：菲尔，当蒂莫生气的部分掌控他时，你的内在究竟发生了些什么？

菲尔：就像我说过的，我会害怕。我也感受到了不公正的谴责。我自以为是的部分会出来——"你没有权利生我的气！我没做错什么！"我知道蒂莫生气的部分想做点什么，但从我的角度来看，它反而让一切事与愿违。

[情况往往确实是这样：极端的保护者几乎总是得到与预想不同的结果。]

治疗师：（对蒂莫说）当你生气的时候，你会弄巧成拙，这一点你同意吗？

蒂莫：大部分时候是这样。我知道我的愤怒也会吓到孩子，这也是我们来这里的部分原因。

治疗师：你听上去很依赖你生气的部分。你喜欢它的力量。你喜欢它为你开战。

[治疗师在这里停顿了一下，确认对蒂莫而言，生气的部分很重要。]

蒂莫：是的，没有它的话，我会是一个非常害怕的人。

治疗师：我们可以花点时间关注这个部分吗？

[治疗师请蒂莫许可他关注生气的部分。]

蒂莫：可以。

治疗师：（对菲尔说）你不介意吧？

[治疗师也征求菲尔的同意。]

菲尔：这样很好。

蒂莫的被放逐者

治疗师：（对菲尔说）作为听者，你的心能不能保持开放？

[治疗师帮助菲尔进入倾听者的角色，提醒他和他的部分区分开来。]

菲尔：谢谢提醒。我尽量。

治疗师：如果这样做有困难，请告诉我。蒂莫，你好了吗？问问你生气的部分，它在保护谁。

蒂莫：我看到一个宝宝在哭。他不安全。

[蒂莫闭上眼睛，沉默了挺长一段时间。他关注内在的时候虽然没有说话，没有讲述他所目睹的场景的细节，但他的表情传达了他的感受。]

治疗师：你怎么样了呢？

[治疗师温和地询问情况。]

蒂莫：我要进去把这个孩子救出来。

治疗师：很好。他在什么地方？

蒂莫：我里面。

治疗师：把他带到现在，带到你身边来吧。他准备好卸下负担了吗？

蒂莫：还没有。还有更多……但今天就到这里吧。（睁开眼睛）

治疗师：你还好吗？

蒂莫：我明白了。有时候，我希望菲尔是那个拯救我的人，也就是帮助那个孩子的人。当他让我失望的时候，我就会感到崩溃。我想我必须找到自己内在的菲尔。

蒂莫的认识对他自己而言非常重要，因为他和菲尔就像大部分伴侣那样，从一开始就是围绕着滋养和保护对方的被放逐者来建立他们的关系的，这是一种很麻烦的关系模式（Schwartz，2008）。可是，当被放逐的部分感受到真我的爱，并重新整合内在时，保护者可能会往后靠，而伴侣可以不断地触接他们的真我，那些反反复复的冲突也会消融不见。在这个例子中，蒂莫利用了一种内在的物理定律（见第 20 章），即每个人都有内在的资源（真我），充满爱、肯定和安慰的资源，所有部分都可以触及。在发现这个定律之后，IFS 将依恋理论纳入其中。与其期待治疗师或亲密伴侣成为被放逐者良好的依恋对象，不如让个体的真我成为主要的照料者。这种做法可以将伴侣解放，做第二位的照料者即可，这使伴侣更自由，更少依赖彼此。在这次会谈中，治疗师不仅发现了典型的来自菲尔的刺激，还请蒂莫做了内在的演练，以使其与愤怒的保护者保持相互区分的状态。

治疗师：蒂莫，我们来做一个小小的想象实验吧。想象一下菲尔正在做那几件事情中的某一件，你感觉被激怒了。然后，你可以要求愤怒的部分让你来处理这件事。这会是怎样一个场景呢？

蒂莫：如果菲尔不在家，没和我在一起，我会很容易生气。如果我没生气，那我可能像是从一个更大的地方看着这一切发生，然后看到自己很难过。我很难过我们不在一块儿。是的，我想念和他在一起的日子。

治疗师：菲尔在这里，你能睁开眼睛，为你难过的部分说话吗？

蒂莫：（睁开眼睛看着菲尔）我想你。

治疗师：菲尔？

[治疗师的注意力回到菲尔身上，他在流泪。]

菲尔：这对我来说真的太有力量了。有太多的情绪在里面。也就是说，我……我知道你在说什么。我知道你感觉被抛弃了。在你生命中的那些时刻，我不在你身边，但我听到了它说的话，我也相信它。对我来说，它是真实的。我看到了你。我的意思是，至少对我而言，当你自己照顾那个没人要的小孩时，你的力量变得大多了。这让我想以一种非常直接的方式回到你身边。所以，如果你告诉我你很想我，那么我想做的就是回到你身边。

治疗师：听到这个感觉怎么样？

蒂莫：（擦去一滴眼泪）心都要化了！你知道吗，一直以来，我们都很难走到这一步。我感觉被看见了。你很诚实，也与我共在。

正如我们看到的那样，蒂莫是脆弱的，他有机会感受菲尔的柔情。蒂莫讲述的他愤怒的保护者背后脆弱的故事，让菲尔很受触动。跟随部分的表述，这一开放的时刻使菲尔放开了手脚，表白了心中所想。

菲尔的被放逐者

菲尔：好吧，那我真的实话实说了。我不知道这样做的我是不是一个好人。当你说你想我，我必须在某个地方时，我不会走向你。有时候我会想，拜托！你应该自己照顾好自己，你不该总是需要我！我不一定想成为那样一个人，但有时我确实会有这种感觉。

治疗师：你有一部分在想，唉，快长大吧！

菲尔：是的。我这样想的时候，并不以此为傲。这样说出来的感觉并不好，但这是真的。

治疗师：（转向蒂莫说）这段话激怒你生气的部分了吗？

蒂莫：嗯，这就好像说："哎，好吧，我们今天早上喝了一杯咖啡。那除此之外，你还想从我这里得到什么呢。"但我现在坐在这里想的是，天啊，我们这周都还没检查自己的内在呢。

菲尔：我听到自己刚才是大声说出那些话的，我也知道我可能不是真的想那样。我知道我非常喜欢一个人待着。我承认我有这么个部分，它刚刚说了那些话。

[这里我们可以看到，菲尔的保护者原本坚信的是，他和蒂莫只是需要适应他们不同的亲密方式而已，现在它放松下来了，这给菲尔带来了一个新的视角。]

治疗师：我们还有几分钟。你想探索这个不让你与其他人联结在一起的部分吗？

菲尔：当然可以。

治疗师：蒂莫，你不介意吧？记得要敞开心扉。

[治疗师提醒蒂莫注意保持倾听者的角色。]

蒂莫：我能做到。

治疗师：菲尔，现在你可以定位并倾听这个部分，每当蒂莫说他需要你的时候，这个部分就感到烦躁。你对它有什么感觉？

菲尔：这个部分和我离得很近，好像它就是我一样，当每个人都想来占取我一部分的时候，我很感激它设置了边界。

治疗师：那这个设置边界的部分愿意离你远一些吗？（菲尔点头。）它在保护谁？

菲尔：（闭上眼睛）是的，是的，你知道，它保护了那个不能为自己撑腰的男孩——你知道吧，不能为成为自己、成为同性恋的我撑腰。他不被允许成为那个样子。我逐渐学会了完全靠自己，腾出足够的空间，不让别人发现我，对这一点保持警觉。

治疗师：我明白了，菲尔。问问帮你设置边界的部分，它愿不愿意让你帮助那个需要空间的男孩。

菲尔：当然可以。好吧。（双手放在太阳穴上）我的头在发烫。

治疗师：发生了什么事？

菲尔：我感到羞耻。

治疗师：是那个男孩在说话吗？（菲尔点头）你对他有什么感觉？

菲尔：他的头在发烫。我很怜惜他。我想照顾他。

治疗师：他有什么反应？

菲尔：他很高兴被看到。

治疗师：很好，那就好好看看他，连同他背负的羞耻。

菲尔：他背负着这些羞耻，隐藏了他自己。

治疗师：让他知道，你理解他经历的所有那些时刻，理解他感到羞耻和不被看见的想法。我们今天没有时间完全治愈他，所以你告诉他，我们下周会回到他那里。他愿意吗？

[意识到时间问题，治疗师做了一个决定，不继续见证菲尔的被放逐者、卸下他的负担，而是引导菲尔确认这个部分，并确定下次会谈时会回到他身边。]

菲尔：他愿意。

治疗师：好的。现在我们回到设置边界的部分这里。看到你和那个感到羞耻的男孩在一起，那个设置边界的部分有什么样的感觉？

[虽然他们没有时间卸下被放逐者的负担，但治疗师确实想巩固菲尔与这个设置边界的保护者的关系。]

菲尔：这是问题的核心。如果我能存在，我能被看见，我就不会在蒂莫的需要面前隐去自己。所以确实，只要我不忘记那个羞耻的男孩，设置边界的部分就可以放松下来。我确实有能力照顾很多人。

治疗师：菲尔，现在你来做做那个想象实验吧。想象一下，在你出门的时候，蒂莫朝你冲过来。现在让我们来看看，如果那个设置边界的家伙没有掌控你，事情会怎样发展。

［通过蒂莫也用过的想象实验，治疗师建议进行一次内在的演练。尽管这样的场景往往会激发设置边界的部分，但菲尔还是要尽可能保持与之区分的状态。］

菲尔：（闭上眼睛，沉默了一会儿）嗯，真的感觉挺好的。被需要挺开心的。这与被来自无数方向的力拉扯，直到完全没有我的感觉相反。

治疗师：很好。那假设你现在真的不能按照蒂莫想要的方式和他待在一起。如果没有设置边界的部分，你会怎么做？

菲尔：（闭上眼睛，又沉默了一会儿）主要的区别是在语气上。我还是会比较理性，比如说"亲爱的，我必须去做这个，还有这个"。但这时我的回应发自内心，而不是源自理性的思考。

治疗师：设置边界的部分愿意让你这周这样对待蒂莫吗？

［治疗师确认菲尔的保护者是否会让他的真我实时地领导。］

菲尔：是的，它想让我介入。

治疗师：（转过来）你看到这些有什么感觉？

［治疗师回到蒂莫这里。］

蒂莫：（去拉菲尔的手）你要是那么回应我的话，我会很乐意的。如果有这种互动，我会很感激……这就像是在说："我会陪着你的。我不能在这里，因为我必须去那里。但是我与你在一起。"（菲尔笑了）

治疗师：那看着菲尔帮助他感到羞耻的部分，你有什么感觉？

蒂莫：很感动。当他消失的时候，我很生气，也会忘记他背后的故事。记住这个故事会让我的心保持开放。可能不仅我会这样。我很心疼他。

治疗师：好吧。今天你们两个都得到了进入内在的机会，我们的平衡拿捏得不错。在这一次结束之前，你们还有什么要说的吗？（蒂莫看着菲尔笑了）

蒂莫：我们做爱去吧！

保卫脆弱部位的保护者会让大多数伴侣陷入冲突。我们知道的是，只有当它们所保护的被放逐者得到疗愈时，它们才会放弃自己的工作。不过，正像这个例子所表明的那样，一旦保护者足够放松，允许进行真我之间的对话，我们就能取得不错的进展。

结论

多元心灵为我们带来了许多内在和外在的联系。我们会与伴侣的某些部分联结，但并非所有的部分；我们了解自己的某些部分，但并非所有的部分。IFS 伴侣治疗要求的尊重和非评判的态度，基于这样一种共识：所有抱怨和控制背后的真实的需求是简单、基本而共通的——我们进入这个关系网络，需要得到倾听、理解和爱。当每个伴侣的真我满足了这些内在的需要时，许多事情就可以通过外在的协商得到解决。

Internal Family Systems Therapy

第 18 章

IFS 模型应用于社会文化系统

在发展 IFS 的早期，我（理查德）注意到来访者的内在系统与他们所嵌入的外部系统（包括比家庭更大的系统）之间有很强的相似性。与受过创伤的人一样，遭受过袭击的国家会形成自己对危险的信念，也存在着依赖极端保护性部分的风险，这些部分一直被冻结在过去，面对潜在的威胁时很可能过度反应。例如，"9·11"事件之后，当时的美国副总统迪克·切尼（Dick Cheney）说："如果巴基斯坦的科学家有 1% 的可能性，正在帮助基地组织发展核武器，我们就必须像把它视为必然事件那样去采取行动。"（Suskind, 2006：62）像许多受过创伤的人一样，这样的国家领导人会采取固执、专制的应对方式。他们蔑视体制内的脆弱因素，在体制内外激惹他人，并利用他们造成的冲突，进一步证明自己的霸权是正当的。

在这一章中，我们将透过 IFS 的视角，像看待一个个体一样，简要地了解美国的负担和失衡。即使你们的政治观点不同于我们，我们也希望你们发现,探索所有人类系统层面的平行模式是有趣且有益的。当然,美国作为一个"个体"(person),现在有着非常多的症状,包括惊人的自杀率,阿片类药物导致的堪比战争伤亡的大量死亡,过度摄入碳水化合物和脂肪带来的巨大健康威胁,以及全世界最高的监禁率。与之相关的是,美国现在的贫富差距处在其历史的最高位。由于包括对土著民族的种族屠杀,对非洲人及其后代的奴役在内的历史,以及贬低和剥夺犹太人、穆斯林、妇女、同性恋和所有少数族裔权利的历史,美国存在着大量的被放逐者。任何一个拥有大量被放逐者的人类系统,在面临极端领导人和自私的保护势力的崛起时,都会变得异常脆弱、易受伤害和动荡。这正是今天美国的情况。接下来,让我们来看看让美国走到今天这一步的遗留负担。

美国的遗留负担

美国背负着各种各样的遗留负担,有些是早期欧洲人带来的,有些是随着国家的发展积累起来的。我们认为,下面这些遗留负担是相互联系的,在塑造这个国家的放逐本质方面起到了特别重要的作用。

- 种族主义:用于正当化对印第安人的种族屠杀和对非洲人的奴役——而实质是,他们是被人从自己的家园掳走的。
- 父权制:起源于欧洲人和宗教传统。
- 个人主义:源于这片土地上先驱们的生存斗争,个人主义培养了对脆弱的厌弃和"失败是个人错误"的信念。
- 物质主义:部分由美洲大陆移民所遭受的经济和物质上的困难造成,同时,毫无疑问,资本主义经济繁荣与萧条交替的危险周期,让这种物质主义的倾向变得更严重。

除了上述令人生畏的遗留负担,美国还存在着长期的国内外战争历史,以及排斥特定宗教团体(以前是天主教徒和犹太教徒,现在是穆斯林)的自相残杀的势力。除了这些负担,美国人还背负着源自其特定族群历史的信仰和情感。许多人来自移民群体,这些群体曾反复遭受侵略、饥饿、自然灾害,或由于成为替罪羊、受歧视、被大规模清洗和屠杀而世代遭受压迫。他们的后代继承了这些创伤导致的羞耻、恐惧、绝望、悲伤、忠诚、愤怒和对权威的质疑，却往往没有具体的经历能将他们的感受和信念与负担的起源联系起来。

种族主义

作为一个政治实体，美国的建国史是移民、屠杀、偷窃和奴隶制（涉及更多屠杀事件）的历史。逃到美洲大陆的欧洲人背负着大量种族主义和贪婪的遗留负担，这一点在1452年（哥伦布第一次起航前40年）教皇尼古拉斯五世颁布的法令中得到了明确的体现。他宣称非基督徒是天主教的敌人。教皇鼓励基督教国家征服世界各地的异教徒，没收他们的财产，永远奴役他们（Newcomb，2008）。他的法令致使欧洲殖民者打着"发现主义"（doctrine of discovery）的幌子，奴役美洲土著人，并对他们实行种族灭绝。

欧洲侵略者以一种基于种族优越感的激进意识，为他们的偷窃意图辩护。他们被好斗、贪婪、个人主义、进取和自以为是的部分支配，对任何可能妨碍他们实现目标的人缺乏同理心和关怀。他们对印第安人犯下种族屠杀的罪行，后来又从其他地方诱拐并向本地输入他们所谓的"劣等人"，实行了持续300年左右的奴隶制。今天仍在塑造着美国的极具侵略性的资本主义和物质主义，也在这种充满负担的心理状态中得到了体现。

虽然这个国家的不同族群背负着许多负担，但美洲原住民和非裔美国人的负担是独特的。满怀希望的欧洲逃亡者为了宗教自由和经济安全，在危险和逆境中奋斗，而美洲原住民和非裔美国人的祖先的经历截然不同。今天，在种族屠杀中幸存下来的一些美洲土著部落，不得不面对一些想要他们土地、水或矿产权利的企业利益团体的威胁。至于非裔美国人，他们的祖先是从家里被拖出来的，他们被虐待，被奴役。他们被作为猎物带到美洲的海岸，在南北内战结束、他们从奴隶制中解放出来之前，他们是整个欧裔美国人及其政府的合法猎物。在此之后，吉姆·克劳法（Jim Crow laws）颁布，欧裔美国人的治安维护志愿军袭击非裔美国人社区，对他们施加恐吓和暴力，多次焚烧非裔族群的十字架和房屋，并对他们处以私刑。随着"白人至上主义者"入主白宫，以及武装警察部门的扩张，非裔美国人继续受到恐吓，这已成为一种常态。

这种残忍引发了这样一个问题：是什么驱使人类将其他族群视为非人类，并残忍地对待他们？我们再一次将目光放在了创伤遗留的负担上。正如雷斯玛·梅纳基姆（Resmaa Menakem，2017）在其颇具影响力的著作《我祖母的手》（*My Grandma's Hands*）中描绘的那样："在英格兰，16世纪和17世纪绝不算是温和的时代。人们经常被视为异端，被烧死在火刑柱上……1640年以前，酷刑一直是英格兰政府的官方手段。著名的伦敦塔某种程度上就是一个巨大的酷刑室。塔上的众多刑具之一——拷问架，用于拉伸人的身体，直至其裂开。在中世纪的英国，酷刑不仅广受欢迎，而且还是一种观赏性运动。"

历史学家芭芭拉·塔奇曼（Barbara Tuchman）这样描述那段时期的日常生活："在民事司法程序中，切断手臂、割掉耳朵、绞刑、灼烧、剥皮和肢解等折磨和惩罚司空见惯。在日常生活中，过路人经常看到一些犯人被吊在打结的绳子上，或用铁链子拴着。他们常常路过挂在绞刑架上的尸体，被砍下来的人头，插在城墙木桩上的四分五裂的尸体。"许多逃到美洲殖民地的人亲历过、目睹过这些暴行，害怕自己会遭到这些酷刑的折磨。"尽管清教徒们大谈新耶路撒冷，可他们并不是探险者。他们是逃离监禁、酷刑和残害的难民……一些白人对另一些白人施加的，超过十个世纪的中世纪暴行，开始看起来像文化了吗？这种代际创伤及其影响，是否随着欧洲移民的到来而结束？"（Menakem，2017：60-61）在将这一背景放在心上后，我们可以看到，封闭心灵和物化他人的能力有着悠久的历史，并延伸到了美洲大陆的新世界以及世界各地的欧洲殖民地。除了犯罪和异端邪说，种族和民族差异也被用于正当化巩固白人至上主义的残酷压迫。

遗留负担很难消除，尤其是那些已经成为文化中不可或缺的部分的负担。在美国，不论你有着怎样的肤色，对于种族主义遗留下来的负担，你都很难不吸收至少一部分。"这意味着，不管我们长什么样，只要我们出生在美国，在美国长大，我们的血液里就流淌着白人至上主义以及我们对这一主义的适应"（Menakem，2017：10）。作为欧裔美国人，我们（两位作者）都意识到，我们种族主义的部分试图合理化和维护我们占据的优势，并让自己对此视而不见。可一旦我们意识到了这些部分，我们该怎么做呢？许多人感到羞愧，并试图放逐他们种族主义的部分，而这导致了更含蓄的种族主义，因为他们在无意识中仍坚持自己的观念，并在行动上受此影响。因此，我们主张运用 IFS 治疗应对这种情况，即倾听相关部分，理解它们是如何保护我们的，并最终让它们相信，我们可以安全地摆脱遗留负担。[更多关于种族主义的信息，请参阅《内在家庭系统治疗的创新与阐释》一书中我（理查德）所写的"应对种族主义：我们应该驱逐还是拥抱我们内心的偏执"一章。]

族群性

人们移居别处的原因有很多。虽然其中一些原因是积极的，比如因为婚姻，但我们关注的是和创伤有关的更大的原因。一个民族的原籍国可能因其所受的侵略、驱逐、瘟疫、饥荒、自然灾害和其他沉重事件的历史而为人所知。今天，当移民被吸引到美国或欧洲时（跨过地中海从非洲来到欧洲，从中美洲和墨西哥来到美国），他们可能有着推动我们祖先迁徙的一个甚或所有原因：恐惧和工作的需要。一些人因为家园被侵略、内战或美国领导的毒品战争而被迫离开家园；另一些人选择离开的原因可能包括从气候变化和环境灾难，到极度贫困和失业等一系列遭遇。即使移民出于自愿，但切断在本国的家庭和工作纽带的过程，会让离开变得令人痛苦，而进入一个陌生的、往往带有敌意的、使用不同语言的文化，则会让移民努力抵达并保持安全的过程，成为一次漫长的冒险。一些移民通过寄希望于下一代来克服他们的恐惧、被孤立的现状、政治压迫和掩藏的悲伤；另一些人则因为太受压迫而失去希望（Erpenbeck，2017）。

当然，虽然这些移民群体面临着阻碍，背负着负担，但他们也带来了自己的禀赋、价值观和习俗。虽然他们的禀赋和习俗能够帮助他们生存和发展，但其中的一部分可能只适应原来的环境，而与美国主流文化的价值观和习俗格格不入。就像一个体贴、有同情心的孩子在一个充满竞争和苛求的家庭里会自感异常一样，一些移民群体的文化价值观也与美国的个人主义、讲求竞争和力争上游的大环境格格不入。

性和性别

除了根深蒂固的种族主义，美国还拥有深入骨髓的父权制和贬低女性的遗留负担，这些问题与恐同性恋、跨性别恐惧症密切相关。占主导地位的管理群体会尽可能地控制我们可能称为"常态叙事"（narrative of normality）的东西，在这种叙事中，所有偏离常态的现象都成为羞辱和社会控制的对象。在遗留负担的影响下，社会化过程往往沉重得令人压抑，并且影响深远。这里列出的所有与种族、性别、性别认同和性行为有关的负担，都在孩子们很小的时候就强加给了他们，他们由此形成了一种社会认同，修剪（放逐）了那些似乎不被家庭和更大范围内的文化接受或认同的部分。

父母和同龄人的羞辱提示着孩子放逐特定部分，心灵的安全系统往往特别善于配合这种放逐的需要：为了改造或隐藏不被接受的部分，内在的管理者会将它们堆叠在一起，批评它们（你太敏感、太闹、太难过、太生气、索求太多、太弱小、肤色太深、太女性化等）。惯于羞辱的管理者表示，它们这么做是为了防止孩子再次受到羞辱。它们承载了我们成长环境中的能量和信念，使我们适应环境，在极端情况下，甚至能确保我们的生存。没有任何讽刺意味地说，事实就是，管理者为了不被羞辱而制造羞辱，这让心灵成为一个怪异的回音室，在这里，外部的羞辱重复回响，好像它就是事实本身。

白人工人阶级的放逐

在过去的四十多年里，美国的经济不平等急遽加剧。自1980年以来，"美国经济已经将8%的国民收入，从底层50%的人那里，放入了顶层1%的人囊中"（Ingraham，2017）。相比之下，在西欧，"收入最低的50%人口的收入约占总收入的22%……而最富有的1%人口的收入只占总收入的12%多一点"（Ingraham，2017）——这是美国四十多年前的情况。如果从一个稍微不同的角度来看这个国家的财富再分配，可以说，在这些年里，底层 20% 的人的收入只增长了 4%，而顶层 10% 的人的收入却增长了 100%。由于这一变化，大量的美国人正在成为新的被放逐者。

2013 年，普林斯顿大学的安妮·凯斯（Anne Case）和安格斯·迪顿（Angus Deaton）注意到，自 1999 年以来，45～54 岁欧裔美国人的死亡率惊人地上升，而这几乎可以完全归因于没上过大学的欧裔美国人上升的死亡率（Pew Research Center, 2015）。相比之下，在同一时期，德国、法国和英国等同样受到全球化与机械自动化压力影响的欧洲白人劳动人口的死亡率有所下降，非裔美国人和拉美裔美国人的死亡率也有所下降。

凯斯和迪顿（2015）仔细观察后发现，在美国，没上过大学的白人似乎患上了一种"综合征"，其症状包括慢性疼痛、不断增加的医疗费用、不断增长的债务、失业、经济压力、抑郁、绝望，以及对毒品和酒精的大量消耗。其最终结果是由以下几个主因导致的死亡率上升：由毒品和酒精引起的中毒，肺癌，自杀，慢性肝病，以及排在第五位的糖尿病。简而言之，在美国实现了中产生活的白人工人阶层，突然开始走下坡路（Pew Research Center, 2015）。这不是美国白人所期望的，也不是他们父母一辈所经历的，更不是许多其他美国人在同一时期所经历的。在凯斯和迪顿看来，不断上升的死亡率中隐含着这样一种可能性：当人们的希望和期待之火被掐灭时，会发生什么？我们知道的是，消防员会在这样的时刻登场。

个人主义与精英主义

在美国，个人主义最致命的地方在于，它认为失败是个人的过错。1958 年，英国社会学家迈克尔·杨（Michael Young）在一篇辛辣的讽刺文章中创造了"精英主义"（meritocracy）一词，来公开讽刺英国教育体系的神话：以精英为核心的拔尖式教育，为每个人提供了在同一赛道上公平竞争的机会。杨指出，竞争环境仍在无情地朝着精英阶层倾斜，精英统治是披在欧洲贵族阶层统治这头老狼身上的羊皮。而这也是我们今天在美国看到的景象，那些握有权力的阶层通过教育、资源配给，控制媒体与政客，并试图通过控制民间话语的调性，使利益的天平倾向自身，然后奉劝大家接受这样一种逻辑：那些不成功的人只能怪自己，或怪罪那些似乎也在争夺资源的其他人。

令杨沮丧的是，媒体很快就接纳了他的精英主义一词，却用它来指代公平——这几乎与他的原意背道而驰。对那些在资本主义的争夺中取得胜利的人来说，精英主义这个词仍具有巨大的吸引力。在美国，"赢家"认为自己有理，并对自己的优胜地位感到自豪，在他们看来，"输家"的落败是懒惰和贪婪的下场，这些人是社会的累赘。想想温和派共和党人米特·罗姆尼（Mitt Romney）在总统竞选活动中对一群亿万富翁说的，关于预计会投票给民主党的47%选民的，令他恶名远扬的话，他说：

> 民主党选民……他们依赖政府……相信自己是受害者……相信政府有义务照顾他们……相信他们有权享有医疗、食物、住房以及你所能说出的一切。他们认为这是一种权利，而且政府应该给他们。他们无论如何都会投票给这位总统……这是些不缴纳所得税的人……我的工作不是为这些人担心。我永远说服不了他们，让他们相信应该承担自己的个人责任，照顾自己的生活。（Corn，2013）

美国种族主义、父权制、个人主义和物质主义的遗留负担让保护者充满了这种蔑视。其结果是，美国不仅放逐了比例高于任何其他西方国家的人口，而且对被放逐者的态度少有同情，多是蔑视，这反过来又加重了被放逐者的自轻自贱。这与虐待受害者的内在系统十分相似，它们的管理者憎恨脆弱，而脆弱的部分觉得自己罪有应得。

除了精英主义的神话，我们城市街道中无家可归的"幽灵"和日益破碎的社会安全网络不断在提醒我们，我们必须持续努力积聚更多东西，因为我们永远也不知道，什么时候会轮到我们被放逐。这种威胁感盖过了我们的慈悲心，促使我们将生存与积聚财富联系在一起。因为担心我们的被放逐者会把我们拉下水，我们的管理者会对我们说，那些人受苦是他们自找的。我们的管理者争先恐后地让我们保持领先，在耳边轻声提醒我们，我们和他们不一样。一项对美国千禧一代大一学生的调查反映了这种影响：74.4%的人认为，致富是他们人生的主要目标（Landes，2018）。

我们发现，个人主义的另一个有害之处是意志力的神话。根据这个神话，我们不仅应该靠自身的意志力实现"美国梦"，还应该能控制我们的"破坏性"冲动。如果我们做不到，就只能说明我们是软弱或邪恶的，应该受到羞辱和惩罚。在我们的内在系统中，失控的瘾君子、酒鬼与严厉的内在批评者生活同一屋檐下，后者严厉地斥责前两者缺乏意志力，无法阻止自己。这些内在的管理者采取极端措施，想要控制吸毒或酗酒的消防员，却对自己在这个循环中的作用视而不见。让我们看看，在毒瘾方面，这个循环是如何在这个国家运转的。

禁毒战争

1998年，联合国大会（the United Nation General Assembly）大胆承诺，世界将在10年内摆脱非法毒品。对这个话题，我们并不感到陌生。在美国，禁酒令从1920年持续施行到1933年。禁酒令所设想的对妇女和儿童的保护，使其不受丈夫和父亲酗酒的消防员的伤害，被证明无效，甚至让情况变得更糟了。如今，在联合国禁毒宣言发布二十多年之后，我们仍在领受最近一轮全球禁毒运动带来的灾难性后果，这场运动至少让全世界的纳税人付出了1 000亿美元的代价。与早期的禁酒时期一样，这一禁令的主要受益者是腐败的政府，以及恐吓和驱逐平民的犯罪组织（Shultz & Aspe，2018）。

虽然美国人口只占全球人口的5%，但美国的监狱人口占全球监狱人口的25%。至少在美国，禁毒战争的主要受害者是被监禁的非白人吸毒者和底层毒贩，以及他们的家人和孩子。仅2014年一年，美国就有140万人因非暴力毒品犯罪被捕，其中大多数是有色人种。除了挤破我们监狱系统的缝隙之外，严厉的禁毒法规也助长了暴力犯罪，促使了通过共用针头实现的艾滋病和丙型肝炎的传播（Droward，2016）。

目前，美国两党正在努力改革联邦量刑指南（更多信息见量刑项目网站）。

如果一个国家与消防员和平共处，会发生什么？葡萄牙曾有严重的毒品问题，但于 2001 年将所有毒品合法化。国家向吸毒者提供的是公共卫生服务，而非法律惩罚。结果，葡萄牙因过量吸毒而死亡的人数下降了 85%，在西欧国家中毒品致死率最低，约为美国相应统计数据的 1/50（Kristof，2017）。在同期的 16 年里，大约 64 000 名美国人死于过量吸毒（这个数字相当于在越南、阿富汗和伊拉克战争中死亡的美国人数的总和）。与此同时，"葡萄牙卫生部门估计，只有大约 2.5 万葡萄牙人使用海洛因，远低于政策刚开始实行时的 10 万人"（Kristof，2017）。结果，葡萄牙的毒品政策从最开始的广受指责，发展到现在被吹捧为比定罪和监禁更有效的、"无比便宜"的处理吸毒的模式。葡萄牙卫生部每年在每个公民身上的花费不到 10 美元，而在美国，这个数字是平均每个家庭花费 10 000 美元，这意味着美国的毒品政策不仅对成千上万的美国人来说是致命的，还花费了纳税人 1 万亿多美元（Kristof，2017）——显然，其他地方也需要这笔钱。

葡萄牙应对消防员的别样方式，最后带来了出人意料的好结果，这呼应了我们在 IFS 治疗中看到的，创伤的受害者激活的极端消防员的情况。当管理者不再攻击消防员，真我有能力治愈被放逐者被压抑的痛苦时，"战争"就结束了，来访者不会再觉得自己是没有自制力的可悲的败类。根据我们的经验，惩罚、羞辱以及其他压制和控制消防员的努力，只会促使它们加倍地致力于保护这个系统。澳大利亚心理学家大卫·J. 卡纳文（David J. Kavanagh）及其同事的研究支持了这一观点（Kavanagh，May，& Andrade，2009）。他们让正在接受酒精滥用成瘾治疗的人完成一份问卷，评估他们与饮酒有关的冲动和渴望，以及在过去 24 小时内抑制与酒精相关的想法的努力。结果发现，最擅长压抑与酒精相关的侵入性想法的研究参与者，也是侵入性想法最多的人（Kavanagh et al.，2009）。

消防员是忠诚的紧急救援者。当它们相信自己的工作时，任何对它们的控制只会促使它们做出更大的自我牺牲。在人类系统的任何层面，与消防员的战争都可能引发灾难：要么是消防员的活动变得剧烈，症状恶化，要么是管理者通过实施严格的警察制度，成功（暂时）地抑制了消防员的行为。不论在我们每个人内部,还是在国家层面,情况都是如此。真正消除破坏性冲动和强迫行为的唯一办法,是治愈激发了这二者的伤痛。

物质主义

恐惧、孤独和无价值感激发了向外求取的动力。我们当前正处在这样一种恶性循环中:个人主义使我们倍感孤立,让我们对未来充满恐惧,这反过来又让我们加倍地汲汲于求取、守住或重新获得更高的地位和更多的财产。曾对自己孩子的未来抱有乐观的期望,感觉自己是中产阶级(无论他们从事何种工作)的美国白人,现在却沦为美国的被放逐者。他们正是那些让人感到意外的、给唐纳德·特朗普投了票的选民。随着他们的工会瓦解,由里根开始的税收重组、全球化和机械自动化挫败了他们的物质追求——这是第二次世界大战后美国日益繁荣的自然结果,这群人变得恐惧和怨愤。反过来,这个国家愤怒的消防员也在通过寻找替罪羊和戏剧性的变化来做出回应。过去,当这个国家的经济差距急剧扩大时,大多数受苦的人都归咎于富人。如今,特朗普放过了富人,而把非白人移民和政府当作替罪羊。

特朗普政府承诺改变现状,重新将选民与"美国梦"联系在一起,这一举动对愤怒的消防员而言充满诱惑。他的豪言壮语和对规则毫无顾忌的破坏,正是那些消防员想要付诸实践的,如果它们有机会做点什么的话。如果将美国视为创伤的受害者,像唐纳德·特朗普这样的煽动者——正如高自杀率和毒瘾,就是一个症状,是人类系统由于被放逐者过多而极度失衡之后出现的症状。他是浮夸、憎恶脆弱的保护者的外在表现——我们会在许多来访者身上发现这类保护者,它们往往感到无力和被遗忘(正如我们怀疑的,他的被放逐者也有此种感受)。这里的教训在于,一旦某个人类系统创造了大量的被放逐者,那么极端的保护者也会紧跟着扑过来,就像特朗普那样制造更多的失衡和极化。

此处,个人和国家这两个层面的系统又出现了类似的情况。由于真我与自然非常紧密地相连,也很注重平衡与和谐,所以具有真我领导力的领导者也具有敏锐的生态意识,知道在资源有限的星球上无限增长是不可持续的。

贪婪求取的部分掩盖了这种智慧，以至于美国的领导人执着于这样的想法：无限的经济增长是唯一的选择。正如卡普拉和路易斯（Capra & Luisi，2014：367）所写的那样："生长也可能是有害的或病态的，就像癌症的生长那样，这个问题很少被提及；同样很少被提及的是这样一种困境，即在一个有限的星球上无限制地增长只会带来灾难。"

背负着极端物质主义遗留负担的美国，从一开始就信奉无限增长的信条，结果却带来了越来越严重的灾难。殖民者从欧洲带来的野蛮和创伤的遗留负担，助长了我们个人主义的遗留负担，以及对社会安全支持体系和"失败者"的蔑视。在今天的美国，"胜利"的过程长久以来破坏着家庭的内在与外在系统。我们（两位作者）都曾是不少汲汲于钱财的首席执行官的治疗师，在他们的被放逐者得到治愈之后，他们将精力转向了家庭、朋友和帮助他人上。如果所有美国人都能治愈其被放逐者，那么美国人的消费型经济将会崩溃，所有贪得无厌、极力填补我们空虚情感的消防员将退休。在这个过程中，我们将有机会把我们的勇气和创造力用于可持续生活的紧急项目中。

圣雄甘地（Mahatma Gandhi）在1925年的一篇题为"西方的情况如何"的文章中写道："仅仅要求从'剥削和堕落'中解放出来是不够的，社会主义者倾向于……那些想要避开资本罪恶的人必须彻底修正对资本的观点，以学会这样一种态度：满足物质需求的多样性并非生活的目的。"（Mishra，2018：84）

甘地意识到，只有滋养人类的精神世界，民主才不会沦为暴政或毁灭地球。他不仅对让人们可以容忍非暴力政治抗议的艰辛的抗议原因感兴趣，又希望他们需要的东西更少一点。当我们的目标从获取金钱、地位和权力，转向关爱和帮助我们的部分和其他人时，我们不仅会感到彼此的联结更加紧密，还会更知足。通过卸下被放逐者的负担，我们填补了内在水桶上的孔洞，这样它们就不会再无休止地枯竭，苦苦寻求更多的成就、荣誉、崇拜、权力和财富。当真我与真我相连时，其结果是更有力的联结和强烈的归属感，以及一种神圣的爱的感觉，这比物质存在更有价值。每个人都有真我（大部分人可以相对快速地触接到真我），部分也并非它们看上去的样子，它们可以通过爱得到转化。通过宣扬这些观点，我们希望为甘地倡导的新思想做出贡献。

我（理查德）曾与丹·西格尔（Dan siegel，2018）和洛克·凯利（Loch Kelly，2015）合作并交流意见，这两位同事都发展出了他们快速触接真我的方式。西格尔写道："通过实践被称为'车轴'（hub of the wheel）的方法，你可能会发现，一个独立的、舒展的自我逐渐展开……自我并不会消失；我从很多练习'车轴'的人那里听到的更多的是自我感觉更易于联结、延伸、扩展，成为超越被皮肤包裹的内在世界。"（2018：149）。凯利触接真我的方法源于藏传佛教。他写道："关键是那颗知的心（真我），它让我们不仅以一种有限的、独立的、有形的方式体验自己，也以一种与众生、爱的网络、大于个体自身的东西密不可分的方式体验自己。"（2015：194）

一个真我领导的国家

如果美国能够卸下遗留负担，拥有更多的真我领导力，它会是什么样子？我们的眼睛和心灵将会对被放逐者保持开放，并意识到我们对这个星球的破坏。这种觉醒将促使我们为扭转气候变化、经济不平等和歧视付出努力。我们将治疗而非责罚带来破坏的消防员。我们将停止攻击消防员的活动（消防员的出现是放逐美国和世界其他地方这么多人的后果），倾听它们的心声。我们会重视人与人之间的关系甚于物质财富和权力。我们弱化了的贪欲和以真我主导的外交关系将减少我们在全世界的敌人。我们会不再那么被那些看似强大实则残酷、满口空话、蛊惑人心的政客吸引。

这些转变将释放大量的资源，尤其是用于控制国外被放逐者与消防员的巨额军事开支，以及用于控制国内被放逐者和消防员的监狱系统和日益军事化的民警所需的资金。我们可以重新利用这些资源，用于满足本国的基本需求和支援外国。与在治疗中类似，公民中的保护者经常抗议说，降低保护水平的举动是幼稚的。但如果我们不再背负过去的战争和恐怖袭击带来的负担，我们就可以把重点放在减少对立极化上，而不是对威胁过度反应。如果人类要生存下去，大规模战争就绝不是一个现实的选择。为了实现这一切，我们需要重新组织我们的经济系统。我们可以从立法开始，限制贪婪的企业集团主导美国政治，掩盖美国真我领导力。一个由真我领导的政府会清楚地看到威胁，并做出适当的反应；处于真我领导状态的领导人不会使用高压手段，因为这是不人道的，而且无法促成有价值的变化。相反，受真我领导的领导人知道，在负担被卸下，更多的真我能量可用于内在和人际关系时，改变会自然发生。

一个由真我领导的国家也会从单一思维方式转向多元思维方式（Schwartz & Falconer，2017）。单一思维方式的观念使我们妖魔化彼此，仿佛我们最极端的部分定义了我们。透过多元化的视角来看，不存在圣战主义者、瘾君子、白人至上主义者、自恋者、边缘型人格障碍患者等。相反，存在的是竭力管理痛苦、羞耻和恐惧的保护性部分，它们在竭力保护的过程中陷入了极端的角色。透过 IFS 的镜头，我们能看到我们可怕的、破坏性的保护者背后是被放逐者，而在我们最大的敌人的保护者身后，我们也能看到被放逐者的身影。我们相信每个人都有一个真我，即使是那些行为邪恶的人。种族主义、父权制、个人主义和物质主义这四种遗留负担，已经将美国推到了今天这种功能失调的状态——存在着大量的被放逐者，被放逐者又被极端和高度极化的保护者控制着。我们的解药是将更多的真我带到这个国家。

结论

我们在公民层面上提议的，只不过是我们每天在创伤受害者身上看到的现象：尽管他们感觉并且看上去没有希望，但他们依然能重新具身体现出真我，进入一个有益的循环。当创伤受害者停止攻击他们的消防员，并治愈他们的被放逐者时，他们变得不再那么容易过度反应，他们与他人的关系也得到了改善。当他们能够从他人极端保护者的病毒式影响中脱离出来时，他们会关怀那些曾经"引爆"他们的人。他们可以设定适当的界限，并在感到受伤时照顾好自己的部分。这并不是因为他们能够进取、强制或贯彻意志力，当我们花时间与自己的部分共处时，这会发生在我们所有人身上。

我们认为，负担、失衡、对立极化和领导问题会在所有层面的人类系统中循环，并衍生出相互反映和强化的平行过程。当特定层面的系统缺乏真我领导时，被放逐者、管理者和消防员的三元结构就会生成。当管理者领导时，消防员会反抗。而当消防员领导时，管理者会恐慌。当管理者和消防员争夺领导地位时，满目都是对立极化，创伤会在我们讨论的四个领域——发展、平衡、和谐与领导中繁衍再生。真我是我们文化的遗留负担的解药。真我的关怀、清晰和联结会化解种族主义、父权制、个人主义和物质主义。由于人类系统的各个层面是相互联系的，任何层面的真我领导状态都有助于治愈所有层面的创伤。因此我们相信，每一位卸下负担的来访者，都在帮助这个星球卸下负担，让我们所有人多一些与真我的触接。

第四部分

Internal Family Systems Therapy

研究与结论

Internal Family Systems Therapy

第 19 章

IFS 相关研究

越来越多的研究证明了 IFS 疗法的有效性。本章对相关研究进行了总结。

IFS 和类风湿性关节炎

2010 年，南希·沙迪克（Nancy Shadick）、南希·索维尔（Nancy Sowell）及其同事完成了一个研究 IFS 用于类风湿性关节炎治疗的项目，研究结果于 2013 年发表。在波士顿布里格姆妇女医院（Brigham & Women's Hospital in Boston），37 位慢性类风湿性关节炎患者接受了为期 9 个月的团体和个体 IFS 治疗。与之对照的是仅接受教育干预的 40 名类风湿性关节炎患者。在接受干预 9 个月后，两组患者均继续接受为期 9 个月的随访。

相比于对照组，IFS 治疗组在总体疼痛和身体功能、自己评估的关节疼痛、自我关怀和抑郁症状方面都有显著改善，而且这些改善在随访期间都得到了维持。基于这项研究，IFS 被纳入美国循证项目和实践注册系统（NREPP），这是一个由美国物质滥用和精神健康服务管理局（SAMHSA）维护的国家资料库。IFS 治疗能有效地改善整体的身心功能，提高生活质量；能缓解恐惧症、惊恐发作、广泛性焦虑障碍和相关症状；能提高身体机能的健康水平、提升抗逆力/自我概念，并缓解抑郁症状。

这项研究表明，部分可以影响身体，IFS 治疗可以帮助缓解身心症状。鉴于这些令人鼓舞的结果，真我领导基金会已经成立了资助未来研究的优先事项。其中，首要的任务是探索 IFS 治疗用于创伤后应激障碍（PTSD）、抑郁症和焦虑症的治疗效果；其次是探索 IFS 作为一种干预成瘾的疗法，治疗阿片类药物成瘾和进食障碍的效果；最后，探索 IFS 治疗作为一种对其他社会焦点领域的团体干预，包括夫妻治疗、指导和冲突解决。

IFS 用于治疗创伤后应激障碍

这项小规模的初步研究（Hodgdon，Anderson，Southwell，Hrubec，& Schwartz，2018）取得了令人满意的结果。13 名被诊断为患有创伤后应激障碍的被试，在接受了 16 次 IFS 治疗之后，只有 1 名在研究结束时和 1 个月后的随访中，仍然符合诊断标准。也就是说，92% 的被试在接受了 16 次 IFS 治疗后，不再符合创伤后应激障碍的诊断标准，这里的效应值为 4.46。此外，他们报告的抑郁情绪、情感失调、解离、自我知觉中断、人际关系和意义体系也显著好转。

哈多克、威乐、特朗普和亨利（Haddock，Weiler，Trump，& Henry，2016）做了一项研究，以探究 IFS 作为抑郁女大学生的替代治疗方法，其效果如何。正如这群研究者指出的那样，"有相当一部分"大学生没有从实证研究表明有效的治疗中受益，这些治疗包括抗抑郁药物治疗、认知行为治疗和人际心理治疗（IPT）。

本研究的被试被随机分配到 IFS 治疗组（17 人）和常规治疗组（15 人），

常规治疗在此指认知行为治疗和人际心理治疗。这项研究有一些缺陷。两组被试本应接受 16 次治疗，但不少被试只接受了 11 到 15 次治疗。此外，5 位参与实验的 IFS 治疗师中，有 4 位只接受了不到一年的 IFS 治疗训练，而且在接受 IFS 治疗的被试中，没有人同时接受药物治疗，而接受常规治疗的被试中，有超过一半的人服用抗抑郁药物。结果显示，IFS 治疗组和常规治疗组被试的抑郁症状均有显著缓解，并且抑郁的缓解程度不存在显著差异。研究者得出的结论是，这些结果"为 IFS 治疗抑郁症状的有效性提供了初步证据"，结合其他两项治疗抑郁症的相关研究结果，本研究表明 IFS 治疗有望成为一种抑郁症的治疗方法。

"资源／再获能量项目"的发现

塔尼亚·辛格（Tania Singer）是德国莱比锡马克斯·普朗克人类认知和脑科学研究所社会神经科学系（Department of Social Neuroscience at the Max Planck Institute for Human Cognitive and Brain Sciences）主任，是全世界最有名的研究关怀与冥想实践的学者之一。为了评估关怀与冥想实践对主观幸福感、健康、大脑可塑性、认知与情感功能、自主神经系统和行为的影响，辛格及其同事（Böckler, Herrmann, Trautwein, Holmes, & Singer, 2017）完成了一项被称为"资源／再获能量项目"（ReSource Project）的研究，超过 300 名被试在 9 个月的时间里，完成了 3 个心灵修持模块，每个模块持续 3 个月。在第一个模块（名为在当下）中，被试接受了传统的正念冥想训练。在第二个模块（名为情感）中，他们练习爱与善的冥想，通过与同学对话，培养感恩之心和感同身受的倾听。第三个模块（名为视角）则基于 IFS。在描述第三个模块的活动时，布克尔（Böckle）及其同事（2017）写道：

> 视角模块开始时，首先是为期 3 天的闭关状态，最初的内省阶段由此开启，IFS 模型也由此引入，被试需要在一些典型的情境下，比如与一个孩子玩耍或做一个重要演说时，识别内在处于主动地位的部分。每位被试会标记 6 个部分，然后在接下来的第一周进

入二元练习。而在之后为期 3 个月的练习期间，被试每周会接受 13 次有指导的训练，并且随时可以用新的部分代替那原来的 6 个内在部分。

在视角模块中，被试的二元练习是每天进行 10 分钟的二元冥想修持……在二人组中，一人扮演说话者，另一个人扮演听者，5 分钟之后角色互换。首先，说话者将自己的 6 个内在部分呈现给听者。然后，说话者选择一个他最近经历的情境，并从由计算机算法随机选择的某个部分的角度，简短地描述这个情境。听者聚精会神地听着，然后猜出这是说话者内在的哪个部分在发声。对说话者而言，这个练习需要从一个内在部分的角度来想象一个给定的情境，而这个内在部分在这个情境下，原本并不一定是活跃的。因此，被试需要从内在的角度，先不去认同在这个情境下实际被激活的部分，并带着全局观来看待自身和内在状态。对听者而言，这个练习训练了对他人的换位理解，为了正确地猜出说话者采取的是哪个内在部分的视角，听者需要仔细考虑说话者表达的想法和看法，并推断其潜在的精神状态和信念。总体而言，二元视角练习训练了看待自我和看待他人的视角。（原文第 5 页）

正如我们在以上描述中看到的那样，首先，被试不仅被引导着去识别和了解他们自己的部分——这有助于触接真我，还通过训练，学会为自己的部分说话。当我们为一个部分说话时，我们会看到，真我与部分有着极为不同的视角，同时，所有部分都有着与彼此不同的视角。其次，作为一个倾听者，猜测是哪个部分在说话，会让被试充分地觉察到别人的部分。最后，被试有机会体验到与另一个人分享他们自己部分的知识的亲密感。

为了评估这三个模块的不同影响，研究者运用了 90 多种测量方式，其中包括广泛的主观体验和生理指标，如应激激素血液检测、磁共振成像（MRI），以及运用 IFS 关于部分的概念来评估内在关系的质量等。资源 / 再获能量项目不仅规模和严谨性令人印象深刻，而且目标非常明确。辛格团队之所以做这项研究，是为了回答更高层面上的社会问题，比如，大脑的变化有助于创造一个更和平、更民主的世界吗？冥想练习能对抗经济和环境危机吗？如果我们能够强化利他的能力，社会体系和制度是否会变得更好呢？简而言之，他们尝试解答，沉思冥想的修持是否可以修身养性、滋养心灵。可以想象，资源/再获能量项目正在产出许多的学术论文。这里我们提到的只是与基于IFS设计的视角模块相关的内容。

自我概念的情绪内涵

卢马等人（Lumma, Bockler, Vrticka, & Singer, 2017）研究了自我概念的情绪内涵，这是精神病理学中一个重要而常见的相关因素。比如，你可以想象一下一个喋喋不休的内在批评者对焦虑和抑郁情绪的影响，或者反过来，一个不断否认现实的内在进取者对自恋的影响。研究者发现，在二元视角练习中，每日的沉思冥想改善了被试自我概念的情绪内涵，也增强了社会亲密感，这可能是因为他们对自己羞耻、焦虑或沮丧的部分变得熟悉了，也因为他们设身处地地看待别人的信念和意图的能力得到了提高。值得注意的是，研究发现：

> 练习带来的自我概念的情绪内涵的变化，只在被试经历了视角模块之后才会出现……这一发现表明，并不是所有的沉思冥想练习，都可用于诱导自我概念的情绪内涵的变化。首先，练习……以典型的正念为核心的干预……并不足以改变自我概念的情绪内涵……同样地，社会-情感心理训练（情感模块）中培养慈爱、关怀和感恩，教授如何产生亲社会动机，以及如何处理困难情绪的实践，也不能有效引起自我概念在情绪维度上的变化……相反，我们的结果表明，只有视角模块……对自我概念的情绪内涵的改变是有效的。

这些结果表明，识别、了解和分享某些部分的信息，尤其是那些原本害怕或不喜欢的部分的信息，虽然是一个简单的行为，但十分有助于被试转向更积极的自我概念，并感觉与他人更加亲密。此外，它还意味着人们不必经历 IFS 治疗的全过程（包括见证和卸下负担），仅仅通过对多元心灵的觉察、友善地理解部分，就能获益。在资源/再获能量项目研究的三种冥想修持形式中，与 IFS 相关的视角模块通过改变被试对关键部分的信念，带来了自我概念的情绪内涵的改善。

减压

恩格特等人（Engert, Kok, Papassotiriou, Chrousos, & Singer, 2017）通过对比被试的主观描述、心率、皮质醇水平和其他内分泌标记物，对比了三个模块对被试减压的作用情况。在一段具有欺骗性的、会带来压力的经历前后，研究者测量了被试与压力相关的上述标记物。在这段经历中，被试必须在一群故意刁难和挑剔的观众面前，完成一些任务。

研究者发现，基于正念的当下模块会让被试主观表述的压力减小，但不会影响各项生理指标。相比之下，情感和视角模块不仅能降低主观表述的压力，能同样有效地降低血液中皮质醇的水平，而皮质醇水平是衡量压力的主要生理指标。结果发现，在进行了情感模块和视角模块的练习后，被试主观表述的压力感分别降低了 39% 和 31%，而皮质醇的含量分别降低了 48% 和 51%。研究者总结道："我们的数据显示，在专注于关怀、从他人视角设身处地地认知的练习（情感与视角模块的训练）之后，被试主观自述的压力和皮质醇的应激反应降低了 51%。"从 IFS 的角度来看，这个令人兴奋的发现表明，与部分区分开来，了解它们，并分享部分的信息会让我们更多地触及真我，而这可以让大家更快地从生活中的压力事件中恢复过来。

理解和识别部分

布克尔及其同事（2017）研究了视角模块如何影响被试表达和推断他人的信念、意图和想法的能力，这种能力被称为"心智化"（mentalizing）、"认知观点采择"（cognitive perspective taking）或"心理理论"（ToM）。在整个视角模块的练习过程中，被试可以自由地识别他们想要识别的多个部分。根据每个人的不同情况，得到识别的部分数量为6~23个，平均每人识别出11个。研究发现，被试对自身的了解程度反映在他们所能识别的内在部分的数量上，这种了解程度能预测他们在高水平心理理论测试中的表现的提高。

有趣的是，这项研究还发现，那些识别出了更多（一开始）不喜欢或害怕的部分的被试，在心理理论测试中的表现更好。正如研究者所说的："那些接受自己的不适经历的被试，可能已经更好地区分了他们的各种消极心理状态，这让他们能更好地理解他人的心理状态。"另一种可能是，当他们了解到自己看似消极的部分的积极意图时，他们也变得更能接纳别人的部分。

本研究的结果表明，类似基于IFS设计的视角模块的训练能促进慈爱与关怀，从而帮助非临床情境下处于冲突和极化的痛苦的人群。正如这些研究者所指出的："内在部分的概念有助于形成对自我和他人的更复杂的观点，减少在不同情境下对他人过于一致的认知，促成对心灵复杂性更灵活、更准确的理解。"该研究还阐述了IFS的格言：如果你讨厌或害怕自己身上的某些部分，你也会讨厌或害怕那些表现出类似部分的他人。相反，当你接受甚至爱你所有的部分时，你也可以对其他人做同样的事。研究者总结道：

> 目前的研究清楚地表明，对从各种灵活的角度看待与自我相关的内在状态的训练与实践，不仅在治疗情境下具有良好的应用前景，在非临床的情境中，也能提升个体心理健康和社交智能，甚至对于人格与社会心理学、社会神经科学基础研究领域而言，也有着潜在的研究价值。

共情与关怀的区别

尽管辛格实验室在这篇论文（Singer & Klimecki，2014）中的开创性研究没有直接引用IFS，但它的主题是"共情与关怀之间的神经学和心理学区别"，这对 IFS 同样至关重要，事实上对整个心理健康领域而言，也是如此。当辛格有机会运用功能性磁共振成像（fMRI）技术研究共情和关怀时，她原本期待着看到它们在大脑中共享一个网络系统。令她惊讶的是，共情激活的是疼痛回路，而关怀激活的是奖赏回路。正如我们下面将要讨论的，这个发现解释了共情和关怀在行为层面的对立效应。

我们在婴儿身上发现的情绪传染，是共情的前兆，它与自我和他人之间界限的模糊有关。但在治疗情境中，我们也可以创造我们想避免唤起的、无相关的状态。从 IFS 的观点来看，有效疗愈创伤的关键在于，通过维持自我－他者的区别——包括内在的以及与外在他人的，来避免压倒性的情绪风暴（见表 19-1）。我们通过帮助区分部分与真我来做到这一点。

表 19-1　共情与关怀在 IFS 中的表达

- 真我与真我之间：慈悲的、由衷的（共情）协调和联结
- 真我与部分之间：关怀（带着关爱与关注感受对方）
- 卸下负担的部分与卸下负担的部分之间：共情（情绪上的共鸣，站在对方的立场去感受）
- 负担部分与负担部分之间：情绪传染，因共情而引发痛苦，情绪上的淹没（以对方的身份现身说法、自作主张）

IFS 研究工具与活动

真我领导基金会于 2013 年开始运作，作为一个独立的非营利性基金会，它当前的主要目标在于支持 IFS 实证研究，以及在心理治疗领域内外，赞助可以扩大 IFS 影响力的项目。目前，该基金会可以为感兴趣的研究者以及心理健康工作者提供的资助和一些资源包括以下内容。

IFS 依从性量表

为了促进对 IFS 作为一种心理治疗模式的功效的研究，基金会支持完成了：① IFS 依从性量表，由一群领导 IFS 训练的治疗师团队志愿设计完成；② 一个评分者之间的信度研究，该研究验证了 IFS 依从性量表作为一个初步

评估依从性的工具的可靠性。

可搜索的参考书目

2018 年，该基金会网站发布了一个可搜索的 IFS 相关出版物的在线数据库，其中的所有出版物都由独立审稿人添加了注解。在志愿者的协助下，数据库的记录还在继续扩大。

研究生课程教学大纲

通过与在学术界工作的 IFS 从业者的合作，该基金会收集并在线提供了研究生课程或为正在受训的治疗师介绍 IFS 模块的样本教学大纲。该基金会还发起了一个研究生研究奖学金项目，用于支持那些可能选择与导师进行 IFS 相关研究的研究生。

到目前为止资助的研究

除了上面提到的创伤后应激障碍研究，该基金会还资助了一项生理学研究，目前尚未完成，研究团队正在分析数据。该研究旨在分析被试的生理和心理状态之间的联系。这项研究在美国东北大学的计算行为实验室进行，研究测量并收集交感神经与副交感神经、心血管、呼吸和皮肤电反应的数据，看看 IFS 治疗中的哪些部分，可以在患有创伤后应激障碍的被试及其 IFS 治疗师的生理过程中，引发相应的反应。

IFS 作为校内社交和情绪学习范式

考虑到在美国学校发生的屠杀事件，该基金会自 2017 年开始，努力将 IFS 引入教师群体。该项目旨在长期解决儿童的情绪健康和幸福问题，已经帮助明尼阿波利斯市 16 名老师了解和体验 IFS 模型，这些老师来自两所市内学校，那里有很多学生处于高危状态。然后，这些老师一起研究如何直接或通过角色扮演的方式，向学生介绍 IFS 的概念和观点。最后，该项目评估了 IFS 对教师态度和观点的直接影响，以及对学生态度、行为和学业成绩的间接影响。根据这个项目的良好反馈，该基金会计划在全国其他学校完善和复制这个项目，以引起大家对 IFS 的广泛兴趣，将其视为一种能促进情绪健康的范式和实践。

结论

如我（理查德）在本书中说到的，在大约 40 年前，我的研究促使我对过去的治疗假设发起了挑战，并将我带入转变范式这一可怕而激动人心的旅程。在这个过程中，许多有天赋的治疗师，以及后来，一些在其他领域有造诣的人，加入了这个行列，共同应用和发展 IFS 疗法。对于神经反馈、自我关怀的正念冥想以及其他鼓励参与者呈现真我能量的疗愈方法的结合，令我为之振奋。对于我们在这一章中引用的文献介绍的所有研究成果，以及真我领导基金会的工作，我心怀感激。我将尽我所能，确保在他们的工作基础上建立起研究的大厦。

Internal Family Systems Therapy

第 20 章

内在物理定律

20世纪80年代，当我尝试帮助来访者了解并与他们的部分互动时，我注意到一些令人惊讶的事情：一旦管理者同意退后一步，而来访者专注于某个特定部分时，他们对这个部分的认识就会突然地改变。虽然他们并没有失去对于外部世界的把握，但显然，他们的注意力转移到了别的地方，这就好像他们穿过了一层不透明的窗帘，来到了另一个世界。我发现他们可以随意地穿过这道帘子，但他们在帘子两边的体验是不对称的。在外部，显现出平庸一面的来访者似乎停留在他们意识的表层，在很大程度上不关心如火如荼的社会事务，以及其中蕴含的热烈求取目标的决心。可一旦他们冒险穿过帘子，他们就会进入一种非凡的双重意识状态，感觉就像他们同时在这里和那里，同时在内部和外部。

当我和同事交流这一现象时，他们认为我可能做了一些什么，从而让我的来访者进入了催眠状态。我不相信他们的说法。当我邀请来访者关注他们的内在体验时，我并没有使用诱导催眠的技巧或提出暗示性建议。在研究生院与催眠的短暂接触留给我的印象，与我看到的那种无定向的自发性并不一样。这让我想起了《爱丽丝漫游仙境》（*Alice in Wonderland*）。就像爱丽丝一样，我的来访者们似乎掉入了另一个世界，那里到处居住着各种实体，它们之间的关系就像外在的家庭关系一样。

直到 20 世纪 80 年代末，我仍然没有一个好的参照点，来理解来访者的内心历程。实际上，对于他们进入的那个地方，心灵疗愈师们再熟悉不过了。尽管萨满是用他们自己的语言描述各种部分的，并且据我所知，他们并没有我所谓的真我概念，但他们的教导覆盖了我熟识的领域。20 世纪 80 年代末，当我与米奇·罗斯（Michi Rose），我当时的主要合作伙伴，了解萨满仪式和全世界各种土著的治疗方法时，我对自己从来访者那里听来的一切的认知发生了转变。我不再将部分视为心理过程的隐喻，而是自创了一种人类学意义上的解释，将与部分相关的现象称为"内在物理定律"。我选用这个词，是因为物理学是研究宇宙中基本属性、材料和作用力——亦即自然法则的学科。多年来，我和许多同事在许多来访者身上发现的相似之处，让我觉得这是内在宇宙运作的法则。这其中虽然有些规律与支配外部宇宙的自然规律相似，但也有许多规律是与之不同的。在本书中，我们已经描述和阐明了内在物理定律。最后，我们将这些定律总结如下。

部分的本质

部分组成了我们的内在世界。它们不是隐喻或幻觉，也不是简单的情绪、想法或冲动。相反，它们是具有完整人格的内在存在。它们有自己的情绪、想法、冲动和交流方式。同样地，它们也有自己的年龄、身体、知觉和气质。它们最初浮现在我们脑海里的样子，可能不是人类，而像动物、物体、云、火或几何形状。但当我们和它们交流时，它们能以让我们清晰理解的方式回应。

部分不是人们的负担

大部分人类问题的根源在于这样一种错误的假设,即部分就是人们所背负的负担。这种错误的假设导致人们对抗和放逐部分,这反过来又导致了各种各样的内在和外在的混乱。许多心理疗法和精神实践都认为,管理者表现的是一个令人讨厌的自我或一种根据条件做出反应的心理状态,被放逐者可以被解释为内化了的羞耻感,消防员则是病态的冲动。就这样,这些理论相当于在倒洗澡水的时候,把婴儿也一块儿倒掉了。在发展 IFS 治疗的早期,来访者告诉我极端的信念和感受是侵入性的,就像异物或病毒那样,落在身体里或表面的特定部位。当一个部分从它的身体里面(或上面)卸下一个负担时,它会立即发生转变。

部分如何形成,如何进入它们的角色

IFS 看待部分的立场,不同于其他承认部分存在的疗法。有些疗法把部分看作创伤的结果,一种"分裂的心灵"或"内化"的产物,在这样的内在过程中,其他人的声音、形象和能量在内部上演。而 IFS 的立场是,我们生来就有一些部分显现出来,而另一些部分处于休眠状态。虽然创伤会让保护者对立极化,从而引发感觉的分裂,我们在与外部他人互动的过程中,也确实会学习(或内化)对方的信念和行为方式,但部分并不是由感觉的分裂形成的,也不是经由对外部的学习而成。相反,部分是与生俱来的,它们的负担(极端的信念或感觉状态)来自创伤。婴儿研究者 T. 贝利·布拉泽尔顿(T. Berry Brazelton,2011)观察到,婴儿会在 4~5 个独立的状态之间切换,我们称这些状态为部分。随着我们的成长,处于休眠状态的部分会在适当的发育阶段醒来——这一过程会贯穿一生,但在幼儿阶段尤为明显。比如,幼儿的各个部分可能轮流出现:一个两岁大的孩子非常配合地被你哄上床,到了夜间,他又非跟你对着干一般地来到你面前,而到了早上,他说不定又性情大变。

当我们放逐年幼的部分时，我们也放逐了好奇心、自发性、勇气和联结——这些我们与生俱来的权利，切断了自己与天赋之间的联系。生活在压抑的、令人焦虑的管理者的规则之下，会让人感到僵化、空虚和乏味。而根据 IFS 的观点，所有的部分都具有宝贵的品质，这是不言自明的。在我们与被放逐者相遇的旅程中，我们时常会发现一些年幼的部分，它们一旦获得解放，就会变得特别有创造力、有活力。

因此，尽管我们不能把部分置于显微镜下，以证实其存在，但我们从经验中得知，它们与我们一起来到这个世界，它们是心灵的自然元素，它们都有宝贵的品质。尽管创伤确实会给部分带来负担，迫使部分扮演自己不适合的角色，但创伤并不能创造或毁灭部分。事实上，也许部分不能被毁灭。当一个部分被放逐，选择休眠，或隐退到潜意识中时，我们可能会以为它永远地消失了，但如果我们召唤它，它又会重新出现。此外，即使是一些看上去似乎死了的受到伤害的年幼部分，实际上也还活着，只要来访者的真我给予它爱，它就会恢复活力。

部分如何交流

我们的大部分情绪、感觉、意象、梦境、想法或冲动源自不同的部分。这就是部分与我们，以及它们彼此交流的方式。当我们把注意力集中在被称为"线索"的某个心灵的发散物上时，它会把我们引向一个部分。又或者，我们可能会发现，身体上的某种感觉是某个部分传达的信号，或是某个部分作为一种表达方式而放大的生理事件。无论如何，各个部分通过各种方式在内部相互作用，而每个部分都有自己更喜欢的方式。有些部分主要是躯体性的。它们表达或彼此干预，干预我们的方式是影响我们的身体。有些部分主要是语言性的。我们所说的思考，很可能是我们无意中听到的一场内在对话或部分之间的辩论。还有一些部分运用情绪感受、图像或记忆作为首要的交流方式。

脆弱的部分如何被放逐

部分不能被消灭或摧毁，但它们可以被放逐。在内在世界，被放逐者似乎被关在监狱、洞穴、地下室、深渊、墙壁后面，或被封锁在身体某个特别狭窄或封闭的地方。一旦脆弱的部分受到伤害，感到恐惧或羞耻，管理者就会把它们关押起来，让它们感到被抛弃、孤立无援，与真我这个我们内在的太阳相隔绝。即便如此，在它们被放逐的地方，它们仍会对情绪、身体、梦和行为施加巨大的影响（尽管是间接的和无意识的）。我们试图避开的脆弱部分会以各种方式，包括闪回、梦和身体症状，或是极端的、与当下脱节的情绪风暴，来摆脱施加在它们身上的束缚。保护者对被放逐者造成的危险的看法，决定了我们的管理者的僵化程度，以及消防员的严厉程度。

被放逐的保护者

除了将脆弱的部分放逐，管理者还经常放逐其他保护者，尤其是那些有自己主张、感到愤怒的部分——它们会威胁到其他强大的家庭成员。管理者还会放逐那些有着在特定家庭文化中不被接纳的品质的部分，这使得活力和性成为常见的牺牲品。管理者经常关押那些促使个体成瘾、产生自杀冲动或犯罪欲望的极端消防员。为了区分这些部分与脆弱、受伤的被放逐者，我们称它们为被放逐的保护者。不论是被放逐者还是被放逐的保护者，放逐只会让一部分变得更极端。

部分的新角色

一旦脆弱的部分有机会卸下负担，它们就会恢复到它们自然、有价值的状态，表现出活力、顽皮、天真和创造力等品质。反过来，它们的解放也解放了保护者，让保护者可以选择新的角色，这些新角色往往与它们一直所做的相反。比如，一个批判者可能会成为内在的拉拉队队长，而一个让来访者在社交上退缩的部分，可能会鼓励他社交。我们偶尔也会碰到没有负担的被放逐者，它们由于自己的天真、活力、好奇心或信心而经历了某些创伤时刻，并因此自缚手脚保护自己。找回它们总是一件令人快乐的事情。

健康和不适

放逐各个部分意味着切断流向我们的宝贵资源，从而为身心的不适埋下伏笔。扑灭被放逐者的一场情绪大火或永远制约着它们，不让它们发作，会耗尽内在家庭的能量。此外，被放逐的部分可以对身体进行报复，逐渐（有时是迅速地）毒害内在系统。大量研究（如 ACE 研究，见第 5 章）将儿童时期的创伤事件与医学上的各种综合征联系起来，这样的联系并不会让创伤治疗师感到惊讶。正如在德语词源中，"健康"（health）是"整体"（whole）的意思一样，在 IFS 中，我们用"健康"一词来表示"完整"。从 IFS 的角度看，放逐某些部分会导致某种意义上的自我破碎和不适。当所有的部分都感到被接纳，卸下了它们的负担，感到与其他部分、与真我相连，并选择了适合自己才能的角色时，内在系统基本上会是健康和完整的。

研究解离性身份障碍（DID）的临床治疗师发展了他们关于整合部分——他们称为"子人格"（alters）的观点。他们认为这些部分是创伤造成的病理性结果。从他们的观点来看，健康的心灵是单一的。因此，一个成功的治疗会让部分（在他们看来就是来访者的分裂感）消失。IFS 持相反的观点。一旦真我将部分从极端的对立极化和放逐中召唤回来，这些部分之间的相互作用会走向平衡，它们的关系也会变得和谐。当我们的各个部分不再极端时，我们会感到更整合，因为我们原本如此，但我们仍然拥有这些部分。丹·西格尔（2018）谈到了一种与 IFS 相关的，联结和整合原来分离的心理元素的方式。在我和丹共同主持的一个研讨会上，他为我的一个工作视频做了讲解，指出了在一次 IFS 治疗期间，来访者的大脑和神经系统得以整合的许多方式。

有时，管理者的行为更像消防员

对于被放逐者，管理者是先发制人的。如果更典型的管理策略（如批评、完美主义、努力工作）不足以预先抵御被放逐者的感受，而让它进入了意识层面，管理者可以转而采取更典型的消防员策略，比如解离、吸毒、发火。也就是说，管理者可以先发制人地运用这些我们通常认为是易激惹的消防员会运用的策略。想想那些一觉得受伤就嗜酒的人，他发现只要他一直醉着，就不会觉得受伤。

消防员活动的层级

消防员的活动是有层级的。当最低层级的活动不起作用时，它们就会转向下一个更有效的选择。如果这种活动也不起作用，它们还会转向下一个，比如少数人不得已才选择的自杀。

没有传授情绪调节或"着地"技能的必要

如果我们不知道被放逐者可以减轻它们给身体造成的感受，我们会觉得需要使用"着地"（grounding）、调节情绪和行为的技能，就像其他大部分创伤治疗模型所做的那样。但这些做法有其缺陷。首先，它们往往比较费力。其次，如果在这个过程中，有部分觉得自己被遣走，它们可能会发起反抗，这里的"它们"包括保护者（通过分心、解离、压抑等方式反抗）和被放逐者（用它们的恐惧或痛苦淹没来访者）。例如，如果我们指导一个开始解离的来访者，让他看着我们的眼睛，感受自己的脚放在地板上，我们其实是在鼓励他克服他解离的部分，而这个部分之所以解离，是为了保护。作为回应，这部分可能会提升其解离水平，或转向更高层级的分散注意力的选项。

从 IFS 的角度来看，尊重保护者并邀请它们参与互动非常必要。我们不想凌驾于它们或赶走它们。当来访者突然解离时,我们会请他允许我们直接与解离的部分对话,然后询问解离的部分为何在此时掌控内在。倾听之后,我们会解释说,我们在处理它担忧的问题,我们会让它保护的被放逐者减轻它造成的身体感受。最后,我们会让解离的部分放松下来。如果它信任治疗师,来访者就会突然着地,被放逐者也可以重新得到关注。如果解离的部分仍然保持警惕,我们会一直待在它身边,直到它足够信任我们,愿意尝试新事物。

如果在面对一个在恐惧中哭泣的来访者时,我们同样采取所谓的着地流程,那么被放逐者很可能会听到一个它再熟悉不过的信号:滚开。所以我们应该做的是与用情绪淹没来访者的被放逐者协商,请它们留在附近并寻求帮助,并解释说要做到这一点,最好的方式是降低它们给身体造成的感受的强度。

真我有一扇巨大的宽容之窗

内在世界的另一个法则是,真我能够应对被放逐者的强烈情绪。然而,保护者并不相信这一点,所以当来访者试图接近或与被放逐者待在一起时,它们往往会介入。我们已经找到了各种各样的方法来告诉保护者,被放逐者的情绪不会压倒真我,真我可以要求被放逐者不要用情绪淹没自己,一旦被放逐者同意,那么它的话就值得被信任。作为对这一协议的回应,保护者往往愿意放松它们的控制,因为它们知道,被放逐者能够与来访者区分开来。当治疗师也展示了这个协议时,它们的信任感也会提升。但即便如此,被放逐者有时仍会坚持淹没来访者,因为它们担心一旦罢手,自己又会被关起来。根据我们的经验,只要它相信,它与其他部分区分开来真的会带来帮助,它就会配合。

正如丹·西格尔在 1999 年所写的那样,因为真我有一扇巨大的"宽容之窗",所以我们知道,当一个来访者表达对被放逐者情绪的恐惧时,这种恐惧来自我们需要安抚的那些部分。我们可以帮助部分了解来访者的真我来安抚它们，在这个过程中，我们经常会提醒它们最新的状况如何，即来访者再也不是个孩子了。一旦来访者的真我真切地与被放逐者同在，治疗师就不用再那么担心被放逐者淹没来访者了。哪怕处于真我领导状态的来访者看上去被淹没了——尤其是在见证的阶段，如果被问及，来访者也会说一切都好。不管这情绪感受有多强烈，都不会有问题。当真我在场时，保护者和被放逐者很快就会意识到，来访者可以处理一切。内在系统需要一种应对情绪的新态度，而真我刚好有。

部分与身体

部分会影响身体。在《头脑特工队》(*Inside Out*)这部电影中，情绪被描述为内在的人物，他们在关键时刻按下控制面板上的按钮，导致人们窒息或头痛。这个画面非常贴切。生物学确实给部分提供了一些内在按钮，它们可以按下这些按钮来影响我们的行为。比如，如果我们对某些疾病有遗传上的易感性，某些部分会在它们觉得需要时按下按钮。反过来，各个部分也会受到身体机能的影响。睡眠不足、吃特定食物或缺乏锻炼等，会让我们的部分感觉很糟糕，从而让我们面临变得极端和情绪失控的危险。即便如此，部分也可能停止制造或放大某些疾病过程。根据我们的经验，当它们确信配合能给它们带来发言权时，它们会愿意这样做。

嵌套系统

我对创伤受害者，包括许多被诊断患有解离性身份障碍的来访者的研究，让我有很多机会在会谈过程中，通过直接介入的方式，单独面对某个部分。由于这些部分在谈论它们的部分时，就像我们谈论我们的部分一样，所以我开始引导这些部分谈论它们的子部分。然后我发现，部分和子部分共有一个真我。每个层级的系统似乎都与更大的系统同构，并嵌套于其中。因此，任何一个系统层级的改变都会影响它上下的层级。这些发现引导我开始从分形学的角度来思考和看待现象。所谓分形，就是类似的模式在不同层次上重复。大自然充满了分形：当我们以一定的距离观察时，我们会在河道网、山脉、海岸线、闪电和树木中看到相似的模式；当我们仔细近看时，我们也会在菠萝、花椰菜、树叶、雪花和许多其他的自然现象中发现分形的存在。有趣的是，大脑似乎也包含着一个真我加部分再加子部分的重复模式，这些子部分也有着自己的子部分，如此往复，所有这些子部分就像人类在家庭、社区和国家中那样相互作用。大自然似乎喜欢分形。

创伤和时间

创伤会将部分冻结在创伤时刻。虽然神经科学家发现，一种在时间里来回旅行的复杂倾向可能能够最好地定义人类心灵，但这一过程似乎受到了创伤的阻断，受到伤害的被放逐的部分及其保护者，往往继续生活在过去的失落或危险时刻。这种奇怪的存在方式让它们被孤立，被套上极端的观念和想法。当我们问保护者，它们认为我们多大时，它们通常会说出我们受创伤时的年龄，也就是它们转变成保护者的时刻。简而言之，保护者相信我们是幼小而脆弱的。它们并不完全活在当下，正如它们并不完全活在它们所保护的部分那里。当它们意识到我们现在已经更大了，更有能力了，它们就会大大地松一口气，尽管它们也担心自己的存亡，也需要得到安慰。

创伤打断了时间在心灵中的自然流动，导致我们内在和外在的经历在不同的轨道上运行。对于内在世界，受到创伤的部分被卡住了。为了找到它们，我们可以跳过中间的时间，直接回到创伤发生的时刻。我们可以进入那些场景，来帮助和保护受伤的部分。碰巧的是，我们也意外地找到了改变过去世界的法门。此处并不涉及否认、遗忘或歪曲对经历的记忆。事实上，记忆常常会变得清晰。但是部分可以对过去的创伤产生新的体验。不论对于那些试图让来访者照常生活，通过否认与弱化事实，假装什么也没发生过的保护者，还是对于被冻结在时间支流中的被放逐者而言，这都是一个好消息。在改写和被带离创伤场景之后，创伤性事件不再具有原来的影响力。在这个过程中，我们相信大脑和心灵很可能有所改变（Anderson, Sweezy, & Schwartz, 2017）。

对立极化

儿童的真我没有被赋予保护内在系统的力量。它无法触接一个成熟的大脑或身体，儿童也无法在没有成人照顾的情况下生存。因此，一些部分在童年时代往往被迫扮演极端的角色，失去对真我的信任。就像外部家庭中化身父母的孩子一样，年幼的管理者在情绪和认知方面，都不具备管理孩子生活的能力，它们只会无休止地羞辱孩子，把他们赶往它们觉得安全的行为上——这当然会刺激被放逐者。作为回应，消防员通过引爆各种冲动来反抗和分散注意力，这让那些控制欲强的管理者抓狂。一切就这样循环往复。就像极度脆弱的父母，在处理被放逐者痛苦的过程中，保护者可能因为方式方法上的互不相容而变得对立极化，并在争斗的过程中迅速加剧冲突。当外部的人蜂拥而至，因为消防员的行为而羞辱来访者，并再次痛击被放逐者时，我们能看到保护者的作用力如何诱发其他人的抵御和极化（同时涉及内在和外在两个层面）。

疗愈的必要顺序

在 IFS 治疗中，我们通常会按照特定顺序进行操作，走向卸下负担这一步，因为处于对立面的保护者会坚持它们这一端的角色，除非它们能够确保两件事：第一，它们害怕的极端保护者已经放松下来；第二，它们保护的脆弱部分得到疗愈。没有机会实现这一承诺的国家和个体，会持续地面临陷入冲突的风险。人无法通过意志力改变自己。如果像鸭子一样被赶着上架，保护者会觉得（通常也是正确的），那个逼促他的人根本不知道一旦他停下来，会发生什么。因此，我们不会要求保护者改变，而是会尊重它们，经过它们允许后再帮助脆弱的部分。我们从多年的经验中得知，当消防员认为改变是安全的时候，它们实际上是渴望改变的。我们认为系统有其需求。某些部分需要优先关注。如果我们保持好奇和灵活，倾听这些需求，它们就会出现，然后我们就可以为获取资源提供方向和指导，来满足这些需求。

背负负担的保护者

保护性部分可能会变得极端，因为就像被放逐者一样，它们也背负着遗留的信念、情绪和能量，这些内容构成了它们的经历，并支配着它们的行动。所有卷入某个问题的部分——保护者和被放逐者，都需要卸下它们的负担。这并不是说不存在没有负担的部分，只是我们通常注意不到这样的部分，因为它们扮演的是有价值的、和谐的角色。因而它们并不会凸显出来，也不需要被带离创伤场景或卸下负担。

负担的种类

如前所述，负担有两个主要类型。它们要么来源于直接的经验——我们称为"个人负担"，要么以家族、种族和文化传承下来的信念和情感的形式被吸收——我们称为"遗留负担"。尽管部分可能觉得它们是负担本身，但它们也倾向于将负担视为自己身体内部、表面或周遭的某种东西，而且它们可以将个人负担与遗留负担区分开来。

此外，部分可以将负担从系统中释放出去。一般来说，卸下负担的关键因素是背负它的一方愿意放下。有些部分知道它们想怎样卸下负担。如果部分没有自己的想法，我们会借用萨满教的传统，建议把负担交给光、土、气、水或火。有时候，即使某个部分已经准备好了，负担也不会消失，这说明有另一个部分可能出于某种原因，妨碍了这个过程。由于激烈的反对往往意味着有事务尚未完成，所以在继续卸下负担的行动之前，我们会先应对妨碍部分的问题，并获得它的许可。

卸下负担的过程

一切围绕卸下负担所做的事情都是可以协商的。比如，如果某个部分不愿意将负担送出系统，它也可以就把负担放入内在世界一个能盖上的容器里，还可以在任何时候将其带回体内。如果多次会谈中都发生了见证，部分会更想存储它们的负担。它们也可以在见证的过程中，部分地减轻负担，而不是一次性地卸下全部负担。到最后，大多数部分会想要卸下它们的负担，而一旦负担被排出系统，它有毒的能量就会被释放出来，得到循环利用，它的影响力就会消散。因为部分时常背负着各种负担，而且似乎知道哪些是它们的、哪些不是它们的，所以在结束之前，我们要再检查一遍，询问部分是否还背负着不属于它的东西。

当负担再次冒出来

负担被卸下之后，还可能再回来。这通常出于以下原因之一：①卸下负担的那个部分还没有得到充分的见证；②在卸下负担后的几天里，部分有被真我抛弃的感觉；③由于卸下了负担，保护者受到了威胁，于是将负担带了回来；④其他部分可能有同样的负担，也需要一个被见证和卸下负担的机会；⑤在卸下负担后不久，发生了可怕的事情，部分想要回到原来熟悉的状态，或者其他部分认为是卸下负担带来了恐慌，从而把负担找了回来；⑥从一个或多个祖先那里继承来的遗留负担仍遗留在系统中。如果一个负担又回来了，保护者可能会对再次摆脱它感到气馁，流露出一种不情愿的态度。我们在对此做出回应时，会向内在的所有部分保证，这种情况并不罕见。现在，我们又得到了一个对卸下负担的过程做出重要补充的机会。

卸下负担之后

部分在卸下负担之后，总会感觉更轻快、更敞亮。此外，来访者也会注意到，他们的真我在他们的体内有了更多伸展自己的空间。由于负担取代了有价值的品质，阻滞了禀赋的发挥，在卸下负担之后，我们会引导各部分邀请它们需要的任何东西进入身体。在没有任何提示的情况下，来访者往往想拥有这样一些品质和特性，比如勇敢、有趣、关怀和爱。当这些流入时，部分会感到充实、稳固、有活力，这一切都让它接下来不再那么容易背负负担。

卸下遗留负担

一旦意识到遗留负担是继承而来的，而不是源自来访者的个人经验，保护性部分通常会希望立即摆脱这类负担。相反，那些由于个人经验而背负负担的部分，往往需要真我见证它们的遭遇，需要真我将它们从过去带离创伤场景。阻碍来访者内在系统卸下遗留负担的，往往是对家人或族群的忠诚。来访者的真我会澄清当下真正危险的是什么，来解决任何看起来扭曲和极端的恐惧。

关于我们是谁的激进观点

真我不会被摧毁，也不需要培育。这种观点在心理学上是激进的，但每天都会被实践 IFS 疗法的治疗师证实，即使治疗对象是小孩子，情况也不例外。当足够多的部分区分开来时，儿童和成人，包括那些经历过可怕创伤的人，都会表现出充分的真我品质，立即显示出他们关于如何滋养部分的智慧。我发现的唯一的例外是严重的脑损伤病人。看来，真我需要一定量的硬件才能充分显现。所以真我总是触接得到的，它可能就在保护者的下面或背后，即使保护者否认这一点。但即便如此，真我还是需要一定程度地触接个体的大脑、心脏和其他关键器官，才能成为一种安慰、治愈的存在。

当保护者掩盖了触接真我的途径，或将它推至体外时，我们往往会感到碎裂、虚无和空虚。在我看来，部分掩盖真我影响力的能力并不具有特别的适应性，但它似乎确实是一种内在的物理定律。保护者只在它们感到安全的时候，才允许真我的回归。如果来访者未经保护者允许，通过冥想或某些着地技能让真我在身体中显现，保护者可能会进行惩罚。将真我归还给身体的最佳方式，就是先征求保护者的许可，让它们的顾虑得到主动的解决。

真我的疗愈作用

一旦有足够多的真我能量存在，内在和外在的关系就会有所改善。除了"好奇""平静""清晰""联结""自信""勇气""创造"和"关怀"这八个英文以字母 C 开头的特质外，真我还有一种与生俱来的智慧，即以一种让对方感到被看见、被拥抱、被滋养、被保护，以及必要时，被充满关爱地涵容或挑战的方式，与部分、他人建立联系。各个部分就像不同年龄和气质的孩子，有着不同的需求。真我就像善解人意的好父母那样，似乎知道每个部分需要什么。真我设想的干预措施，往往比治疗师能想出来的任何方案都要好得多。当一个被放逐者得到见证时，来访者会说："可我不知道怎么帮忙。"这时，我们只需要让那个部分后退一步，从而让真我介入。

就像一个善于滋养的成年人可以成为一个野孩子良好的依恋对象那样，真我也可以成为来访者的保护者和被放逐者良好的依恋对象。但二者之间有一个关键的区别。新的安全依恋似乎在内在比在外部世界产生得更快。一旦真我给予爱，即便是极度怀疑的部分，也会在几次会谈后发生改变。另外，在卸下负担之后，如果真我在接下来的一个月里天天探访它，那么这个部分会建立起一种强大而安全的信任。相比之下，一个回避型依恋的孩子可能需要几年的时间来发展对外界的安全依恋。从内在的角度处理依恋需求的问题会更快。

一旦部分打开它们内在的空间，真我就会散发出能量。有些人感觉这种能量像振动的电流，流经他们的身体。它可能与普拉那（prana）或气（qi）——东方精神传统中所称的疗愈能量，是相同的现象。体验到真我能量的来访者能够学会将它导向其他部分和其他人，治疗师也可以这样将其导向他们的来访者，我们也可以在日常生活中学会如何引导真我能量。真我能量具有保护作用。体内一旦有了足够的真我能量，负担就无法穿透它的能量场而黏附在部分上。每天练习获取真我能量并将其储存在体内，可以实现防护，有助于应对压力时刻。

对大多数人来说，具身体现真我是一种多样的体验。为了评估我的真我水平，我可以检查一系列感知和感觉。比如，当我的真我具身化时，我的声音会更深沉，我说话的节奏也更放松。我也可以检查我的心脏。当我把注意力集中在胸口时，我会立刻知道我的心是否开放。另外，我知道真我不会强迫自己，所以我能很清晰地觉察到自己是否倾向于某种立场。此外，我还学会了觉察我体内真我能量的振动，以此来衡量有多少真我在我的体内流动。其他人也钻研出了其他评估真我具身化的方法，包括检测呼吸的深度、肌肉的紧张程度、视觉的清晰度和精神的开阔度。不过对我来说，我前面说到的四种方法已经足够快速且可靠了。

我想表达的重点在于，我们真我具身化的体验会为我们提供评估自身真我能量水平的线索，我们可以在清醒时或治疗期间对此加以利用。我们也可以根据占主导地位的保护者的典型的生理表现，密切关注它们的激活水平。列举几个我的部分给大家：我有一个部分会在额头上施压，另一个部分出现时，会让我的肩膀感到十分沉重。当我觉察到自己的真我没有具身化时，我会找到掺和进来的部分，并请它让开，留出更多的空间。

真我在里面做什么

记住，情绪传染是双向的。真我能量会传染，部分的感觉和态度也会传染。当我们和与极端部分混合的人在一起时，我们也有可能变得极端。如果我们的部分处于主导地位，我们内在任何与之类似的极端部分都会被激活，包括任何极化的部分。如果我们的极端部分占据了内在，我们就会认同另一个人；如果我们极化的部分占主导，我们就会批评或惩罚他人。这里的相关公理是，你的极端激发我的极端，反之亦然。

与此同时，真我能量也会传染。当一个处于真我领导状态的治疗师接近一个来访者时，来访者的真我，以及来访者部分的真我，就会被激活。就像音叉一样，一个系统的真我振动，会使所有与之靠近的系统的真我同样振动起来，因为个体的真我会与到处存在的其他真我相连。这就解释了为什么团体可以成为如此强大的治疗媒介：每个成员都放大了整个团队的真我能量，提升了整个房间的真我能量水平。这就是我们赋予"治疗师触接真我"以高优先级的原因之一。

也要记住，真我可以应对内在世界的任何事情。当创伤受害者面对一个非常可怕的部分时，我经常会告诉他们："当你不害怕它时，你内在不会有任何东西能够控制你，而你的真我是不会害怕的。"在我从事 IFS 治疗的这几十年中，我也遇到过很多可怕的部分，它们有各种恶劣的行为，但这条重要的法则从未被打破。最后，那些看似强大而危险的部分会变得可以接近，当它们准备好时，它们就可以卸下自己的工作。每当我看到这些内在的怪物在真我能量面前融化和转变时，我内心总是充满了敬畏。

真我是我们的意识之本，也是我们存在的基石。真我是当所有部分区分开来，空间变得开放时，仍然存在的那个"我"。因此，我们无法看到自己的真我。我们很多人能够看到内在世界中各个部分的形象，但是如果有人认为自己看到了真我，那说明他看到的只是一个扮演真我的部分，因为真我是那个在看的人。许多精神传统通过促成一种简单的转变来传授开悟的含义，即从认同部分及其负担，转变为理解个人的本质（真我）并跟随真我生活。部分仍可掌控全局，但它们只在真我允许（或至少是意识到真我）时才这样。

我们希望强调的一点是，当部分不再自发地掺和时，真我领导的时刻就会到来。尽管有时候部分还是会掺和，但只要真我仍在那里，且可以随时再次领导全局，那么真我和部分的混合就只会是有限的混合。如果一个保护者未经真我允许就掌控内在世界，真我会向任何因此而受伤或被冒犯的对象（部分或人）道歉，并修复裂痕。然后，真我可以以那些自发的反应为线索，去发现那些仍需疗愈的被放逐者。从这个角度来看，我们欢迎触发事件，因为它们会带来更多的疗愈。同样地，我们可以利用与那些继续激活的部分的外在关系，找到并治愈我们的被放逐者。那些被我们称为令我们痛苦的人或事物，某种意义上也是凸显于我们人生的导师，通过激活我们的部分，来引导我们进入更深层次的疗愈。

在内在世界和外在世界中，真我都将以其行动挑战和疗愈失衡与不公。凭借真我领导状态下的清晰、自信与勇气，我们将从否定我们的保护者，转向清楚地看到不公，而且我们将有信心和勇气为了改变而表达，而冷静行动。一直以来，我们对那些制造不公的人心怀慈悲而不是轻蔑，因为尽管他们在自己的负担下行动，但我们知道在真我的层面上，他们与我们相连。随着时间的推移，我逐渐发现，真我有自己的立场，那就是没有立场：它渴望平衡、和谐、联结，以及所有系统在所有层面上的疗愈。即使如此，真我并不汲汲于促使这些事情发生。真我所关注的是大局，除耐心、毅力和八个以字母 C 开头的特质之外，它还践行着幽默和无执。

内在世界和外在世界的平行

在 35 年来经历无数内在世界后，我对内在世界和外在世界的相似与不同之处产生了浓厚的兴趣。到目前为止，我写的内容主要集中在不同点上，现在，我将提到一些相似之处。部分就像人一样。它们有身体、年龄、禀赋、欲望和气质。在经历创伤之后，它们组织自己的方式与受创伤的外在家庭组织自己的方式大致相同：一些部分被当作替罪羊放逐，而另一些部分则化身为父母，保卫安全。在每一个受到创伤的人类系统中，我们都会找到被放逐者和保护者。就像外在的家庭中常见对立极化和领导力萎缩的状况一样，内在家庭也可能出现这种情况。受伤的、被放逐的部分和受伤的、被回避的人一样，渴望得到见证（被理解和认可），重新成为有价值的内在公民。如果不行，内外在世界中的被放逐者可能会绝望地崩溃，或试图发动政变。

与此同时，负担过重的保护者尽管也讨厌自己的角色，但它们可能会失去对领导力的信任，变得僵化和极端。保护者渴望得到从内而外的解放、爱和接纳，这样它们才能回归它们原本的样子。令人欣慰的是，这对部分和个体来说都是可能的，因为每个人都有一个真我，它知道如何疗愈他们和他们的关系。当任何系统层面的部分或个体相信，他们可以安全地让出空间时，真我就会立即出现。因此，在 IFS 治疗中，我们能够在内外在世界使用相同的概念和技术。

结论

许多科学家研究如何以生态敏感的方式，与外在系统相互作用。这也是我经过探索找到的对待内在世界的方法。我了解内在世界的规律，并预知如何以一种生态敏感的方式促进内在的转变。这段旅程非常令人着迷，它能够激发敬畏，鼓舞人心，它是神圣的，而且在很多时候，也简直让人难以置信。如果说我有什么值得骄傲的地方，那就是我仍然是一名优秀的科学家，我最终相信了我来访者的部分教给我的东西，相信它们是事实，而不是固守西方关于心智的先入之见，这些先入之见常常鼓励我们摒弃主观经验。一旦我们认真对待内在世界，尊重它的居民和它们的法则，我们就会发现，心灵有治愈自己的智慧，也能治愈我们在外部创造的关系世界。

我们的治愈智慧包含在真我之中。今天，IFS 与全球那些专注于联结和关怀的富有远见的思想家站在了一起。IFS 提供了一条实际而具体的通往关怀的道路，并在许多领域得到采用，包括教育、调解和冲突解决、培训和医学。在心理治疗领域，IFS 为理解和治疗通常被视为具有严重病理特性的病症提供了一种激进的范式。事实上，我们都有一个真我，它具有改变一切的潜能。一旦我们停止攻击并开始热爱自己的部分，我们就能快速地获取真我。一旦我们能爱我们的部分，我们也能与那些与我们的部分相似的人产生共鸣。这本书是对你的邀请，它邀请你加入我们，加入将更多真我带到这个星球的计划。

术 语 表

平衡（balance）：一种状态，在这种状态中，人类系统同一层级的成员可以公平地获得他们所需的责任、资源和影响力。

混合（blending）：部分占据个体意识或真我位置的行为。混合的程度可以用一个连续体表示，也就是说，真我可以在部分混合中保持存在，或在全部混合中被完全遮蔽。

负担（burden）：部分背负着负担，这些负担往往是一些极端的想法和感受状态，由能引发身体上或体内的恐惧或羞辱的互动或事件造成。

限制性环境（constraining environment）：一种由于失衡、对立极化、纠缠和有问题的领导状态，而给予系统带来负担的环境。

直接介入（direct access）：除内在沟通外的另一种理解部分的方法。当一个保护者执意掺和时，治疗师会直接与来访者的部分对话。在直接介入中，我们可以明确地对某个部分说话（比如"我能直接和那部分谈谈吗""你为什么想让艾比暴食呢"）。或者，当来访者抗拒部分这个概念，或是说"那不是某个部分，那就是我"时，我们可以不使用"部分"这个词，而是以一种含蓄的方式和这个部分对话。在对儿童展开工作时，尽管可以对有些孩子使用内在沟通，但直接介入更加常用。

有效的领导（effective leadership）：培育慈悲心、公正和愿景的领导力。

纠缠（enmeshment）：系统中两个部分（或两个群体）极度地相互依赖，又对彼此有强烈反应的状态，在这种状态下，真我很少被（或几乎不被）触接。

被放逐者（exile）：在一个系统中被逐出意识的部分。之所以要放逐这个部分，要么是为了保护它们自己，要么是为了让个体或系统其他部分免受这个部分的影响。

反馈（feedback）：系统从其环境中接收到的信息。

消防员（firefighter）：当被放逐的感受和信念被唤起后，要么为了平息这些感受和信念，要么为了分散被放逐者的注意力（比如通过解离、毒品、食物），而快速反应的部分。

和谐（harmony）：人类系统成员间的一种协作状态，大家有效地沟通、相互关心，彼此感觉联系在一起。

失衡（imbalance）：系统中一个成员（或一个群体）有过多或过少的责任、影响力和资源的状态。

内在沟通（in-sight）：用于理解成年人内在部分的主要方式。即在要求来访者能意识到自己的部分（通常借助视觉、动觉或听觉体验），并有足够的真我能量与它们直接交流。当保护者阻塞了内在沟通的交流方式时，可以使用直接介入的方式。

管理者（manager）：系统中尽可能减小被放逐者被激活（或痛苦）的可能性的部分。

多元心灵范式（multiplicity paradigm）：一种将人类心灵视为多元的，或自然地将内在细分为许多子人格的视角。

部分（parts）：在 IFS 中，这个词被用来表示子人格。部分有着不同的年龄、气质、天赋，基于这一理解来对待它们时，我们会得到最好的回应。

对立极化（polarization）：同一系统中两个成员（或两个群体）持有对立的观点，处于冲突或竞争的状态，其中的每一方都由于害怕被对方掌控而变得越来越极端，因而掩盖了系统的真我。

有问题的领导状态（problematic leadership）：在有问题的领导状态下，系统领导者的地位被保护性部分占据，比如管理者、消防员，它们扮演着家长、公众人物等角色，带着偏见领导系统，彼此间对立极化，甚至会表现出不好的行为举止。

带离创伤场景（retrieval）：当一个被放逐的部分以它所需要的任何方式得

到见证之后，真我会将它带离过去，带到现在或它所选择的其他地方。

真我（Self）：意识之本，具有洞察、在场、耐心、有趣、执着、好奇、创造、平静、清晰、关怀、联结、自信和关怀的品质。真我是唯一本自具足，能够领导内在家庭的内在实体。

真我能量（Self-energy）：我们的真我带入与部分的关系的观点和感受。

真我领导（Self-led）：对那些能够触接真我的人的状态的一种描述，真我领导状态是一种能够倾听、理解、陪伴自己的部分，体认并欣赏它们的角色在内在家庭以及其他人那里的重要性的状态。

可持续环境（sustaining environment）：以平衡、和谐和有效的领导状态为特征的，内在元素相互关联的环境。

未混合的（unblended）：没有部分（如特定感受、想法、身体感觉、信念）淹没真我的存在状态，通常被体验为清晰的认知和内在的开阔。

卸下负担（unburdening）：被放逐的部分释放它所承载的痛苦情绪和信念的过程，通常涉及在心中仪式性地卸下某个元素。在卸下负担之后，部分会将它主动选择的品质引入内在，填充卸下负担后空出来的那部分空间。部分常常选择纳入真我的品质（见本术语表对"真我"一词的解释）。

见证（witnessing）：部分展示和/或告诉来访者自身经历，直到它感到被理解、接纳，并自我接纳的过程。